U0869700

识干家

企業閱讀　學以致用

# 制造业成本倍减42法

## 61个工厂案例全程解析

王天江◎著

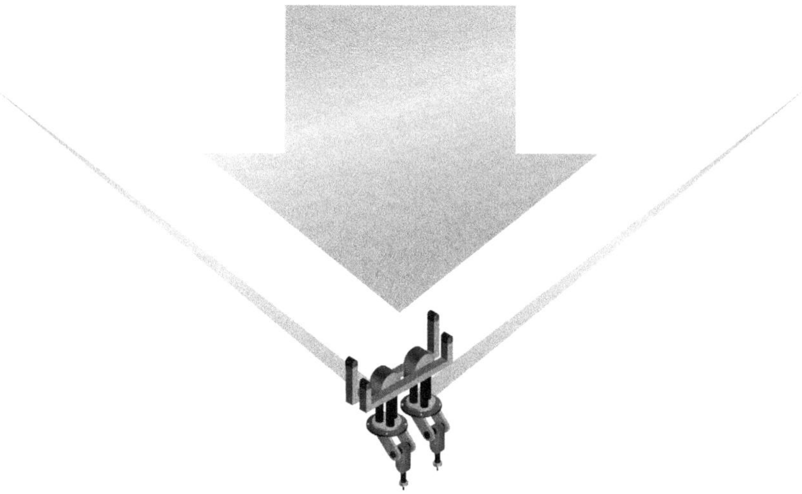

北京燕山出版社
BEIJING YANSHAN PRESS

**图书在版编目（CIP）数据**

制造业成本倍减42法：61个工厂案例全程解析/王天江著. －北京：北京燕山出版社，2020.5

ISBN 978-7-5402-5649-4

Ⅰ.①制… Ⅱ.①王… Ⅲ.①制造工业－工业企业管理－成本管理－案例
Ⅳ.①F407.406.72

中国版本图书馆CIP数据核字（2020）第088328号

---

**书　　名：**制造业成本倍减42法：61个工厂案例全程解析

**作　　者：**王天江

**责任编辑：**满　懿

**出版发行：**北京燕山出版社

**地　　址：**北京市丰台区东铁营苇子坑路138号

**网　　址：**http：//www.bjyspress.com

**电　　话：**（010）65240430

**电子邮箱：**bjyspress@126.com

**印　　刷：**河北宝昌佳彩印刷有限公司

**经　　销：**新华书店

**规　　格：**170毫米×240毫米　16开本　17.5印张　295千字

**版　　次：**2020年8月第1版　　2020年8月第1次印刷

**定　　价：**76.00元

---

# 导读

我是一名由企业高管转到咨询行业的管理咨询师，今年是我从事管理咨询的第14个年头。2009年，我辅导了一家总成本问题突出的大型企业，总成本问题严重威胁到了企业的生存，在解决企业成本问题的同时，我系统地总结了总成本领先的落地方法，经过深入辅导，企业转危为安，而我却在总成本领先落地模式研究这条路上一发不可收拾。

- 这套模式曾帮助6家企业实现扭亏为盈，使企业在激烈的竞争中得以生存；
- 这套模式曾帮助某企业在1个月调研中提升了6%的净利润；
- 这套模式曾帮助某机械企业在6个月内降本增效300多万元；
- 这套模式曾帮助某大型企业降本增润，释放现金流超过2亿元；
- 这套模式曾帮助某台资企业三个工厂实现盈利，每年为企业增加利润1350万元；
- 这套模式曾帮助某改制企业提质增效，每年为企业节约1100万元。
- 这套方法均以案例的形式在书中为您一一呈现。

关于成本管理的理念很多，接地气的很少，能落地的不多，大量成本问题被妖魔化；成本管理的名词、术语、表格太多，离企业实际太远；成本制度、表格一堆，有实质性内容的不多，能应用到实际的更少。

在企业成本管理中，成本体系不健全，缺乏管控重点，缺乏管控方法，缺少成本系统规划。

本书用 61 个企业里血淋淋的全景案例，从企业的实际问题出发，涉及企业的方方面面，寓理于例，打破成本管理的固有思维，手把手教会读者应该如何来降低成本。**书中的方法简单实用、一看就懂、一学就会，注重有效性、实用性、实战性，接地气，从众多有价值的咨询项目实证性案例中总结而来。**

在本书的案例整理过程中，每涉及其中一个案例，我都需要努力回忆当时的情景，翻阅以前的记录和当时的数据，每个案例整理成文需要两三个晚上。此时我能够深刻体会到：读书是一件本小利大、持续增值的事情，读书是一件既幸运又幸福的事情。

书中有 6 枚彩蛋，这些彩蛋均是成本降低绝招，期待着您的发现。感谢您阅读本书。

# 推荐序

## 练好内功　行稳致远

2019 年底，一场突如其来的新型冠状病毒肺炎疫情，牵动了每个人的心。新冠肺炎疫情来势汹汹，对经济社会发展带来巨大的冲击。

可以说，这次的疫情对于民营中小企业的打击是致命的，但是任何行业在任何时间都是危与机并存。中小企业创始人需要用更加开放的心态来经营企业，企业家要学会用冷静的心态与辩证的方法，找到当前自己在行业中的位置，仔细找准下一步应该怎么走。

“直面危机才能战胜危机”，世上没有解决不了的危机，只有想不到的战略，请相信方法永远比问题多；转变思想，黄金万两，化解企业危机，现金流很重要，但战略更重要，战略是方向，方向错了，就会离成功越来越远。

危险也罢，机会也罢，经营管理的规律不会因为变化而消亡，内因始终是事物发展变化的动力和根本原因。

庚子年春天，青年作者王天江发来书稿让我为书作序，我心中暗自叫苦，时间仓促，十几万字怎么读得完？可是作者“把有价值的咨询经验进行总结，帮助更多的企业和人”的良好初心打动了我，年轻人情真意切的话语感动了我。我耐心地看了自序和第一章，接着被其中的案例所吸引，一个又一个中小企业的案例更像“故事”一般使我在不知不觉中将全书浏览了一遍。

这是一本关于如何降低制造业总成本，帮助企业实现总成本领先的书，通过总成本领先战略落地，使企业获得竞争优势。这是一本实践者写的书，这是一本可以帮助企业解决成本问题的书，书中主题鲜明，全书一条主线，就是帮助企业将总成本领先战略落地。

迈克尔·波特是哈佛大学商学院教授，他于 20 世纪 80 年代在“竞争三部曲”中提出了三种基本战略，总成本领先便是其中之一，虽然时隔多年，在当代企业界仍具有重大指导意义，并极具战略价值。

遗憾的是，总成本领先战略由于各种原因难以把握导致落地难，不少人对总成本领先进行了片断的、阶段性的实践，也有不少人对总成本领先产生了误解，误认为它就是低价竞争。

管理不仅在于知，更在于行。从当今企业实际情况来看，为了在市场竞争中更好地脱颖而出和生存下去，总成本领先战略仍然可行。

写成本管理书和战略的人很多，写案例的书也不少，要么写得过于专业，要么写得不接地气，能把总成本领先战略与中国企业的实际情况相结合的极少，能将总成本领先理论、方法、案例放在一起系统表述的书更不多见，这本书就是其中之一。

显然，这与王老师长期管理实践和持续学习总结分不开，他从事管理咨询十多年，先后为建材、化工、装备制造、机械机电、塑胶五金、灯饰照明、电子电器、模具、服装、包装、食品等行业提供咨询与培训服务，成本辅导改善成效显著。

王老师的观点具有独到之处，既有企业反面的成本管理，也有企业正常的成本管控；既涉及企业的顶层设计，也涉及企业的日常管理；既关联企业中高层管理，也关联一线员工的管理；既有深挖企业人员思想观念的改变，也有关注企业人员行为习惯的改变。

关于人的改变，书中开篇直言不讳地提到了企业老板的决策，企业老板集最大支持者与最大反对者于一身，老板需要改变，需要考虑决策成本。书的最后一章，再次提到了人员的改变，让“建议”“考核”“激励”“评比”“责任”这些管理词汇落地。在我看来，落地、实用、接地气的案例是本书最大的特色，经过实践检验、简明易懂、实效可学的方法是本书最大的价值。

读完本书之后，一些降低成本的动作可以在企业里实施。如第 10 法中“以旧换新”案例、第 20 法“控制请购法”、第 25 法中“关注员工动作”“工艺检查”案例、第 39 法“合理化建议法”、第 42 法中“部门周例会”案例等。

这是一本值得认真阅读的书！

思维决定思想，思路决定出路，格局决定结局，选择决定成败！与高手同行，你会变得豁然开朗；与专业携手，再复杂的事情也会变得简单！

期待作者有更多的作品问世！

民进中央经济委员会副主任
中国中小企业协会副会长
浙江民营投资企业联合会会长　周德文
上海中和正道集团董事局主席
国科智库首席经济学家
2020 年 3 月 2 日于温州

# 自序

## 实现总成本领先并不难

在市场竞争中，成本是第一竞争力。品质竞争不过成本，效率同样竞争不过成本，君不见：有多少客户为了成本适度调整了产品品质，有多少客户为了成本愿意调整自己的计划，双 11 、双 12 有多少人愿意在凌晨等待，又有多少人在各种产品“大促”期间排队等候。成本是企业在供应链、产业链中化被动为主动的秘诀，成本是链接公司效益、客户、员工、供应商、社会各方的关键所在。

在咨询的过程中，我接触过一些行业领先企业，也辅导了一些行业隐形冠军企业，帮助一些民营、台资、外资企业实现了成本降低、总成本领先。经过不断摸索、反复研究、实践、总结反思、再实践，得到了一些成本降低落地的规律，在企业辅导中效果明显。有几位办企业的朋友和企业高管朋友提醒我，可以把这些咨询经验进行总结，从而帮助更多的企业和人，我深以为然。这是我创作这本书的初衷。

的确，近年来中国企业面临着前所未有的成本压力：原材料价格上涨，辅料价格上涨，物流成本上涨，人工成本上涨，人口红利一去不复返。大部分行业产能过剩，企业间产品同质化严重，多种因素叠加导致企业的利润下滑严重，企业进入微利时代。

特别是近 5 年来，我深切地感受到了经济下行和市场激烈竞争带给企业的生存压力，这一点可以从辅导企业的几个变化中看到，也可以从中体会得到。

第一个是对咨询需求的变化。近5年辅导的企业大部分需求都是在总成本降低上，需求是对经营上的“雪中送炭”。而之前辅导的企业需求主要是解决运营问题、交货问题、品质问题、人员问题，“锦上添花”居多，只有一少部分企业需求“雪中送炭”。

第二个是企业的主体发生了变化。近5年来辅导的一部分企业有这些特点：企业经营超过15年，企业内部多次努力无果后第一次找咨询公司辅导，辅导后持续深度合作。而之前这些企业并不是咨询辅导的主要对象，辅导的企业多数是开放性相对较强的企业，遇到了某一方面的管理瓶颈，寻求外力进行阶段性突破。

第三个是对财务报表的变化。在以往的企业辅导中，咨询师可以不太关注财务报表，有的企业老板会大致了解一下财务报表的关键数据。近5年来，辅导企业的财务报表成了香饽饽，咨询师会看，企业老板要看，管理人员得看。

在咨询过程中，我们接触到的大部分企业都是从经营层面起步，老板重点放在销售上，对管理方面关注不多。企业规模不大时，企业事务相对简单，有些问题能够及时发现并解决，人员相对较少，一些工作老板甚至可以亲力亲为，一般都会注重效率，关注各类成本，不会产生大的浪费。这时候的企业各项成本占比不高，利润水平尚可。

随着企业规模逐渐变大，企业的问题增多了。人员多了，效率反而低了，责任心和执行力都下来了；事情多了，企业老板不能掌控所有事务的运行，失控变得越来越多。仓库面积越来越大，库存金额越来越高；销售额变大了，成本也增大了，而成本增长的速度比业绩增长还快，利润越来越少。

企业老板的困惑也随之出现。单价太低没有利润，单价太高接不到订单，为什么同样的产品我们的报价总比竞争对手高？为什么接订单时有利润，财务报表却没有利润？为什么报价看起来有一定利润，实际核算却没有那么多利润？为什么财务报表有利润，经营上却感受不到，现金流频频吃紧？为什么我们的成本降不下来？为什么我们的费用降不下来？为什么有些环节浪费大却没人去管？哪些方面还有改善空间？

面对这些总成本问题和困惑，面对外部环境的恶化，抱怨显然无济于事，企业能做的就是顺应变化，向管理要效益，开拓成本管控的思路，提升成本管控的能力。由于经营者受自身知识结构、管理能力和思维角度的限制，缺乏解决成本问题的策略和方法，不能跳出圈外看问题。长此以往，将对企业的生存发展造成不利的影响。

该如何解决这些问题呢？阅读本书并行动就是最好的答案。

企业里空有总成本领先的战略和成本管理观念，却没有具体落地的方法与动作。懂财务的人员不懂降低成本的落地方法，懂实际操作的人员对财务知之甚少，两者都懂的人员更少，能把两者结合起来的人才少之又少。懂实际操作的人往往是在降低成本的点上、片断上做文章，缺乏成本降低的系统思维，本书将成本管理与落地方法相结合，以落地效果为导向，考虑中国本土企业文化，从经营出发找到了 42 个成本管理方法，编写了 61 个咨询辅导案例，弥补了这方面的不足。

在每家企业辅导实施前，我们都会进驻企业进行为期 15 ~ 30 天的调研，“没有调查就没有发言权”，通过调研“透视全局”找到经营管理系统的主要问题点。在每一个具体案例改善前需要进行更详细的调查、论证，与决策人员、执行人员、监督人员充分沟通达成共识后实施。所以，本书中的案例或大或小，或简单或复杂，他们不是企业事务的简单罗列，而是经过深入调查、深思熟虑、实践验证后得出来的改善成果，而且这些案例都指向了共同的目标：总成本领先。书中的案例，旨在起到启迪思考、抛砖引玉、举一反三的作用。这些案例您可以看成一个个独立的小故事，也可以把他们理解为相互关联的一个系统，例如您关注物料成本，可以一起阅读决策、研发、采购、收货、领发退补、辅料管理等多个关联内容。这些案例可以减少企业在成本管理上的自行摸索时间，使企业在成本管理中少走弯路。

在这些可以控制的领域，我们大有可为！

谁能够率先将成本控制得当，谁就能够在市场竞争中领先一步！

因为：**节省 1% 的成本比销售提升 1% 容易得多！省下来的 1% 让利给客户就是市场竞争力。**

本书提出了一系列的落地方法，帮助企业实现总成本领先。

第一章主要讲述运用非常规手段控制成本，提出了“无形成本”观念，以资深咨询师的角度，以快、准、狠的方式“治乱”；

第二章主要讲述企业里常见的成本管理漏洞，以及如何大面积堵住企业成本的漏洞，让“猫腻”无处藏身、让“黑洞”真相大白；

第三章主要讲述“治乱”“堵漏”后的正常化“疏导”方式，涵盖从报价到出货的各个环节；

第四章“直面”各项成本的控制方式，提出了各项成本数据分析与降低的方法；

第五章主要讲述改变成本管理“源头”，即在实施总成本领先活动中如何改变人员。

第一章、第二章是从“反者，道之动”——“反”的角度使总成本领先并落地，第三章是从“正”的角度使总成本领先并落地，第四章、第五章分别从事与人“合”的角度使总成本领先并落地，“正”“反”“合”三者一体构成了总成本领先落地之道。

总成本领先是一种战略，也是一种经营理念、管理思维。本书从实践出发，系统性提出了经过实践验证有效的一系列方法，是目前非常适合企业的总成本领先管理模式。

在本书即将完稿时，我看到了“总成本领先战略”提出者——战略大师迈克尔·波特采访艾默生公司前任首席执行官查尔斯·奈特的一段对话。

查尔斯·奈特在担任 CEO 的 27 年（1973 – 2000 年）里，艾默生公司一直持续盈利，当 2000 年他从 CEO 职位上退休时，艾默生的销售额已经比他刚刚接手时增长了超过 16 倍，达到 150 多亿美元。公司也创下了一项空前的纪录：连续 43 年收益增长，连续 44 年股东红利增长。1984 年，奈特发表了“最佳成本生产者”战略，在质量和成本上进一步强调执行更具有全球竞争力的标准，以应对来自海外的低成本竞争挑战。

对话中奈特提出了实践这项战略得出的 6 个关键点：一是质量；二是了解竞争对手的成本；三是组织有接受变革的要求和提高自身生产力的愿望；四是成型化的降低成本流程；五是要让员工全体参与，让他们有主人翁意识；六是投入资金去实现它。

在这 6 个关键点的基础上，迈克尔·波特总结了实现总成本领先的 4 个要点。

第一个要点是总成本领先始于好的产品，低成本生产者的产品并不是便宜货和次品，它是好的产品，但是总成本领先者选择合适的方式降低成本，去掉不必要的浮华和特点。

第二个要点是总成本领先者从业务的每个角落从许多资源上提炼出成本优势，不只是在设计上，也不只是在制造上。

第三个要点是成功的总成本领先者持续关注竞争对手的成本，下功夫去努力了解竞争对手的成本并用这个核心点给自己定位。

第四个要点是将成本观念与企业文化整合，所有人每时每刻都在为成本着想。

看完后，我欣喜地发现，这些关键点和要点在本书中均有体现，一些具体的做法在案例中有详细说明。一些实践中得到的对总成本领先的认识得到印证，如我们在企业里反复强调的一些观念：总成本领先不是简单的总成本最低，总成本领先更不等于“偷工减料”，反而更强调质量，总成本领先活动始终保持以客户为中心，围绕为客户创造价值开展。

在此向迈克尔·波特致敬！

本书通俗易懂，全面地、系统地讲解了实现总成本领先的落地方法，帮助决策者和管理者对那些看不见、看不上、看不懂的成本，使他们看得见、看得清、看得透，帮助决策者在解决“脑袋”的问题之后解决“手”和“脚”的问题，解决成本观念不接地气的问题。本书是决策者必备的成本管理书，特别适合企业老板、总经理、高管、中层管理者等人员，也可供大专院校、企业研究者学习参考。

也许，书中的一个案例可以改变您的想法，书中的一个方法可以帮助您的企业。

我真诚地希望本书能够帮助企业实现总成本领先，当企业出现成本问题、经营问题时参考本书的观念、方法、案例、动作，因地制宜并因时制宜，形成属于您的企业的自主改善成果、自主改善方法、自主改善习惯。

王天江

2019 年 12 月 12 日于天津

# 目录

# 第一章

# 非常规手段控制成本

# 第 1 法⊙决策成本法——决策成本的代价

在企业经营管理活动中，有一些成本可以通过财务报表体现出来，可以称为有形成本；有一些成本是财务报表无法体现的，可以称为无形成本。在与企业摸爬滚打多年的咨询过程中，我们发现，总成本中有一只看得见的手，也有一只看不见的手，总成本由有形的手所决定，更由无形的手所决定。这些无形成本的力量比有形成本的力量大得多，左右着有形成本，左右着财务报表。

在这只看不见的手中，决策成本是无形成本中最重要的一部分，也可以说，决策成本是企业最大的成本。我们千方百计地节约物料、节省辅料、减少人工、控制各种费用，而控制这些成本和费用成果的总和，有时远不如一个错误决策损失得多。

在大多数企业里，重要事项的最终决策权都在企业老板手里，企业老板成为企业决策的主要角色。假如把企业的各种事务比作电压，那么企业老板就是变压器，他可能把 220V 变成 380V、660V、1KV，也可能把 220V 变成 110V、100V、0V。

在多年的管理咨询活动中，我们深深地体会到一个道理，最高层的决心直接影响咨询辅导的效果，企业老板是最大的支持者，也是最大的破坏者。一件事、一个管理措施、一个动作、一种方法、一种机制、一种模式，甚至一张具体的报表，如果老板理解得非常到位、明白对企业的好处，就会义无反顾地支持；如果老板不理解、不明白，即使是做出了效果，也可能是白搭，在某一天仍然会发生方向性的转变。

**【案例 1】决策不当百人忙**

多年前，笔者在浙江某民营企业推行管理改善活动，咨询老师发现企业产品的品质问题较多，经常是做做停停、停停做做。虽然每次在出货柜前都把这些问题突击解决了，可是这些品质问题始终折磨着大家，不是少贴了一个标签就是内包装方式不正确，或者是标签条码用错了等小问题，导致出货前总是要进行大批量返工。

我们还发现，前段半成品喷漆、印刷工序效率较低，一个月里有10天以上达不到标准产能，统计异常工时后可以看出，影响效率的主要原因是返工。返工的原因主要有：颜色错误、颜色偏差、起皮掉漆、印刷不良、印刷错误等。在这些不良品中，有70%可以返工再使用，剩下的30%有特殊工艺不能返工，只能报废。

对此，我们找到了企业老板，提出建立首件检验减少批量返工的建议。

老板听了不以为然，认为生产部大多数是5年以上的老员工，公司产品一直没有变化，有些企业的品质管理人员还不如生产员工懂产品，做首件纯粹是多此一举，产生返工主要是员工做事不认真，员工做事认真一些就可以保证品质了。

经过几次沟通，老板勉强同意实施首件检验这项管理措施。实施一周后，首先提出异议的是喷漆、印刷工序负责人，表示首件检验太费事、影响产量、影响工人计件工资，老板听了未置可否，但在检查过程中明显看到了喷漆、印刷工序制作首件负责人的敷衍和不耐烦，其他工序负责人也有样学样，检查就随意做，不检查不一定做。

首件检验就这么不温不火地进行着，直到两周后的一件事彻底改变了老板的这项决策。

又是一个出货柜的下午，这批货物要求交货的时间非常紧急，客户要求当天晚上一定要报关。在40尺货柜装了约90%的时候，因为堵车迟到，国外客户方验货代表匆匆赶到，只为在货柜发出前进行最后的出货检验。

验货代表抽查了10箱货物后立即叫停装货柜，找到企业老板，表示货物出了问题。经企业老板查实确认，货柜里两种货物的内包装1个小英文标签相互贴错了，如果出口到国外市场上产生召回，将会造成一笔不可估量的损失，必须马上把货物从货柜中取回车间返工。验货代表紧急与国外同事联系，说明了这些情况，请求总部给予半天时间，次日早晨发货柜，总部无可奈何地答应了。

于是，企业老板亲自指挥，要求所有车间人员立即停产，卸货柜、拆包装、撕标签、换标签、再包装、装货柜，赶工了一个通宵，终于在次日上午7：00将货柜送出工厂。

这次的损失不小，返工费、搬运费、压货柜过夜费、报关费、改船费，最大的损失是给客户留下了不良的印象，会影响到后续订单数量。

出货柜后的第2天，企业老板召开会议讨论这次事故，还原了事情的经过。在这批货物装柜的前一天，品质人员在巡查时发现产品标签与样板标签有些不一样，告知了车间主任，车间主任匆匆看了一眼认为没错，认为以前都是这样贴的，加上生产紧急就没有把这个提醒当回事儿，也没有发现客户更改了标签内容，从而造成这次品质事故。

笔者在会议上提示，如果彻底执行首件检验就可以避免这种批量性质量事故。企业老板略加思索，认可这个建议并诚恳地表示歉意，认为之前自己对首件检验工作模棱两可的态度是不正确的。

随后，企业老板召开了全体员工大会，要求所有产品必须做首件检验。在相当长的一段时间里，只要不出差，每天上班后，老板都会亲自或者带着检验人员对每一个车间的每一个工序仔细检查首件执行情况。在接下来的3个月里，首件检验这项工作得以彻底落实，至少避免了1起货柜批量返工、3起喷漆批量返工&批量报废的品质事故。

从此，首件检验这项工作在这家企业落地生根，得到彻底执行。

这个案例可以说明，无形成本决定有形成本，有形成本影响无形成本。

有些管理人员不明白，首件检验在制造业品质管理中是一件较为普通、较为普遍的事情，为什么在一些民营企业推行起来困难重重？为什么这件既正确又对企业有利的事情老板却不支持？类似首件检验的管理案例还有很多，一些一直在外资企业工作的职业经理人突然“空降”到民营企业，初来乍到，常常不理解也不明白这些事情。归根结底，这都是因为老板在决策，老板不理解、不明白就不会得到执行，即便是勉强执行了也不会彻底，更不会长久。

企业老板也应该明白，企业中出现的各种问题向前推论几步，大都与老板的决策有关。通俗地讲，老板是原件，企业是复印机，企业现状是复印件，中小企业是老板的个人作品。企业组织变革的难度往往在于原件的修改难度大，并且一些原件希望多修改复印件和复印机，加上企业的各种文化（主要有家族文化、草根文化、唯我独尊文化等），导致原件问题自我订正困难，从而使企业发展的水平常常无法超越老板的个人决策水平。

所以，决策成本是企业最大的成本。既然决策成本这么重要，那么常见的决策成本有哪几种呢？决策成本主要包括以下七种，如图 1－1 所示。

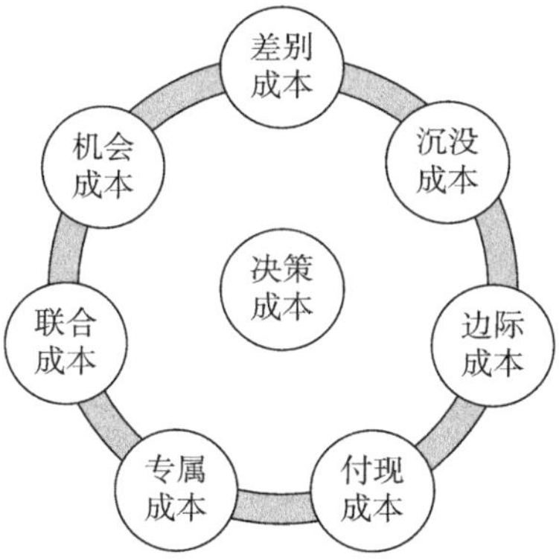


**图 1－1　决策成本分类**

（1）机会成本，是指在有多种方案的情况下选择了 A 方案，放弃了其他方案，放弃的方案产生的收益就是机会成本。“鱼与熊掌不可兼得”，选择了鱼放弃了熊掌，放弃熊掌的收益就是机会成本。比如部门负责人的选拔，张三、李四各有长处，用张三不用李四，李四的长处就是机会成本。

（2）差别成本，是指企业在进行经营决策时，根据不同备选方案计算出来的成本差异。比如机械零件可以自制也可以外购，两者之间的差额就是差别成本。

（3）沉没成本，是指过去已经发生了的无法由现在或将来的任何决策所能改变的成本，无论决策是否正确，它对现在及将来的决策没有影响。比如半年前由于选型决策错误购买了不适用的设备，半年后已经打折处理掉，两者之间的差额就是沉没成本。

（4）边际成本，是指企业在进行经营决策时，每增加或减少一个决策引起的延伸变动成本。比如公司餐厅以前没有餐桌，经决策后购买了餐桌，购买后有人建议餐厅应该去掉风扇安装空调；有人建议应该换专用餐盘，用消毒柜进行消毒；有人建议如果统一使用餐盘需要进行全员体检；还有人建议饭菜和汤都应该提前准备好放在餐桌上让员工来了就能用餐。购买餐桌后的建议属于未发生的边际成本，决策者此时应该加以辨别和判断，找到最适合本企业的决策，不能任由边际成本无限制增加。

（5）付现成本，是指实施决策时，需要立即动用或在近段时间内即将支付的资金成本，由现在或将来的任何决策所能够改变其支出数额的成本。

（6）专属成本，是指可以明确归属于企业生产的某种产品，或者为企业设置的某个部门而发生的固定成本。没有这些产品或部门，就不会发生这些成本，所以专属成本是与特定的产品或部门相联系的特定成本。比如专门生产某种产品的专用设备折旧费、新设立部门的人工成本等。

（7）联合成本，是指为多种产品的生产或为多个部门的设置而发生的，应由这些产品或这些部门共同负担的成本。比如在企业生产过程中，几种产品共同的设备折旧费、辅助车间成本等，这些都是联合成本。

决策成本对日常企业经营有重大影响，对企业长期经营发展又有什么影响呢？请看一个决策影响企业经营发展的案例。

## 【案例 2】决策左右企业兴衰

新世纪之初，珠三角某照明企业以代客加工的方式创立。企业创立之初只有 10 多人，年销售额 100 多万元。随着效率的提升、加工品质的提升，企业规模不断扩大。3 年后，年销售额近 1000 万元，员工近 100 人。

企业老板经过多方考察，认定节能灯在未来一段时间里将成为主流，决定迅速调整经营策略，加大对产品技术的投入，调整加工产品类型，将代客加工的主要业务逐步聚焦在节能灯上。

在自主研发节能灯技术逐步成熟的情况下，结合客户的产品优点，企业老板决定成立一家新公司并注册品牌，制造属于自己的产品，同时开始建设国内营销渠道。在此期间，随着营销渠道的逐步建立，企业主动调整了代工与自制的比例。第一阶段，将代工比例调整到70%以下；第二阶段，将代工比例调整到50%以下；第三阶段，将代工比例调整到20%以下。

在营销上，企业发挥自身代工的总成本优势，追求“中低档价格，质量稳定”的营销策略，逐步将市场从省内开拓到省外。企业规模也随之扩大，年销售额开始超过3000万元。

此时，企业再次决定在国内各主要省市全面开拓营销渠道，工厂彻底取消代工业务。由于企业起步早、定位合理、性价比高，营销渠道迅速建立，产品受到了市场的欢迎。

随着企业规模的不断扩大，企业决定搬迁，搬迁后的产能扩大了3倍以上，购置了大量的新机器、新设备，企业人数也迅速增长到500多人，一度达到800多人。

企业正在如火如荼地发展的时候，一盆冷水从天而降，2008年的金融危机使企业发展受到严重影响，一些新进入的行业竞争对手也开始与企业展开了激烈的竞争，企业利润剧烈下滑。

痛则思变，企业决策者对企业未来的出路开始新的谋划。决策层的主流意见主要有两种倾向：一种倾向是继续坚守制造业，努力降低总成本，在这个过程中寻找新的突破；另一种倾向是利用企业现有的社会资源尽快转型，筹集到一定资金进入房地产行业，认为制造业过于辛苦，行业发展前景不明，盈利速度十分缓慢，盈利能力起伏不定。

经过一段时间的讨论和论证，企业老板最终决定进军房地产行业，启动资金一部分来源于企业盈利和合伙人集资，一部分资金向现有的经销商筹集，筹集条件是：经销商预先支付未来两年的订货货款，产品单价分别享受现有单价的9折、8.5折优惠。

企业主导开发的第1个楼盘开盘销售情况达到预期，企业老板在资金不足的情况下毅然决定第2个楼盘、第3个楼盘快速开工。

2010年年初，正当企业准备再次拿地的时候，突如其来的房地产宏观调控政策让企业措手不及，参与集资的合伙人不断要求撤资，不再对第2个楼盘投入任何资金，企业作为房地产公司的大股东面临着重大经营风险。

在楼盘建设陷入停顿的同时，工厂也进入半停产状态。员工工资无法按时支付，大量员工离职，供应商开始拖欠货款，车间半成品由于欠料大量堆积，经销商频频催货，企业陷入风雨飘摇之中。

最终，各种债务爆发，企业所开发的楼盘被低价拍卖用于偿还各种贷款，照明工厂被投资公司低价收购。

既然决策成本这么高，有的重大决策甚至关系到企业的生死存亡，那么是否有一些规律或方法可以减少决策错误呢？以下决策方式可以借鉴：

（1）程序化决策，是针对例行问题的决策，重点建规则，抓立法、护法。

（2）非程序化决策，是指对例外问题的决策，重点抓决策过程。

（3）事前决策，是指针对尚未实施的事项所做的决策，重点抓决策目标。

（4）事后决策，是指针对已经发生的事项所做的决策，重点抓决策速度，以减少损失。

决策的能力实质是定标准的能力、比较标准的能力、选择标准的能力，归根结底就是个人价值系统，它是个人的思想、价值观、道德标准、行为准则等所构成的相对稳定的思维体系。包括个人对成就、财富、权力、责任、竞争、冒险、创新等方面的欲望，对正确与错误、好与坏、真与伪、善与恶、美与丑、得与失等对立事物所持的观点。

而决策者所感知的往往是自己熟悉的、喜欢的、愿意接受的、愿意听到的，决策者所做出的判断往往是自己习惯的判断方式，是一种思维定式，决策者往往按自己习惯的方式处理问题。

那么，优化个人价值系统就成为决策的关键，优化的方法有：

- 提高自我意识，区别价值系统的正负面影响。
- 避免个人情绪的干扰。
- 学会反思，逐步优化个人价值系统。

换句话说，决策就是与决策者自己的弱点做斗争。现代企业管理中，要求决策者：

- 从凭经验拍脑袋的“感性决策”走向凭科学、靠数据的“理性决策”。
- 从个人英雄主义的“个人决策”走向团队群策群力的“团队决策”。

- 从“单赢决策”走向“共赢决策”。
- 从“慢决策”走向“快决策”。
- 从“冲突决策”走向“生态决策”。

实现的方法主要有：

（1）比较法，学会采用不同的决策比较方法，对比——同过去具有不同效果的同类决策相比较，类比——同过去具有相同效果的同类决策相比较，自比——在供选择的决策方案中各方案自行比较，互比——在供选择的决策方案中各方案互比，内比——在本单位的各种决策方案中相比较，外比——同外单位的各种决策方案相比较。

（2）建立流程制度，明确规则，保障顺利运行。

（3）在企业建立目标管理体系，决策与目标相关。

（4）在企业里建立数据化体系，用数据说话。

（5）重大事务集体决策，设立决策委员会，多维度、综合考虑问题。

（6）决策团队考虑老中青三代相结合，多层次考虑问题。

（7）建立顺畅的决策机制、科学决策授权机制。

（8）将每日、每周、每月数据汇总成决策者报表/看板（如总经理报表/看板）。

（9）要求讲具体的事例与事实，避免模糊决策。

（10）“兼听则明，偏信则暗”，多渠道获取多方信息。

（11）认真倾听反对者的意见，提取有价值的信息。

（12）跳出圈外思考，假设这是别人的事，自己只是观众。

（13）从以往决策失败的案例中总结教训，从以往决策成功的案例中总结经验。

（14）避免陷入情绪化决策，情绪化是决策的陷阱，情绪是决策的敌人。

（15）认真听取专业人士给出的专业意见，专业很贵，不专业更贵。

（16）阅读本书，学习书中案例，找到适合自己企业的决策方法。

# 第 2 法⊙组织结构法——组织结构成本

笔者在咨询实践中发现，组织结构（组织结构 > 组织架构，具体内容可自行了解）成本也是企业一项较为复杂但又客观存在的隐形成本，存在组织架构设置不合理、结构臃肿、部门职能不健全、因人设岗、部门之间互不配合等现象，这些现象一定程度上决定了管理成本的高低。科学、合理的组织结构是成本管理顶层设计的起点，是总成本领先的关键一环。

本节重点阐述组织结构臃肿带来的成本，一些企业有时为了追求细致分工，过多地设立了多个横向部门、多个横向岗位与多个纵向管理层次的结构，这样的设置会使沟通成本上升，毕竟“多一个菩萨多一炷香”，会使等待成本增加（等待领导决策），会使管理人员增加。即使是做同样的产品，规模相近的两家企业结构不同，处理问题的机制和时效也不同。

其中一家企业是这样处理问题的，品质部品管人员发现制程品质不良，当天告知生产部；生产部第 2 天请技术部协助解决，技术部分析了 1 天，发现是供应商的问题，告知品质部；品质部找到采购部，采购部通知供应商；供应商业务部传递给本公司的技术部，技术部分析了 1.5 天后回复需要客户品质部来厂指导并辅导；采购部告知品质部，品质部回复请采购部填写《品质辅导申请单》。就这样，时间过去了近两周，品质部工程师终于去了供应商处辅导，而这个产品的订单已经接近尾声了。

另一家企业是这样处理问题的，技术、品质同属技术质量部，生产和采购同属供应链部，品管人员发现制程品质不良，当天告知生产车间、本部门技术人员；技术质量部负责人知道此事后与供应链部负责人直接沟通，要求供应商限期回复原因；得到回复后派出品质工程师去供应商处辅导，用时 2.5 天。

这两种架构处理问题的时效不言而喻，当出现成本管理问题的时候，决策者们往往更喜欢从人的层面找原因，也更喜欢从领导层找原因，较少检视组织结构问题，从而造成组织结构成本在无形中增加。下面来看一个组织架构重叠产生人工成本过高的案例。

## 【案例3】架构重叠的隐形成本

笔者进驻某大型企业开始进行调研，财务报表显示，该企业经营处于亏损边缘。进驻调研发现，该企业制造部门一共有7个车间，每个车间人数平均在200人左右，纵向组织架构从一线员工到部门经理有5个层级：一线员工→（副）班长→（副）组长→（副）主管→（副）经理。其中：

- 每个车间设经理1人，负责该车间的整体管理，对该车间总绩效负责。
- 设主管两人，白班、夜班各1人，负责车间生技人员管理、班次编排、物料管理、生产进度管理、异常处理。
- 设生技组长两人，白班、夜班各1人，负责调机、机器异常处理。
- 设生产组长两人，白班、夜班各1人，负责人员安排、品质管理、返工管理、包装管理、报表填写等事务。
- 设班长两人，白班、夜班各1人，负责人员管理、标识管理、品质与返工管理、新员工培训、报表填写等事务。

由此可见：经理与主管、主管与生产组长的分工、工作内容、工作范围是明确可辨别的，而主管与生技组长的工作有重叠，生产组长与班长的分工不明确并且大部分工作内容重叠，只是待遇有所区别。由于有了班长这个岗位，所以就安排了两个人做基本相同的事务。询问得知，设班长的原因是生产组长在个别情况下会忙不过来，需要一个帮手。

通过进一步的工作分析发现，班长、组长两个人的工作量一个人完全可以完成，生技组长除了调机工作外，空闲时间非常多，一段时间培训后可以将主管的工作全部完成，也可以协助生产组长完成一部分工作，如新员工培训、人员管理等。

在随后的组织架构调整中，笔者带领的咨询团队与企业方总经理详细讨论了3轮，最后共同讨论确定，取消了班长的岗位设置，基层管理统一设置为组长，变纵向4级管理为3级管理，各车间组长人选在原有班长和组长中按考核成绩、过往表现择优录用。这项措施提升了管理效率，共节省人力14人，合计节省人工成本14人×5000元/月（平均值）×12个月=840000元/年。

考虑人才梯队建设，逐步取消了夜班生产主管岗位，由生技组长负责原夜班生产主管的工作，适当增加生技组长的绩效考核工资；经理级人员轮流巡查夜班生产情况；保留白班生产主管岗位。这项措施共节省人力 7 人，合计节省人工成本 7 人 ×6500 元/月（平均值）×12 个月 =546000 元/年。

以上节省的人工成本是指每月直接发放的工资，未包含用餐、住宿、社保、福利等间接人工成本与费用。

随后的事实和数据证明，各车间的效率、品质几乎没有受到车间组织架构调整的影响，沟通反而更加顺畅、等待时间缩短，各项数据有明显提升。

这种纵向组织架构调整对成本的降低是有效的，那么纵向存在问题，横向也存在问题的组织架构该怎么操作呢？请看另一家企业组织架构合并的案例。

### 【案例 4】架构合并节约 200 万元

笔者进驻某企业调研，企业方告知其中一个事业部财务报表显示处于亏损状态。

该事业部生产部共有 4 个车间，配备了 4 位生产经理，经理之下配备了主管、领班、组长若干名。

调研发现，领班的岗位的位置比较尴尬，处于比组长级别高一些、比主管级别低一些的地位。如果没有主管，该岗位就相当于主管；如果有主管，领班就得服从主管管理，除生产部外，其他部门也都有主管、领班、组长三者共存的现象。

事实上，在组织架构中，只要有管理位置，只要有管理层级，有些人员会千方百计地向这里靠拢，一般不会让这些位置空缺。

调研还发现，每个车间的总人数在 120 ~ 150 人，日常管理松散、人浮于事，有的管理人员上班时间公开在办公室内睡觉、长时间闲聊、使用办公电脑上网娱乐，车间里的问题没有人去主动解决，而一些有能力的、愿意做事的管理人员由于没有晋升空间，看到这些管理人员的所作所为后愤然离开，企业里出现了“劣币驱逐良币”的现象。

对此，笔者实地观察了 1 周，结合这些管理者的全部工作量，提出了取消领班岗位设置变 4 级管理为 3 级管理，同时将原有的 4 个车间合并为生产一部、生产二部的建议。对现有的管理人员统一面试、员工民主评议、择优录取，给予合并后的生产经理更高的待遇，提出更高的工作要求，旨在提高管理人员的工作积极性，简化流程、减少用工浪费。

企业方老板一开始对这项建议不置可否，在慎重考虑后，觉得这个建议非常有道理，但下不了决心，迟迟不去下达这项重大决定。

笔者也明白，每家企业组织架构调整的不仅仅是简单的工作分工与车间合并，它涉及企业中现有的责权利及将来责权利的再分配，涉及企业现有资源的再分配，涉及企业的企业文化和凝聚力，稍有不慎、处理不好就会成为一次事故；这还涉及企业老板个人的亲情、友情……甚至涉及企业老板的个人形象、企业社会形象等。

每家企业的情况都不一样，每家企业方老板的决策方式、决策速度也不一样。

这家企业经过笔者的耐心追踪，经历了两个多月的多次讨论、流程演练、多方讨论、多方论证。终于，企业方老板在综合考虑、痛定思痛后，毅然同意了上面的建议。

该企业的调整先从二车间、三车间展开，合并前后的生产一部人员变化如表 1－1 所示。

**表 1－1　生产一部合并前后人员对比**

<table>
<tr><th colspan="2">合并前：二车间、三车间</th><th colspan="2">合并后：生产一部</th><th rowspan="2">差异</th><th rowspan="2">差异比例</th></tr>
<tr><th>岗位</th><th>定编人数</th><th>岗位</th><th>定编人数</th></tr>
<tr><td>经理</td><td>2</td><td>经理</td><td>1</td><td>－1</td><td>－50%</td></tr>
<tr><td>主管 & 领班</td><td>7</td><td>主管（课级 & 技术）</td><td>5</td><td>－2</td><td>－29%</td></tr>
<tr><td>组长</td><td>14</td><td>组长</td><td>13</td><td>－1</td><td>－7%</td></tr>
<tr><td>文员</td><td>2</td><td>文员</td><td>1</td><td>－1</td><td>－50%</td></tr>
<tr><td>装模员</td><td>8</td><td>装模员</td><td>6</td><td>－2</td><td>－25%</td></tr>
<tr><td>入库员</td><td>2</td><td>入库员</td><td>2</td><td>0</td><td>0%</td></tr>
<tr><td>记数</td><td>4</td><td rowspan="2">全检 & 计数</td><td rowspan="2">2</td><td rowspan="2">－4</td><td rowspan="2">－67%</td></tr>
<tr><td>全检员</td><td>2</td></tr>
<tr><td>收废</td><td>4</td><td rowspan="2">收废</td><td rowspan="2">2</td><td rowspan="2">－4</td><td rowspan="2">－67%</td></tr>
<tr><td>拉车搬运</td><td>2</td></tr>
<tr><td>合计</td><td>47</td><td>—</td><td>32</td><td>－15</td><td>－32%</td></tr>
</table>

接下来将一车间、四车间合并为生产二部，节省人力 11 人，这项架构合

并措施共节省人力 26 人，合计节省人工成本 26 人 ×6500 元/月 ×12 个月 = 2028000 元/年。

以上人工成本包含每月的工资，也包含用餐、住宿、社保、福利、年终奖金等间接成本，由这些成本、费用综合计算所得。

同样，这家企业的组织架构合并实现了平稳过渡，没有出现效率、品质、人员问题，并且为下一步全公司的管理提升工作打下了良好开端。

上述两个案例的意义不仅仅是节约了一些人工成本，降低了沟通成本。更重要的是让企业里愿意站出来做事的人做事，让做事的人做得了事，进而营造了一种良好的工作氛围，在企业里形成了积极向上的组织风气，让组织关系变得更简单、沟通更快捷，大大减少了“人浮于事”的现象。

# 第 3 法⊙品质成本法——品质管理成本

在制造业日常管理中，品质成本也是一个容易被忽视的隐形成本，管理人员更习惯去解决品质问题，大多数企业没有对品质成本进行详细的统计分析。

本节所论述的品质成本仅指产品品质成本，不包括工作品质成本、业务品质成本和服务品质成本。

产品品质成本主要结构如图 1－2 所示。

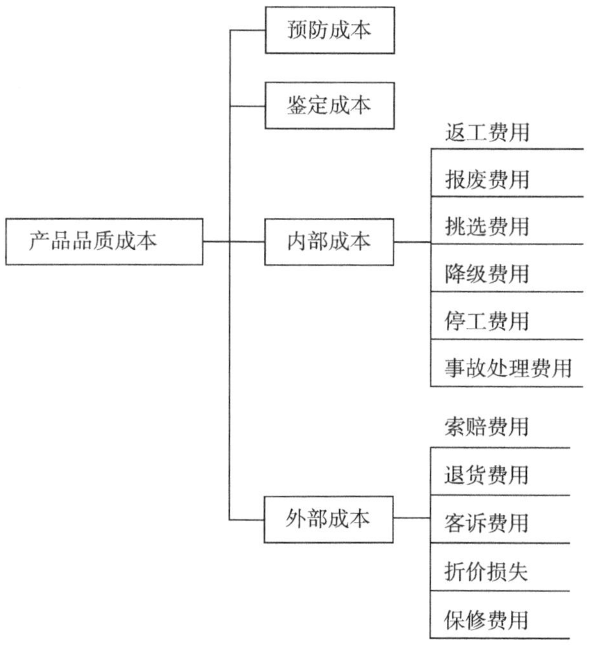


**图 1－2　产品品质成本主要结构**

更详细的品质成本分类、统计表见本书附录一《品质成本综合报表模板》。

有人说，发现品质问题、发现品质成本、统计品质成本都不难，难的是如何解决品质问题、如何降低品质成本。

带着这个问题，继续来看一个降低产品预防成本、鉴定成本、内部成本的案例。

## 【案例 5】落实外协检验减少品质支出

### 一、竟然没有品质部

笔者在长三角辅导某企业时遇到了一个问题：这家年销售额 8000 万元、200 多人的企业竟然没有品质部，品质管理的功能散落在仓库、车间、跟单员之间。

没有品质部的制造型企业有两种：一种品质非常好，不需要设置这个部门；另一种是品质较差，设置不了品质部。实地调研后发现，这家企业显然属于后者。

设置不了品质部的原因有以下几种：

第一种原因，企业老板观念上不同意设置，认为设置品质部会额外增加人工成本，殊不知这些减少的人工成本与隐形的品质成本比起来是“小巫见大巫”。

第二种原因，同样是企业老板不同意设置，原因是原来设置过品质部没有发挥出应有的作用，厂里的不良品没有减少，返工、报废、退货、客诉和原来一样多，有些企业甚至是增多了，并且事情处理起来更加麻烦，最后认定这个部门多半是摆设，再次设置只会是“重复昨天的故事”。

第三种原因，是利益交织造成的，品质部成为多方利益博弈的交会点，品质部自身不具备良好的博弈能力，反而成了品质关联各部门之间推诿的靶子。采购部门抱怨品质部验收标准不统一，生产部抱怨来料不良多影响效率品质部没有拦截住，销售部抱怨成品经过品质部的检验还是有大量不良、退货、客诉等。最主要的是，一些具体事务涉及品质判定背后带来的利益变动所产生的压力。这些变动直接带来的就是博弈和冲突，品质部的人员承受不了这些压力，解决不了这些博弈和冲突，最终选择黯然离开这个企业或品质部，导致企业老板同意设置这个部门却没有人愿意来这个部门工作的尴尬局面。

这家企业没有品质部主要是第三种原因造成的。之前企业老板同意设置了品质部，由于放任不管，成立不到两个月就宣告夭折。后来企业老板主动暂停了一些外部事务，决定再次成立品质部，并亲自挂帅管理品质部。这个部门在企业老板的推动下，第 1 个月的确发挥了作用，品质状况开始好转；第 2 个月，随着企业老板事务增多，经常出差不在公司，品质部的人员陆续提出辞职；第 4 个月，品质部的人员全部离开，品质部宣告解散。从此以后，再也没有人提出成立品质部。

**二、重新成立品质部**

这家企业的品质部就是在这种情况下重新成立的，在咨询团队的带领和推动下，品质部在企业里站稳了脚跟，企业内部各项品质管理动作、流程、表单、会议得到落地，企业各级人员品质意识得到提高，品质管理氛围开始形成。

通过建立 1 个月的品质数据发现，内部的检验合格率比之前有所提高，但是没有持续提高，原因是受来料检验外协厂影响较大，来料检验部分外协厂的合格率不足 80%。如果品质部要求退货会使外协厂产生额外费用，个别外协厂在拉走退货之后干脆不再交货，等着企业着急出货柜时再原封不动地把退货拉过来。如果品质部提出一些品质要求，他们都回复做不到。如果这些有问题的半成品被接收，会影响公司内部生产效率和成品品质，外协厂处于一种退不得、严不得的状态，成了这个阶段品质管理的瓶颈。

那么，能不能管理好这些供应商，或者换掉一部分供应商呢？

经详细了解，更换供应商的想法是行不通的。这些外协供应商中绝大部分是企业老板的亲戚、朋友、同学、老乡，个别外协厂甚至是唯一供应商。笔者还了解到，受多种因素制约，大部分外协供应商在这个地区很难开发出来新的外协厂商。也就是说，只能将现有的外协供应商用好才能解决来料合格率的问题。

其实，这也是大量中小企业品质管理中客观存在的真实状况，大型企业对供应商有绝对的品质控制权，整改不达标就可以更换，而中小企业由于资源有限，品质部对供应商的品质控制权干涉有限，这也就不难理解为什么有的企业没有品质部，有的企业品质部的人总是在变动，有的企业品质部发挥不了应有的作用。

有关系的供应商品质水平一直不高、难以管理是品质管理的难点之一。

**三、第一个难题，解决外协供应商的品质问题**

对于这些外协供应商的品质问题，咨询老师提出了以下措施：

**第一项措施：**书面通知所有的外协供应商，要求他们在交货之前必须自行检查品质状况，各种加工过的材料、零部件检查结果均需要记录在《外协加工交货检查表》（见表 1－2）上，否则仓库不予收货。如果私自收货处罚仓管员，如果因私自收货造成返工由仓管员承担损失，请企业老板签字，同时也要求企业老板不得在没有填写《外协加工交货检查表》的情况下越权要求放行。

**表 1－2　外协加工交货检查表（木制品）REV：01**

<table>
<tr><td colspan="2">加工单位</td><td></td><td>采购合同备案号</td><td></td><td>检验日期</td><td></td></tr>
<tr><td colspan="2">物料编号</td><td></td><td>品名规格</td><td></td><td>订单数量</td><td></td></tr>
<tr><td colspan="2">本次交货数量</td><td></td><td>累计数量</td><td></td><td>抽检数量</td><td></td></tr>
<tr><td rowspan="2">序号</td><td rowspan="2">检验项目</td><td colspan="2" rowspan="2">检验内容</td><td colspan="2">检验结果（打√）</td><td rowspan="2">备注</td></tr>
<tr><td>是</td><td>否</td></tr>
<tr><td>1</td><td rowspan="15">木制品部分</td><td colspan="2">所生产产品是否与货前样进行对比？</td><td></td><td></td><td></td></tr>
<tr><td>2</td><td colspan="2">产品是否存在变形现象？</td><td></td><td></td><td></td></tr>
<tr><td>3</td><td colspan="2">产品表面是否光滑？</td><td></td><td></td><td></td></tr>
<tr><td>4</td><td colspan="2">产品上是否有刀印？</td><td></td><td></td><td></td></tr>
<tr><td>5</td><td colspan="2">A 型的产品洞眼是否补平？</td><td></td><td></td><td></td></tr>
<tr><td>6</td><td colspan="2">E 型的产品是否有蓝边或有色斑现象？</td><td></td><td></td><td></td></tr>
<tr><td>7</td><td colspan="2">产品是否有裂纹现象？</td><td></td><td></td><td></td></tr>
<tr><td rowspan="3">8</td><td rowspan="3">□装胶皮的产品</td><td>胶皮装上去是否匹配？</td><td></td><td></td><td></td></tr>
<tr><td>产品边缘是否有萎缩现象？</td><td></td><td></td><td></td></tr>
<tr><td>挖孔边缘是否光滑不粗糙？</td><td></td><td></td><td></td></tr>
<tr><td rowspan="3">9</td><td rowspan="3">□植毛打孔产品</td><td>所打眼孔是否规范、分布均匀？</td><td></td><td></td><td></td></tr>
<tr><td>所打眼孔深度是否一致？</td><td></td><td></td><td></td></tr>
<tr><td>所打眼孔边缘是否有毛刺？</td><td></td><td></td><td></td></tr>
<tr><td>10</td><td colspan="2">产品之间是否有碰撞、摩擦、挤压现象？</td><td></td><td></td><td></td></tr>
<tr><td>11</td><td>测试项目</td><td colspan="2">木材的干燥水分（标准：≤12%），实测值：____</td><td></td><td></td><td></td></tr>
<tr><td colspan="2">审核人</td><td colspan="2"></td><td>检验人</td><td colspan="2"></td></tr>
<tr><td colspan="7">说明：1. 每次送货时需附本表，否则仓库不予收货；2. 仓库收货后转品质部进料检验人员存档备查。</td></tr>
</table>

接下来，由采购部召集所有外协供应商到厂里讨论《外协加工交货检查表》的内容，仓管人员全部参加，品质部逐条讲解检查事项并询问外协供应

商是否认可。实际上，这些是最基本的产品质量要求，没有人提出异议，品质部还对各外协供应商培训了表单的填写方式，为每家外协供应商下发一张填写完成的表单样板，最后请各外协供应商在通知上签字确认。

开完这次会议的第1周，执行情况良好，每家交货的外协供应商每次交货都能填好《外协加工交货检查表》交给仓管员。

第2周，有的供应商交货开始忘记填写，仓库一律不收货，品质部就在仓库收货处放置了一部分空表，让没有填表的供应商可以随时补填。这样的事情慢慢增多，一些供应商开始抱怨，填这个表有什么用，纯粹是在走形式，浪费时间和纸张，对品质提升没有任何帮助。

第3周，品质部经理开始动摇了，接受了一些供应商的观点，认为填这份检查表没有用。笔者提示他，这个检查表一开始就是个形式，每次交货都要填写，的确很麻烦。我们也知道有的供应商就是在对付，品质部人员要耐得住性子，一年有300多天，供应商每天每次交货前填表都得做“假”，他们不累吗？把第1周到现在的《外协加工交货检查表》拿出来仔细查看，按供应商名称分开，看一下哪些供应商是认真填写的、哪些供应商是对付着随便填写的。结合来料检验统计数据，给填表有问题的供应商指出问题，对于没有问题的供应商给予表扬，形成统计排名。这样做下去，这些《外协加工交货检查表》有一天就会变成真实的内容，就成了有约束力的品质管理措施。

品质部经理按这个思路找出了几家供应商的问题，如产品有洞眼不良高达50%仍然打√、产品100%变形也打√，有的供应商在检验结果“是”这一栏位竟然全部打√。品质部经理一一找到这些供应商的负责人，约他们到厂里进行面对面地沟通，批评他们是“闭着眼睛做事”。

从这一天起，品质部经理结合品管员提供来料检验数据，每天审核供应商填写的每一份《外协加工交货检查表》，有问题立刻指出，每天对填表状况进行公布、排名。1周以后，这份表和来料检验数据相符了。一个月后，外协来料检验合格率顺利达到90%以上，外协品质逐渐好转。

**第二项措施：**笔者要求采购部、品质部与外协供应商签订《品质保证协议》，主要是针对两方面的内容：一方面要求外协供应商必须保证合格率在90%以上；另一方面外协品质人员需要经过品质部培训、考试、认证，不得随意更换外协品质人员，外协供应商最终全部签订。接下来，品质部开始介入每一家外协厂品质的辅导，提高了对外协厂的巡查频率，为外协厂现场讲解产品各项品质要求，这些措施的执行促使外协来料检验合格率平均值在 95% 以上。

**第三项措施：**由品质部修订《品质保证协议》，将外协来料检验合格率与货款支付挂钩：

- 外协来料检验合格率高于 95%（含）在原有交易条件下优先付款优先下达采购订单。
- 外协来料检验合格率低于 90%（含）在原有交易条件下延期 1 个月支付货款。
- 外协来料检验合格率低于 80%（含）在原有交易条件下延期 2 个月支付货款。
- 外协来料检验合格率低于 70%（含）在原有交易条件下延期 3 个月支付货款。

每月月底品质部将优先付款、延期付款的外协厂名单直接交由企业老板批准，然后转交财务部，财务部按规则付款。此后，这家企业的外协来料合格率有了质的进步，稳定在 95% 以上。

经统计，由于外协来料合格率提升，该企业每月直接节约 2400 个工时。

品质部，是一个说起来很重要、做起来不重要、忙起来不要、出了品质问题跑不掉的部门。多年咨询实践观察发现，品质经理是制造型企业里流失率最高的中层管理岗位，这种局面与企业规范程度无关，无论是民营企业、台资企业还是外资企业大都一样，这个岗位在本企业里基本保持流失速度最快、流失率最高。

上面叙述的这家企业品质架构从无到有，那么对于品质架构完善的企业有哪些品质成本可以降低呢？请看下一个案例。

## 【案例 6】两位“空降兵”降低客诉之路

2016 年，笔者开始了广东某中型企业的经营变革。该企业的品质架构健全，有 IQC（进料检验）、IPQC（制程检验）、OQC（出货检验）、QE（品质工程师）等岗位，品质人员一共有 30 多人，编制健全，产品属于典型的多品种、小批量、多批次、短交期形态，工厂白班、夜班连续生产，这种形态的产品和生产方式对品质管理的水平要求较高，品质管控措施稍有不力就会收到客户的品质投诉。

调研统计显示，这家企业每月客诉件数在100件以上，严重影响了接单数量和客户关系，几家大客户的大订单频繁流失，3家以上大客户发出书面品质警示，如果品质问题再不改进将被取消供应商资格，企业老板在盛怒之下辞退了原来的品质部经理。品质部由厂长代为兼管，厂长反映QE人员每天都在加班加点回复客诉，QE人手还不够，需要再招聘几位。客诉统计数据也不全，1月-3月客诉件数由于资料不全没有统计，4月客诉件数统计显示为108件。

面对这种局面，笔者确定了以生产车间保障交期为主（因为交期的投诉更严重，客户停产将带来高额索赔），以品质提升为辅的改善思路。

- 咨询老师相继推动了招聘和配置品质人员，主要是品质经理的招聘。
- 建立进料、制程、成品检验、客诉方面的品质数据。
- 严格落实各工序首件及记录。
- 推行品管及生产班前会，重点宣导客诉问题和制程品质异常。
- 每周召开品质周会等多种形式的改善活动。

品质部的人员感到非常麻烦，生产部的人员也是怨声载道，大家都认为产品的品质状况就这样了，每天出货那么多、节奏这么快，品质提升的空间有限，同行业同类型的企业客户投诉件数也有这么多，有投诉我们回复一下就行了。看得出，大家对品质提升没有信心，对现有品质管理措施存在消极应付现象。

作为咨询师，我们也明白，每次推动企业的组织变革就像修路，旧路不能走了，新路还不能通车，有的地方被堵上不能走，有的地方被挖得坑坑洼洼，原来通畅的地方出现了堵车，还可能会是反反复复，走路的速度反而没有旧路快。其实这是心理学中“高原现象”，但这些状况只能是过程不是结果，作为企业变革的推手和企业决策者不可不知。

这家企业也是这样，果不其然，5月份客诉件数统计显示为120件，比4月份增加了12件，另一个数据是：内部的批质量事故次数降低了约30%。

6月份，在之前品质动作保持继续推动的基础上，增加了对品质人员检验、判定能力的培训，要求品质部增加对工艺检查的力度，将客诉和不良的责任落实到每一个责任人，6月份客诉件数统计显示为97件。

7月份，延续了前面所有品质管理动作，将重点放在品质经理及相关品质人员的招聘上。7月下旬，企业老板主动安排了一名“空降兵”出任品质经理，这位品质经理属于行业人士，技术出身，对产品对行业有一定了解，上一家企业的规模比这一家企业更大一些。

**一、第一位品质经理：先外后内**

这位品质经理告诉企业老板，入职前15天他只看不管，了解清楚情况后再“出手”。企业老板基本同意了他的观点，但要求他8月份必须开展工作，并要求他有什么想法多和咨询老师沟通，以便更快地融入团队做出成绩。

7月份客诉件数统计显示为94件，比6月份有所减少，但还不理想。这时候，笔者按之前调研完成后设定的项目总思路，将已取得成果的效率提升部分放在8月份工作的次要位置，将品质改善放在8月份工作的主要位置，决定全公司开展由品质部主导的“品质提升月”活动。

在开展“品质提升月”活动之前，笔者找到了这位新来的品质经理，和他沟通活动方案，希望他能够主导推动，他认为自己对企业状况不熟悉，主导不了这个方案，请咨询老师代为主导。当问到他8月份的工作计划时，他回复主要是去客户那里处理客诉，认为与客户面对面地沟通才能解决问题，并且跟企业老板沟通过了，企业老板基本认可。笔者提醒他，内部的问题没有解决，去外部处理问题难度较大、效果不好，他不置可否，笑一笑离开了。

于是，接下来的“品质提升月”活动就由咨询老师主导，品质经理在《品质授权书》上面签字后就基本看不到人了。他经常到客户处协调客诉，每次回来都愁眉不展，晚上也经常加班到22：00以后回复客诉，就这样过了1个月。经过“品质提升月”活动后，8月份客诉件数统计显示为68件，批质量事故下降了50%，OQC检验不良次数下降约40%，有力地提升了产品品质，各部门对品质提升开始有了信心。

进入9月份，企业继续延续着“品质提升月”活动的各种动作，而品质部经理的一些问题开始集中爆发。据企业老板反映，8月份他去各客户处面对面地沟通，客户出于对他的尊重和“面子”上的考虑，对一些客诉对策有所放宽，给出了一些时间，要求工厂内部整改，可是大部分整改措施工厂内部根本不知道，这些措施只是存在于客诉对策的文件里。品质部经理没有与工厂内部达成共识，也没有向下传达，有些大客户这个月就要到现场检查这些客诉对策的执行情况。月初有的客户到工厂检查，已经发现这些承诺过的客诉对策根本没有执行，有的对策生产车间根本就不知道，客户非常生气，已经电话投诉到企业老板这里。加上 8 月份品质经理个人差旅费报销 5 万多元，企业老板对他的工作表示极为不满，要求他尽快将之前承诺给客户的整改动作补上，要求他尽量不要出差，先把品质部内部管理好。

这位品质经理安静了 10 天左右，加班加点将之前承诺给客户的事项基本补齐并向客户一一道歉。在这些事务完成后，他又开启了飞来飞去面对面解决客诉问题的行程。9 月底客诉件数统计显示为 71 件，企业老板以此为由，认为品质经理推动的工作没有成效，请他离开了企业。

**二、第二位品质经理：先内后外**

紧接着，企业老板空降了第二位品质经理，与上一位品质经理相比，资历上基本相同、工作经验上略有优势。这位品质经理主动找到咨询老师，讨论他的工作开展方式，他认为客诉问题也是要先与外部客户搞好关系再抓内部品质。笔者否定了他的计划，并讲述了上一任品质经理的做法和结果。笔者画了一张品质管理漏斗示意图（见图 1－3）给他做了相关讲解。（品质管理漏斗和讲解是本书的第一枚彩蛋）

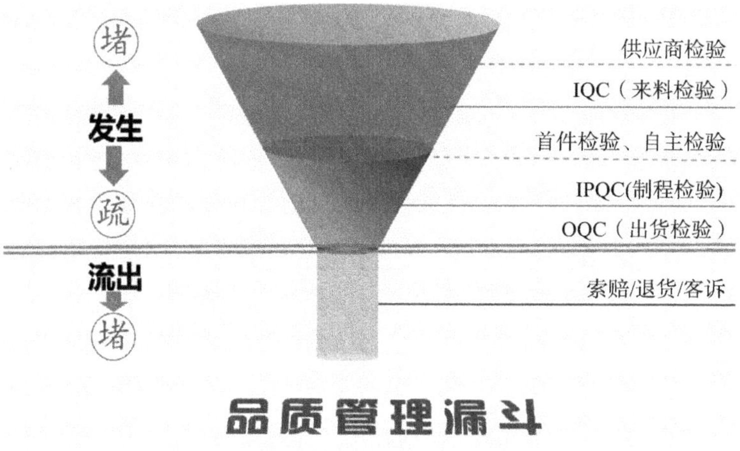


**图 1－3　品质管理漏斗示意图**

大家都懂得一些西方的品质管理，先从来料检验严格控制，再到制程检验，最后到出货检验，一步一步走下去，这种管理的精髓在于这三者形成漏斗，越来越严，最终生产出好产品。我们学到了这些品质管理知识，实践起来却发现不完全是这样。

结合中小企业的实际情况，运用我们的东方智慧，品质管理好比大禹治水，大禹的父亲鲧治水主要靠堵，结果没有成功，大禹用疏导的方法治水，结果获得了成功。品质管理就是在品质漏斗的结构下既要堵也要疏，关键在于明白什么情况下该堵、什么情况下该疏。

管理的知识、方法、工具、动作力量是有限的，比他们更有力量的是管理思想。

这位品质经理听明白了这个漏斗的内容，开始有些兴奋，表示解决问题确实需要中西方结合。笔者接着提醒他现阶段的工作重点，主要是将不良品“堵”在厂里，不让不良流到客户那里，减少客诉件数，为后面内部品质管理的“疏”创造大环境。

这次沟通之后，品质经理把工作重点放在了内部，没有再提去客户处面对面解决问题的事情。在他的推动下，对 OQC 人员重新进行了选拔、培训，对 OQC 人员的工作标准、工作量重新进行界定，安排了几位品质判定水平较高、工作认真细致、敢于指出问题的品管员，将不良拦截在厂内。

10月份客诉件数统计显示明显下降，下降到50件，具体如图1－4所示。

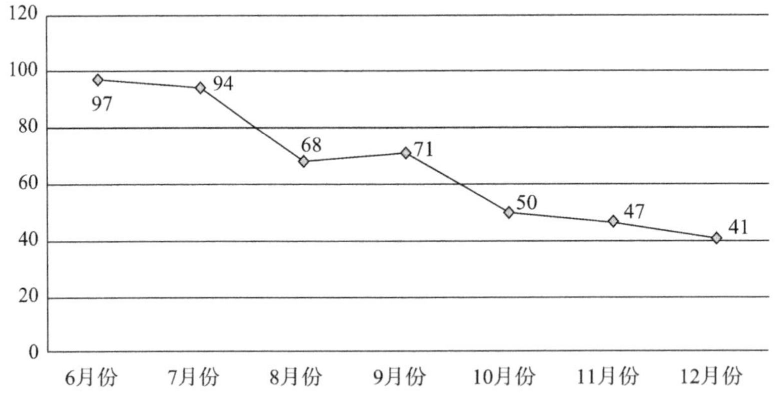


**图1－4　2016年客诉件数**

接下来的两个月，客诉件数也呈下降趋势。在“堵”进行了4个月后，在咨询老师的指导下，品质经理开始了内部“疏”的工作。如客诉问题，要求按时完成客户需要的 8D 报告后，再由 QE 主导完成内部 8D 报告并检查对策动作的落实等。

到 2017 年 6 月，客诉件数稳定控制在 10 件以内，列入各级人员绩效考核。

上述两个案例说明，品质成本是可以控制的，有思想、有策略、有耐心，坚持下去可以解决复杂的品质成本问题。

# 第 4 法⊙攻关降本法——攻关降低成本

面对复杂的问题，需要运用非常规的手段来解决。对于成本问题，这个道理同样适用，接下来讲述另一个非常规解决问题的方法——攻关降本法。

攻关的要义是集中企业有限的资源，打破现有部门间的限制、生产关系的限制，集中精力解决企业的疑难问题，最终攻克难关。

在笔者以往主导的咨询项目中，攻关最先被用来解决交货问题，帮助企业成功避免了客户生产线停产索赔的问题。

一起看看这个难“关”是如何被“攻”克的。

**【案例 7】 攻关避免客户停产索赔**

2008 年世界金融危机刚结束的时候，笔者开始为一家台资企业做咨询辅导。这家企业三个事业部都列入了辅导范围，调研开始后，我们发现注塑事业部的问题最突出。

注塑事业部的产品除了属于多品种、小批量、多批次、短周期的形态外，还有一些自身的特殊性，注塑事业部生产的产品体积较小、精度极高，客户清一色是日资工厂，全部是 JIT（准时生产方式或称无库存生产方式）交货，客户处是零库存，稍有不慎，客户组装生产线就有可能停产，停产将发生索赔，对照主要客户的规模，索赔金额一般为每停产 1 天不低于 50 万元。调研过程中，笔者看到了两份上一年度某国际知名日资企业对这家企业开出的停线索赔单。

客户产品更新换代速度较快，如果第 1 代产品没有及时供货或交期达成率低，第 2 代产品订单就会被大幅度削减，第 2 代产品交货状况如果还不能改善，第 3 代产品的订单很可能就与厂家无缘了。

还有一个特点是交货配套性较强，只有全套的塑胶件都齐料了才能安排上线组装，塑胶件无论大小，缺一不可，缺一款塑胶件和全套的塑胶件全部没有交货产生的结果，对客户的影响是一样的。

**一、红色预警，客户生产线随时可能停产**

调研完成后，笔者就接到了来自业务课长交货异常寻求支援的信息，注塑事业部客户新下的新产品订单目前是 7×24 小时对应交货状态，客户生产线告急，随时可能停产，可能产生重大索赔。所谓的 7×24 小时对应交货，是指客户对交货异常供应的零部件提出的红色预警，要求供应商 7×24 小时不间断交货。事实上，这批塑胶件 3 天前已经进入这种状态了，工厂每两个小时到客户处交货 1 次，日夜不停。企业总经理亲自指挥，连续在办公室工作超过 30 个小时，交货情况稍有好转，目前只用 1 天交货 4 次，红色预警解除。由于交货数量仍达不到客户的需求，客户的意见较大，提出要削减订单，同时告知下一代产品将没有资格参与开发。

业务课长坦言，这种情况时有发生，注塑的异常较多，模具问题、机器问题、材料问题、寸法问题等都会影响出货。如果公司没有备库存，只能 7×24 小时对应，每次交货都是心惊肉跳的，个人通宵上班经常有，最怕的是客户生产线停产，责任重大。

经初步分析，主要是 7 个机种异常较多，造成交货不足，每个机种均有 5 套以上的模具在生产，每套模具的状况各不相同，每台机器的状况也不同，机台产出数量参差不齐，产出的合格率也是有高有低，情况相对复杂。

- 工程部（主要负责跟踪模具进度、与客户沟通技术问题）的课长、工程师们都在车间查看问题。
- 生产部的生技人员（主要负责调机，通过调机将合格品的生产条件调试出来）也在车间解决问题。
- 修模部（主要负责模具维修）修模技工每个机种的每套模具都有指定人员修模，不存在没有人处理问题的状况。

业务部统计显示，目前这 7 个机种每天的总交货数量勉强达到客户要求数量的 70%，通过各种协调，客户调整了生产计划。如果发生异常状况减少交货，客户将会再次启动红色交货预警。

## 二、针对7个机种一一寻找问题和对策

根据上述状况，笔者召集了一次专题会议，与这7个机种相关的所有工程师、生技、修模技工都参加了会议，还召集了工程部经理、制模部经理参加会议。会议主要讨论这7个机种每套模具每台机器实际存在的问题点与对策，让大家各抒己见，有看法、有建议都可以提出来。几轮讨论下来，问题点补充得比较全面，也提出了各种各样的对策，可是有些对策相互矛盾，两位经理一时也难以判断。

技术人员的特点是每个人都有自己的专业，不同专业的人在一起做一件事难以相互配合。参会的人员都属于技术人员，除了机器问题、模具问题，他们还提出一些工作配合问题：

- 修模技工反映有的模具修理好了没有人及时调机。
- 有的产品不良不是模具问题，而是调机水平问题。
- 生技人员反映调机发现有的模具根本没有修到位，或者调机完成后工程师迟迟不来判定产品。
- 工程师反映有的修模技工没有按照修模方案来修模，凭经验和感觉在修模，调机出来的产品不良需要大家讨论时找不到人。

大家说的都有道理，可是谁也调动不了谁，这些争议表面上看起来是技术问题，实际是管理问题。

## 三、争论不休，彼此不服，怎么办

针对这些问题，笔者在这次会议上决议：

- 成立两个攻关小组，分别由两位经理担任攻关组长。其中，工程部经理负责3个机种，制模部经理负责4个机种。
- 7个机种的每一个机种再设1名攻关小组长，由工程师担任，组员为生技、修模技工，现场召开会议针对每一套模具列出每一个点的改善动作，形成会议记录。
- 各攻关小组长向攻关组长报告进度、提出支援事项，会后各小组长负责每天召开一次总结协调会议。

为了提高大家的积极性，每天统计各机种产量，以周为单位，由PMC部（Production Material Control，生产与物料控制）统计7个机种在上一周的交货情况，在周一产销协调会上公布。攻关目标达成的机种，攻关小组每人奖励100元，如出现欠数追究直接影响者责任。

涉及效率攻关的参会人员，由两位经理将7个机种负责人进行分工分组，参与攻关的人员同意后签字确认开始实施。约定后续每周召开一次攻关总结会议，直到交货全部达标为止。

一周后，交货数据出来了，制模部经理负责的4个机种中的1个机种只有1天由于车间返工问题没有达标，该事项可以排除攻关小组的责任，会议决定对制模部经理带领的攻关小组每人奖励100元。工程部经理负责的3个机种没有达标，其中只有1个机种1天交货数量达标，PMC部交货数据显示，这3个机种上周交货数量整体有15%以上的增长，对此只鼓励不奖励。

在颁发奖励时，请制模部经理发表获奖感言，他兴奋地讲述着自己的小组成员是如何讨论、如何开会、如何解决问题，俨然一副成功经验分享的派头，他带领的拿到奖励的攻关小组长及组员们也兴奋地谈论着自己解决问题的经过。

接着是工程部经理发言，他满脸通红地进行检讨，表示自己对这些事情没有足够的重视，表示在这一周一定要克服困难努力达标，他带领的攻关小组长及组员们用羡慕的眼光看着拿到奖励参与攻关的同事们，小组长们表示也下周一定要拿到奖励。

接下来的4周里，这7个机种的6个机种交货数量都能达标，各攻关小组都拿到了奖励，1月后7个机种交货数量全部达标。

这批订单经过攻关顺利交货后，企业总经理高兴地告诉笔者，交货数量不达标之前，客户采购人员对他“横眉冷对”，爱答不理，有时连个座位都没有，常常是连茶水都没有，交货数量稳定达标之后，客户对他“眉开眼笑”“热情有加”，有座位坐、有好茶喝，最重要的是客户对这批订单的交货情况比较满意，已经将下一代产品的模具开发订单下达，这个小攻关可以解决大问题。

这个攻关案例说明，攻关是一种有效打破现有组织关系束缚、快速统一生产关系的问题解决方式。攻关的操作要点主要有：**定攻关目标、定攻关组织、定改善动作、定改善时间、定期总结、定期激励**。上面的案例还有两位经理之间、攻关小组长之间、各技术人员之间的PK，如果你在推行攻关活动时也能考虑到，效果会更好。

下面再看一个大型企业的攻关案例。

## 【案例8】效率攻关成功留住老客户

辅导对象是一家为国内外众多一线手机知名企业提供部品的大型企业，所供部品型号相对较少、数量巨大。调研刚刚结束，过完元旦的第2天，笔者就接到了一个不好的信息，出差到美国的国外营销总监发邮件称，一家一直合作的老客户将中断多年的合作关系，他目前在客户处一边被“修理”，一边在寻找缓和的余地。主要问题是上个月的交货数量太少，月平均交货数量达成率不足60%。最初客户电话投诉这个问题，没有引起各部门的重视，公司交货量一直没有明显提升，反而使客户多次调整生产线，导致客户生产效率和终端销量受到影响，客户总部对此极为失望，要求终止合作关系。

营销总监发送邮件说，客户基于这么多年合作的考虑，勉强答应给予企业两周的改善时间，如果还是不能按数量交货，将会把现有在生产的模具全数拉走，客户上个月中旬已经启用新的备用供应商。

作为企业的老客户之一，客户给出了最后通牒。企业董事长指示总经理必须想尽一切办法满足客户的要求，不能让客户流失。

大家都知道，开发一个新客户的总成本比维护一个老客户的总成本高出5倍以上。也就是说，如果老客户丢失，企业将花费5倍以上的时间、精力及资源寻找到一个新客户。

总经理为此立即召集生产总监、生产经理、品质经理、设计经理、模具经理、计划主管、主导工程师（属设计部）参加会议，主题就是讨论如何达成客户的交货需求。计划主管称客户的需求是每天交货38K（1K代表1000），实际产出只有30K，除去不良品数量根本不够交货。

生产经理称现在已经是两班24小时生产，12套模具状况不一样，容易生产的只有少数几套，大部分都生产困难，不良品率也很高。他强调车间已经很努力了，员工除了吃饭都在不停地操作机台，希望第13套模具的正式量产能够带来较高的效率和良品率。

设计经理称，模具这么多年都是这样设计的，设计没有问题，至于有的产量高、有的产量低是机台问题、模具制作问题、工人操作问题，和设计问题不大。模具经理称模具制作都是 CNC 加工，统一的编程怎么可能有问题，第 13 套模具由于供应商工件延误原因需要晚 1 天给到生产，提醒生产部对这套模具不要抱太大希望，由于设计结构变更，这套模具试模时理论最大产能只有其他模具产量的一半，他建议品质部可以放宽一些品质验收标准，现在的品质验收标准可能把一些良品错判成不良品，放宽品质标准还可以多交一些货。

品质部经理立即反驳，现在的品质标准已经相当宽松了，品质部已经多次去客户处谈判了，针对每种不良都有限度样品，他强调现在的品质标准必须遵守，如果公司交货数量不够再造成客户质量投诉，那就彻底没有挽回的余地了。

主导工程师称，大家说的因素的确都存在，问题确实复杂不好解决。

生产总监问生产经理，还有什么办法可以提升产出、良品率，生产经理回复没有办法。

这样的会议是众多企业里常见的一幕，看起来大家说的都有道理，却不能解决问题，主持会议的总经理听完大家的发言后沉默不语，他赞成并重复了生产总监的提法，让生产部想办法提升产出和良品率。生产经理又开始说回原来提到的那些因素，然后参会人员再次发言，发言内容和前面几乎一样，会议就这样开了一个小时，陷入僵局。

企业总经理这时邀请笔者参加了会议，针对交货问题提供一些意见。笔者了解完现状后，给出了五条意见：

第一，设计部工程师主导测量每套模具每个机台具体的产出周期，不要用一个固定的时间来计算产出，详细给出每台机每套模具每一班的定额，车间负责每台机两小时报告 1 次产量，对产出大于定额的一线员工给予现金奖励。

第二，以产出和良品率为导向，设计部主导、车间协助找到每套模具与每台机的最佳匹配，即使正在正常生产的机台也需要为这个部品交货让路。

第三，由车间主导，品质部及设计部协助，针对现有排名前 5 位的不良现象列出具体的改善动作和操作要求。

第四，模具部门主导将前 12 套模具的产出状况、品质状况问题点详细列出来，由设计部和模具部共同给出解决方案，在交货数量充足、有库存的情况下，由计划主管通知车间安排修模。

第五，将上述内容形成攻关方案，参与上述改善事项的人员每周交货数量达成给予一定的奖励。

企业总经理同意了上述意见。第 2 天再次召集会议：

设计部经理及主导工程师称各套模具已经给出定额，现有的模具产出周期完全能够满足交货数量，根本不需要第 13 套模具投入生产，工程师已经和车间找到了每一套模具的最佳匹配。

生产经理称已经开始落实两小时报告产量，夜班已经宣布了超产奖励。

模具经理称正在生产的 12 套模具中有一半影响产出和良品率需要安排修模，修模用的零部件已经安排开始加工了，只要车间有空闲时间可以下模，模具部门可以在最短的时间内将模具修复好。

品质经理称他已经和生产经理达成了共识，前 5 项不良中只有 1 项属于技术问题，其他不良项目都可以通过改善作业手法和对作业人员教育训练来减少。

计划主管打开的夜班生产报表显示，夜班总体产出数量已经有所提升。

一周后，12 套模具的产出数量平均值达到了 44K，最高的 1 天达到了 47K。第 2 周产出数量平均值达到了 45K，计划主管开始安排修模，后续的两周也都达到了交货数量。一个月后，营销总监发邮件表示感谢，称客户对上个月交货情况比较满意，没有再提终止合作的事，还下发了新的订单。之后的几个月里，这个客户没有再投诉过交货问题。

这个事例说明，攻关是打破管理僵局的有效手段，在关键时刻能够帮助企业化解困难与危机，攻关对品质成本、生产成本、管理成本都有明显的降低作用。

## 第 5 法⊙奖罚降本法——奖罚降低成本

奖罚，在一些管理人员眼里，对这种管理方式不屑一提，似乎提到奖罚就是不尊重人，就不是“以人为本”。

真是这样吗?

笔者认为，“以人为本”是建立在遵守规则的基础上来谈的，是指制定流程制度、解决问题时需要考虑人性。人性有善的一面也有恶的一面，为了企业的发展和管理的需要，不可避免地需要惩恶扬善，让人性善的一面发扬光大，让企业里人性恶的一面受到约束和遏制，奖罚只是解决这两个问题的一种形式。

实际管理操作中，只有极少的企业不去运用这个形式，靠企业价值观来引导，只是他们换了说法，或者叫考核，或者叫表扬……

在大量的中小企业中，奖罚是一个普遍现象。其实，推出奖罚措施是管理中的无奈之举，是管理者不得已而为之，尽管我们都认为这不是最好的解决办法，它可能只是这个时代的过渡。

某企业两位生产经理的经历可以诠释上面的问题。50 多岁的李经理到一家企业任生产经理。企业生产的产品与医疗相关，企业明文规定上夜班员工不准带方便面等食品在车间里食用。如果食品带进车间可能会引来害虫，有造成产品污染和产品批量报废的隐患，企业也有提供专门的用餐位置。李经理上班几天后发现了这个问题，尽管企业三令五申，班前会也多次强调，也制定了奖罚条款，可是还有一小部分员工我行我素。于是，李经理喊住了这些带了食品准备进车间的员工们，说这些食品千万不要带进去，带进去会有哪些后果。这些员工一开始吓了一跳，以前这件事情没有人真正管，新来的经理要管那就不带进去好了，这些员工就在车间外面吃完再进去。第 1 次就这样过去了，第 2 次、第 3 次，这些员工发现李经理就是嘴上说说罢了，真拿着食品进去也不会怎么样。两周过去了，李经理再说这件事情时，这些员工根本不理会他，他常常在车间门口感叹，这些员工真难管。

有一天，企业总经理在车间看到了一位员工放在车间机台旁边的方便面，总经理把李经理叫到办公室里严肃地批评了他，请他想办法杜绝这种现象。李经理低着头出了总经理办公室，增加了劝说员工的次数，这种现象仍然没有改变。

两个多月后，李经理由于一批产品交货延误被总经理以“试用期不合格”为由，请他离开了企业。

接着，一位30多岁的赵经理走马上任，继续负责生产经理的工作。赵经理上班第1天就发现了这个问题，经过了解后分别召开了生产部管理人员工作会议、生产部全员早会，重申了企业对食品不能进入车间的规定和奖罚条款。第2天夜班时，他在车间里发现了三位员工带食品进车间，立即对这三位员工进行教育、罚款并在次日通报批评。第3天夜班时他再次发现昨天三位员工中的一位还是带了食品进入车间，赵经理知会人事部对这位员工下达辞退通知。从此以后，在赵经理任职期间，再也没有员工带食品进入车间。

由此可见，奖罚是有效的，可是容易失去人心，如何把握这个度呢？

**第一，奖罚需要公平公正公开，奖罚不是显示魄力的工具，特别是罚款。**“奖要奖得心花怒放，罚要罚得心惊肉跳。”这是一些高层决策者的至理名言。这句话在日常管理中不太适用，容易失去人心，这种做法不如细水长流、点对点的奖罚有力度。某企业《考勤管理制度》里规定员工及管理人员上班一律不准迟到，否则根据迟到时间扣除一定金额并罚款。这项制度推出半年后，企业老板接到员工举报，投诉一些主要管理人员上班都晚到10分钟以上。为此，企业老板在接到投诉后的第2天早晨7：00就守在公司大门口，准备“抓典型”，结果抓到了3人迟到并立即开除，魄力不可谓不强。之后这项制度执行得比较顺利，再过半年后去看，又恢复到了原来的样子。

这家企业老板的做法有一定的普遍性，类似的事例较多。笔者在某企业推行《会议管理制度》时遇到的状况与上面的例子类似，有较强的借鉴意义。《会议管理制度》经全体管理人员讨论修改、定稿下发，已经执行一个多月了。其中有一条规定，参会人员迟到5分钟以内向员工福利基金捐款10元/次。有一天下午，企业董事长召集会议，有一位品质工程师迟到了3分钟，按制度规定捐款了10元，董事长看到后当场大发雷霆要求修改《会议管理制度》，主要是表示迟到捐款金额太少，对这种迟到行为处理力度太轻，捐款最少50元/次，第2次捐款100元，第3次立即开除。一时整个会场鸦雀无声，笔者这时告诉他，他提出的捐款方式是不正确的，这样的结果只会把大家都罚走，捐款只是针对迟到这种行为，捐款 10 元与捐款 100 元、1000 元、10000 元并没有实质区别，只有点对点的行为纠正才能养成良好的工作习惯。董事长沉默了一会儿后表示认可，按照原有的条款执行。

会后，笔者和这位董事长一起回顾了企业推行《会议管理制度》的过程。在调研时就发现，这家企业的各项规章制度比较健全，仅《会议管理制度》就长达 9 页，董事长亲自制定，对会议事无巨细都有规定，也有规定奖罚。其中对会议迟到的规定就是第 1 次捐款 50 元、第 2 次捐款 100 元、第 3 次开除，事实上也有 50 元、100 元的捐款。可是，如此完美的制度为什么没有得到彻底执行？笔者将这个问题抛给了董事长，董事长不好意思地说出了推行的过程。

之前推行的《会议管理制度》主要在经理级别会议上实施，主要由这位董事长行使奖罚权力。一开始，有经理迟到，董事长要求捐款 50 元，第 2 次迟到捐款 100 元，真有人迟到第 3 次就处理不下去，大家也就明白是怎么回事儿了。第 3 次就继续捐款 50 元或者 100 元，捐款多少由董事长确定。再后来，大家更是看出了端倪，董事长的“心腹爱将”每次捐款基本是 50 元，个别迟到的人还会被“视而不见”不用捐款，而董事长“心存不满”的人员每次捐款都是 100 元。久而久之，这项制度变成了大家心照不宣的“伪制度”。后来引入的咨询公司，属于中立的第三方，没有这些顾虑和纠结，加上制度的点对点约束力更强，使得这项制度顺利落地。

**第二，需要把握的是，制定奖罚的初心和动机是什么？**“正人用邪法，邪法亦正；邪人用正法，正法亦邪。”是为了个人利益还是为了公司利益？是为了“创收”还是为了教育？是基于帮助还是基于惩罚？是为了彰显权力还是为了解决事情？初心和动机不同，结果不同。

**第三，奖罚不一定都是物质上的东西，可以是精神上的东西，也可以是两者兼有。**这可以根据企业发展所处的阶段采用不同的形式，这些方法管理书上非常多。

**第四，奖励大于处罚。**不管从规定的范围还是从执行的金额上都应该遵守这个规则。

接下来，看一个运用奖罚有效降低客诉进而降低品质成本的案例。

## 【案例9】奖罚降低月客诉29.55%

笔者在辅导某大型注塑企业时，遇到了一个品质改善上难以处理的棘手问题。该公司品质架构健全，大部分产品精度误差以0.01mm体现，拥有设备齐全的测量室，有定岗定编专职的品质人员、品质工程师，分工细且明确。随着咨询工作重点的转移，开始了品质改善。笔者注意到表面上看起来无论是人员还是设备，配备齐全的品质部在品质改善上几乎无能为力，这种局面并不是因为生产部不配合产生的，主要是因为主导改善品质的品质工程师们一天到晚都忙于处理客诉并回复客诉。由于客户群体的不同，这些客诉还不能以简单的8D报告坐在办公室里编写回复了事，大部分客诉需要以五原则报告（有兴趣的读者可以自行了解）的形式回复，需要的佐证资料较多，并且在回复之后客户会来现场检查对策落实情况，这些客诉都需要限期限时书面回复。

品质工程师加班是常事，1位品质经理、3位品质课长除了接待客户、维持日常工作外，大部分时间都在帮助品质工程师们处理这些客诉。品质部的人员按公司规定执行定岗定编，没有特别重大原因不允许增员，而客诉件数还有逐渐增多的迹象。

这样看来，必须让客诉件数减少到一定范围，让品质工程师有时间来主导品质改善。

经过与生产部、品质部的一些管理骨干多次沟通，大家说出了各自的心声：

- 负责外观检验的人员讲，每天这么多产品总会有漏检的。
- 负责测量的人员讲，每天这么多产品总会有测量错误的。
- 生产部的课长和品质部的课长也表示，客诉状况这么多年都是这个样子，下面的人员也说过，大家认真检验这么多收入，不认真检验也是这么多收入，做好做坏一个样，做与不做一个样，大家努力去控制还是会有这么多客诉。

看来，大多数人员对客诉件数的减少没有太大的信心。

从当月品质报表及责任划分来看，客诉的责任分布在6个部门里，主要的客诉事项分为外观不良和寸法不良，分别占53.41%、46.59%。外观不良中注口高、油污、欠装、多装、混装、标签不符等现象只要几个工序稍加注意就可以大幅度减少投诉，寸法不良中主要尺寸超差，需要对测量室人员进行培训并提醒他们注意正确读数。

有了这些了解，笔者找到了企业总经理，提议以当月的客诉件数为基准，下个月的客诉件数各部门每降低 1% 奖励 10 元、每降低 10% 奖励 100 元，以此类推，以现金形式发放，企业总经理同意了这个提议，表示自己也经常因为客诉问题被客户“修理”。

于是，咨询老师在当月的品质例会上宣布这项奖励决议，会场气氛马上活跃起来，参会人员都表示一定努力争取，希望能够拿到奖励。

在接下来的一个月里，检验人员检验更加认真、测量人员更加谨慎、员工品质教育训练增多、测量人员培训考试增加，对品质问题的判定少了一些扯皮，多了一些配合，一系列有效的措施得到落实。

第 2 个月品质统计数据显示，该月客诉件数共下降了 26 件，下降比例为 29.55%，6 个部门中有 3 个部门应该给予奖励。

接下来是为这些部门申请奖金，这时出现了一个小插曲。当办事人员写单申请奖励找到公司副总经理申请时，副总经理拒绝签字，不同意这项奖励，认为这些是大家的工作职责，不应该奖励，他认为这种做法根本就不是管理。总经理正好也在旁边，问他：“给你 3000 元，你能否把客诉降低 29.55%？如果能，以前为什么不去做？如果不能，那么这些部门就应该奖励，减少的客诉处理成本远不止这些！什么是管理？有效就是管理，管理就是有效！”

签字后，企业总经理亲自为这些部门颁发了奖励并现场鼓励。

这件事情过后，大家重新树立了品质改善的信心，为下一步的大范围品质改善打下了良好的基础。

奖罚对降低客诉件数有帮助，对提升制程合格率同样有帮助，下面请看一个运用奖罚提升制程合格率节约品质成本的案例。

### 【案例 10】奖罚提升直通率 18.41%

笔者在辅导某机电企业时，调研发现企业的瓶颈工序焊接车间从一线员工到车间主任都采用计件制方式计算工作报酬，效率数据和品质数据呈现倒挂现象，效率达成率连续 4 周达到 100%，制程直通率（一次性合格率）分别为 47.26%、50.30%、56.00%、56.30%，4 周平均值为 52.47%，离制程直通率目标 70% 还有较大差距，是典型的“重量不重质”管理。由此带来的返工、重工、报废严重影响了总装的进度，产品交期一拖再拖，成为客户抱怨的主要项目。加上处理这些不良品额外增加了人力，造成人员短缺。

为了解决这个影响内部和外部流动的瓶颈，在咨询团队的策划和企业方的支持下，企业成立了工艺 & 品质控制小组，一部分技术人员规范现有生产工艺，并对班组长和一线员工进行培训、考试。对一部分品管人员授予管理权力，当发现质量事故或不合格率高时，品管人员有立即要求班级长或车间主任停产进行现场整改的权力；共同授予工艺 & 品质控制小组成员管理权力，当发现比较严重的批量品质问题时及严重违反工艺现象时，小组成员拥有要求停止生产、勒令立即整改的权力。

有了权力还得有责任，大家共同确定，如果焊架车间制程直通率在 70%（含）以上且没有出现批量性不良，奖励工艺 & 品质控制小组组长 600 元/月，小组成员奖励 300 元/月；如果焊架车间制程直通率低于 70%，处罚工艺 & 品质控制小组组长 300 元/月，小组成员处罚 150 元/月，大家都在方案上签字表示认可。

方案实施第 1 周，制程直通率迅速达到了 65.41%，第 2 周达到了 70.88%，达成了管制目标，后续没有再出现下滑，企业也兑现了对工艺 & 品质控制小组的奖励。

经财务统计，制程直通率提升后，每月少用人力 31 人，重工、返工工时减少 30% 以上，报废减少 70% 以上，折合经济价值 40 万元/月。

这两个事例都说明，企业的品质管理是有潜力可以挖掘的，品质成本也可以降低，奖罚只是促进品质管理的催化剂，可以通过奖罚使这种力量汇集起来从而解决问题。

可是我们还应该清醒地意识到，不能以奖罚代替管理。即使要奖罚，也应该采用先教育后奖罚的方式。这里特别提出的是罚款，以罚代管要不得。盲目使用罚款会失去人心，会使管理陷入僵局。罚款只是解决问题的开始，而问题不是罚完款就能解决的。相反，一些罚款掩盖了问题，模糊了管理的职能，模糊了管理的方法，模糊了管理的过程，模糊了管理的真相。罚款后告知不足、罚款后告诉方法、罚款后提供帮助才是正道。

奖罚是有效的，节奏是短平快的，但它不是万能的，在管理中不能被滥用，决策者千万不要饮鸩止渴。奖励能带来激励和感恩，也能带来贪婪、投机、狂妄自大；罚款能带来激励和恐惧，也能带来自卑、堕落、冷漠仇恨。

## 第6法⊙工艺改善法——工艺改善降低成本

企业使用普通的工艺，使用同行业都在应用的工艺只能带来普通的成本管理水平，使企业失去了工艺上的成本竞争力，而工艺改善是一种降低成本的有效方法，也是一种让企业成本竞争力逐步变强的工具。

来看一个改进工艺后工艺成本降低，领先同行的案例。

### 【案例11】改进工艺降低成本19倍

笔者在某水泥制管企业的一个工序上发现了一个问题：在水泥管出厂送往工地前，端面都需要刷胶水粘一层木板，这个工序耗用大量的人力、物力，工作效率低、工作时间长，有时还会影响出货进度。

经了解，4年前有人曾提出用钉子打入木板的工艺替代刷胶水粘板工艺的做法，理由是钢钉可以打在水泥墙上，并且市场上已经有竞争对手这样做了。

对此，笔者提出这项要求，请技术部安排人员进行试验，技术部立即回复以前都试过，钉子一直打不进去，目前只能用刷胶水粘板的工艺，笔者要求一周内重新试验1次。

一周后，技术部回复，试验的结果和以前一样，钉子打歪了，还是打不到水泥管里面。此后，由于赶货原因，这件事暂时被搁置。

又过了两周，笔者再次组织会议重新讨论这件事，主题让大家讨论怎样才能落实这件事。有一位管理人员提出，可以加大钉枪使用的气压试试看，另有一位管理人员提出，钉子是否可以稍短一些。会议决议由技术部按改进后的工艺请购材料并再次实验。

3天后，技术部实验后回复，这次钉子可以打到水泥管里面去，新工艺实验成功，可以在全公司推广，同时修改了作业指导书。

之后，每次出货都按新的工艺钉木板，公司内部、客户处都没有反馈有问题，技术部把这项改进列为正常工艺。

经财务统计，两种工艺成本如下：

刷胶工艺：刷胶水费用为23.75元/节；

打钉工艺：打钉子费用为1.25元/节。

两种不同的工艺，成本整整相差了19倍，这还没有计算由打钉效率提升所节约的人工成本，这项刷胶工艺在企业里使用了近10年，曾经有人试图改变但是没有实现。

由此可见，成本控制、工艺改善的背后不是所谓的IE知识、精益生产知识，也不是经验和技巧，而是决心和定力，一种不达目的誓不罢休的决心，一种持续改善不断创新的定力。

这个案例可以视为本书的一枚彩蛋，因为笔者不久前（2019年10月初）到达珠三角地区10多个施工现场，发现这些产品仍在使用刷胶工艺。同类型企业，请马上改善它。

工艺改善中，除了工艺本身的改善，还应该借助各种工具，如治具、夹具来改进效率，从而实现成本降低。请看下一个用治具节省人力的改善案例。

## 【案例12】巧用治具节省人力41%

笔者在2011年带队辅导某注塑企业，在巡查车间时发现，这两个车间的作业员大多数在工作台上挑选产品，看起来作业员的工作是将良品与不良品分开，快速挑出不良品即可。仔细观察后，发现产品的不良数量较少，作业员还有一项更重要的工作要做，那就是需要把注塑出来产品的模号全部分开。

每套模具注塑出来的产品有多有少，一般多为1模4穴或1模8穴。在不堵穴的情况下，每穴产出1个产品，每个产品有1个编号，一般用阿拉伯数字或大写英文字母做模号，同一产品多套模具之间一般不重复编号，模号在产品上用较小字号标识，如平时饮用的矿泉水瓶模号在瓶子底部。

如果A产品的模具是1模8穴，编号是1~8，那么每模产品作业员都需要把1~8号的产品一一分开，分别装袋标识。

笔者还观察到，每模产品从模具开模后掉下来的那一刻，1~8号产品全部混在一起，再加上两个小时收一次产品，这些产品的混合更加充分，混合后产品分模号的难度更大。

这些产品体积较小，大部分产品只有普通人小手指甲盖大小，一部分产品的直径与普通圆珠笔芯相当，长度约为 1 厘米，大部分部位需要在 10 ~ 50 倍放大镜下挑选。这么小的产品为什么要分模号呢？带着这个问题，笔者找到了品质部经理。品质部经理回复称，由于产品精度较高、体积较小，每一穴的产品存在微小的差异，这些产品在客户的成品上属于关键零部件，需要与客户方的其他零组件共同做适配，有可能是 1 号模适配成功，2 号模适配失败，那么 2 号模就会被丢掉。客户为了保证良品率和效率，就严格要求我们交货必须分模号，有混模号的产品交货出去肯定会变成客诉，如果处理不好流入客户的生产线上，可能会导致客户生产线拆机修理返工产生额外费用，这些费用会转嫁给供方。我们公司也有一些问题，模具设计问题、修模问题、调机问题都有可能让这些分模号的产品产生微小差异。客户有讲过，如果交货的产品没有这些微小差异，可以不分模号交货。

笔者询问一些管理人员和企业老板，得到的答复与品质经理所说的基本一致。经测试，一名熟练的作业员一边挑不良品一边分模号每小时平均产出为 190 个，基本和每台注塑机上的模具产出数量持平。两个车间 80 多台注塑机中 40% 以上产品需要分模号，按白班、夜班计算，需要作业员 60 人以上。实际上，车间已经多次在工作协调会议上向公司高层报告作业员数量不够，而人力资源部门招聘作业员的进展缓慢，导致车间缺少作业员开机数量不足影响交货。

这两种局面形成了鲜明的对比，有没有办法可以在保证品质的前提下使分模号的作业员减少一部分呢？减少的作业员可以去做开机工作，从而实现人工合理利用、内部补充人力缺口的目的。

我们来分析一下这个问题，它是效率和品质的交叉点，一部分原因是品质有问题需要分模号，详细了解每一款产品后，发现他们背后都有多方因素（自身、其他厂商、客户）交织在一起，短时间内难以得到解决；另一部分原因是由品质带来的企业和客户双方效率问题。解决的思路：

- 短期内靠“西医疗法”，想办法使分模号这件事效率最大化。
- 长期靠“中医疗法”，需要把这部分产品的品质做到最佳状态，并主动与多方因素共同协作改进。

接着，笔者与企业方总经理沟通了这两个思路，提出技术上有没有办法在产品注塑开模后，模号还没有混合在一起前将他们分开的建议。技术出身的总经理表示认可，他提出会抽调一些“技术高手”，让他们专门处理这些适配有问题的产品，希望咨询老师协助跟踪处理的过程；同时提出之前有提议过开发自动分模号治具的设想，半年过去了，还没有看到图纸，更没有生产出来，希望咨询老师协助跟踪一下，让这套治具从设想变成现实。

就问题的解决方法大家达成了共识，剩下的就是解决问题了。我们找到制作治具的技术部经理沟通开发自动分模号治具的进度，他坦言这件事几乎被忘掉了，这套治具比较复杂，目前还停留在原来的设想阶段，图纸还没有出来。咨询老师建议他先选择 1 个产品的两套模具进行开发，不要一次性全部开发。

随后由技术部经理召集会议，让生产部车间主管和生技人员、机加工组人员、工程师、模具设计者、模具制作者共同参加，会上大家各抒己见，提出一些观点和建议，对开发自动分模号治具的细节提供了有价值的帮助。

一个月后，这套图纸的初稿出来了，经总经理修订后批准形成定稿。

第 2 个月，各种零部件到位，开始组装并安装到机械手上进行调试。经过多次调试，这套治具终于可以开始使用，开始由它替代人手进行自动分模号，生产部跟踪 3 个班次，确认使用治具分模号治具的准确性。

生产部跟踪后提供的数据显示，自动分模号治具的分模号准确率在 96% 以上，达不到 100% 不混模号的要求。

技术部再次对治具进行改良，发现设计时没有完全考虑到产品离开模具掉落后弹起又混在一起的细节问题，为此加高了产品掉落的滑道，并在滑道上面加装盖子。再次试验数据显示，改进后的治具自动分模号准确率达到了 100%，完全可以替代人手。

紧接着是批量生产及应用，被自动分模号治具替代出来的人手用于开机，原来需要招聘作业员的缺口被补上，不需要再对外招聘。经统计，自动分模号治具净替代作业员 34 人，总体节省人力 41%。

## 第 7 法⊙设备改造法——设备改造降低成本

企业里有一种现象，大家常常喜欢购买通用性的机器，或者喜欢购买技术更先进的设备，认为这样就能够大幅度提升竞争力，这种对机器设备的认识从降低总成本、提升竞争力的角度来讲是不够的。市场上出售的机器设备大都是通用产品，没有根据企业的实际情况进行精细化适配，如果仅仅只是使用了机器设备的通用性功能，没有对他们进行个性化的改造，那就大大降低了他们的使用价值，企业也很难有机会在总成本竞争中脱颖而出。

下面叙述的是同一行业同样的产品，由于设备改造的不同造成企业的竞争力大相径庭的案例。

### 【案例 13】设备个性化改造使企业效益倍增

笔者辅导某企业供应链管理提升，因为评审的需要，带队考察了国内多家代表性的马达制造企业。在这个过程中，明显感觉到了设备改造给企业带来的成本差异、竞争差异。

考察的第 1 家企业规模在 600 人左右，产品工艺一般，技术设备一般，生产人员的状态一般，品质控制能力一般，所生产出的马达精度一般，报出的价格也处于一般水平，中规中矩的企业，存在较大的改善空间，竞争力也一般。

考察的第 2 家企业规模有 2000 多人，无论是产值、产量、品种、设备都算得上是业内排名靠前的大型企业，企业与多家知名品牌合作，产品生产工艺水平比第 1 家企业有所改进，技术设备多样化。印象深刻的是一线工人的状态，特别是定子手工绕线的女工，手上动作非常快，动作娴熟且有节奏感，能与机场人工柜台值机熟练工作人员相比。最难得的是，她们中午在流水线旁边吃过饭不休息，立即快速投入工作。品质控制能力比第 1 家企业更专业一些，所生产的马达精度覆盖中高端，报价比第 1 家企业略低一些。无论是从规模上、竞争力上，第 2 家企业都比第 1 家强。

考察的第 3 家企业同样给我们留下了深刻的印象。采购经理提前介绍，这家企业规模只有 200 多人，从人数上都不如前两家企业，销售额是第 2 家企业的 60%，人均产值是第 2 家企业的 6 倍以上。也就是说，第 3 家企业 1 个人的产值，第 2 家企业需要 6 个人才能达到相同的产值。

是什么原因导致这样的结果呢？企业的老板会不会在“吹牛”？还是这里的工人比第 2 家企业的工人动作更快？这家企业有什么特别之处呢？

带着这些疑问，大家参观了企业生产现场。参观前被告知现场不能拍照，仔细观察后发现，这家企业生产工人的节奏并不快，甚至感觉有些慵懒，而车间使用中的机器在第 1 家企业、第 2 家企业都有见过但有些部位变得不一样了。比如 CNC 机台就加装了多个部件并有辅助治具；在定子绕线及浸漆工序，竟然只有不到 10 名员工。企业老板自豪地表示，生产车间一般客户谢绝参观，公司的这些机器、设备、装配线市场上都没有，都是定制的或者是自己改造出来的，效率比同行高出 5 倍以上，目前还有一批机器改造计划，企业长年不愁订单，还会主动筛选掉一部分客户。

笔者数了一下，这家企业 1 个工人可以管理 15 台 CNC 机器；同行的工程经理测量了产品的精度和噪音，查看了工艺稳定性。3 家企业中，这家企业产品精度最高、最稳定，现场不良品率比前两家企业都低。采购经理反映，这家企业的报价也是最有优势的，差价在 15% 以上。

还有一些企业，他们同样在对机器设备持续进行改造，多年累积下来，成了行业总成本最低的企业，一些企业慢慢地成为行业隐形冠军。

### 【案例 14】行业隐形冠军总成本遥遥领先的秘密

在多年的管理咨询过程中，由于工作的需要，笔者参观了一些行业领先企业，这些企业在设备改造方面都有独到之处。比如参观某压铸行业冠军企业，他们购买了市场上的压铸机，使用后认为机器不够先进，于是就改造了压铸机。改造之后发现压铸机并不复杂，后来他们干脆自己制造了新的压铸机，同时制造了属于自己企业的压铸中央供料系统。

前几年，笔者有幸主导了多家行业隐形冠军企业的辅导，这几家企业的外在共同点之一——总成本领先，主要产品表现形式——行业价格最有竞争力，内在共同点之一——都专注于设备的改造。

其中一家企业针对一项行业瓶颈工序设备研究了 3 年以上，投入 10 多人进行设备改造，每年花费上百万元对设备进行个性化改造。最终得到的结果是：同样的产品，同行需要 200 人操作的工序，这家企业仅需要不到 10 个人就够了。企业把节约的人工成本让利给客户，如常规产品报价比行业主要竞争对手低 25% 以上，持续下去，企业就有了核心竞争力，自然就成为本行业的冠军。

还有一家企业就是以总成本优势领先行业而一骑绝尘，同样是外行人看不懂，内行人看不透。比如一部分产品按重量计算销售价格仅等于市场原材料的价格，有的产品销售价格甚至低于原材料价格。2017 年在整个行业低迷的情况下，这家企业逆势增加硬件设备 2000 多万元，用于车间改造、设备改造。大量的机器被替换，大量的机械手被安装，大量的设备被二次改造，企业老板最“欣赏”的管理人员之一——设备部经理忙得不可开交，经常加班加点。6 个月过后，新的机器全部安装完成，自动化辅助设备全部到位，原本 2 ~ 3 个人忙个不停才能一起操作 1 台注塑机，现在 1 个人就可以轻松地操作 3 台注塑机。这项重大改造每月为企业节约人力 230 人以上，单机效率提升 30% 以上，品质直通率提升 4.1% 以上，综合能耗有一定降低。当然，设备改造后的车间、分厂与前一家企业进入管制一样，禁止入内参观和拍照，客户也不例外，允许在指定窗口参观或看图片、视频。

需要提醒的是，这家企业 20 多年一直在做设备改造，上述的设备改造例子只是 20 多年历程中的一个片段。

要想成为总成本领先的企业，对设备进行适用性改造、个性化改造就是秘密武器，这一点同样是本书送给读者的一枚彩蛋。作为企业经营决策者，设备改造的效用不可不知、不可不行动。

总成本领先对成本管理的每一个环节有着不同的要求，有些成本管理项目，比如设备改造，一开始不是千方百计地把成本降下去，而是先投入一定的成本，再把一部分目标成本降下去。

# 第 8 法⊙供应商辅导法——供应商辅导降低成本

在早期的咨询实践中，笔者发现，一些企业在解决了内部的品质、成本、效率问题后，企业会再次遇到新的瓶颈。内部的管理环节容易受到控制，内部管理也容易有所提高，因为他们是看得见、摸得着的。而外部因素常常难以把握，特别是外部的供应链，如果供应商的品质管控水平、成本管控水平没有跟随企业内部共同提高，大部分企业会感到比较被动，一些企业甚至对个别供应商毫无办法。

基于这种认识，笔者在辅导每一个企业时，都会向企业最高负责人建议主动定期拜访供应商，进行良好交往和互动。他们中有些人感到愕然，笔者这时会问："企业的客户有主动拜访过您吗？" 回答基本都是否定的。

问题点在于他们的供应观念，他们中一部分人认为，供应商是"要钱"的，是行业的供应端，供应商应该来拜访我们，我们要拜访的是客户，客户是"给钱"的。

领导是这样认识的，下面的采购人员与供应商打交道时很容易形成"高高在上"的姿态，或多或少会给外部供应链的改善带来一些障碍。

这种传统的供应观念显然是有问题的，但是这种观念已经根深蒂固，想一下子改变，难度较大。

这时，笔者会对供应观念举例说明。比如：

一些日本企业的外协加工，在同等加工条件产出不能满足客户的需求时，企业会选择把最难加工、利润一般的零件留给自己，把容易加工、利润高的零件发给外协厂商。这种供应观念认为，供应商是帮助企业成长的助力，不应该把自己企业都难以加工、利润一般的零件发给外协厂商。

某企业老板甚至认为供应商比客户重要，客户在向企业"索取"各种资源，供应商自己出资买材料、雇人加工，"千挑万选"地送到客户企业，还要等到若干天后才能拿到货款，供应商才是真正支持自己企业的资源。无论这位老板的观念是否完全正确，关键他是这样说的，也是这样做的，在企业辉煌的时期，主动去拜访、帮助、支持各个供应商。笔者了解到，在他的企业出了重大问题的那一年，年底企业经营状况好转时，有数家供应商找他收款，其中一家供应商的货款已经延迟了 13 个月之久，供应商们知道他的企业出了状况，没有人主动去催要，更没有人去诉诸法律。供应商都知道客户出了重大问题，愿意帮助他的企业渡过难关。

某企业总经理多年以来用订单、用智力帮助了一家铜材供应商不断发展壮大。作为回报，铜材供应商为他新开的铜材零件加工厂提供月结 120 天的结算支持，而市场上的铜材结算往往是现金结算或到货后 15 天结算，能做到月结 30 天的企业都少见。

讲过这些事例之后，有的企业老板有所触动，后续开始了行动；有的企业老板仍然不为所动。这都没有关系，以后遇到供应商的问题时，至少他会想一想这些不一样的供应观念到底有没有道理，或者被市场再教育时能做到快速反应。

事实上，传统的供应观念也好，互惠互利的供应观念也罢，一些外资企业、大型企业在供应商辅导降低成本这个层面做得更彻底。

笔者了解的一家企业，这家企业是某国际知名企业的供应商，客户公司定期派出专门的精益改善小组对企业的物流、运输路线、机台布局、生产效率等方面提出改善建议，然后要求做出改善，有成果后要求供应企业进行合理降价。国内某大型企业也是这样操作的，该企业供应链管理部门主动聘请了多家咨询公司对各级供应商进行辅导、改善，最后要求供应商给出一定的合理降价空间。

当然，这是大公司的做法，中小企业的供应商辅导该怎么做呢？下面就以一家机械厂为例来说明如何辅导供应商。

### 【案例 15】辅导机加工外协厂商提质降价

这是一家多年前笔者辅导过的中型机械厂，中间曾陆续辅导过 1 期，这次进行第 3 期辅导。这次辅导其中的一个工作重点是提升机加工外协厂商的品质状况。

作为机械厂，这家企业电气类的零部件标准化程度较高，采购的重点是选择合适的供应渠道和比价，供应链管理相对容易；而机加工的种类多、数量少、批量小，一部分加工件只有 1 件，尺寸多、物料流转多，供应商分散，供应商数量 60 家以上，供应链管理相对复杂。

对这些供应商实地考察后发现，这些企业的规模参差不齐，规模大一些的供应商有 100 多人，大部分供应商的规模在 50 人以内，还有一部分供应商只有几个人，企业老板有时还需要参与生产。品质管理也是多种多样，有的企业有专职的品管人员，约占 15%；有的企业用车间生产管理人员代替品管，约占 45%；剩下的企业没有配置品管人员。这些供应商中，有一部分属于独家供应商，由于技术原因、品质原因、单价原因、付款原因无法短期内找到数量众多的替代供应商，个别独家供应商难以要求和改善。这样的局面让人灰心丧气，感觉无从下手。

反过来想一下也释然了，现有一些中小企业的供应链就是这个状况。这家企业也一样，就是这么一群小微企业的供应商们支持着这家机械厂的大发展。对这家企业的供应链来讲，从某种程度上说，这也是一种“奇迹”，这已经不是在“制造”而是在“创造”，这种局面肯定是企业的过渡阶段，只有正视这些问题，才有机会解决这些问题。

从品质数据来看，经过不断的努力，外协进料合格率已从 5 年前的 70% 左右进步到现有的 92.3%，离目标值 97.5% 还有 5.2% 的差距，折算成加工零件件数是约 80 万件 ×5.2% =41600 件。也就是说，每月有 3467 件、每天有 116 件机加工零部件不良，这些不良会造成欠料，影响生产进度、交货进度，需要耗费大量的人力、物力去处理、去解决，外协进料合格率制约着客户交付满意度。

经过内外部详细调查、走访、论证，与各部门各级人员多次讨论，笔者列出了机加工外协厂商的品质提升思路，并与企业董事长、各部门管理人员达成一致，总体思路如下：

（1）供应商品质标准的完善：供应商所供零部件必须有书面的、双方签字认可的检验标准和检验手法说明（含检测工具），并确保更改时双方保持一致。

（2）通过采购货款支付周期杠杆撬动供应商老板质量意识的改变，只有供应商老板对质量方面有所改变，供应的零部件质量才有可能变好。

（3）现有每月各类供应商品质排名必须由供应商老板、品质负责人签字盖章回传，排名靠后的企业除延迟货款外，供应商老板及品质负责人必须来本公司检讨、报告所供零部件的后续品质改善具体动作。

（4）对品质排名一直靠后且改善意愿不强的供应商进行逐步淘汰，采购部针对这几家供应商所供零部件开发出一定数量的新供应商进行储备。

（5）因为所供零部件严重影响本公司的效率、造成返工、造成拆解报废产生费用的，除要求供应商承担损失外，也需要供应商老板及品质负责人来本公司检讨并报告后续品质改善具体动作。

（6）通过提高供应商对品质问题的认真度，结合品质辅导过程中供应商提出的各种问题，认真检讨本公司存在的内部供应链综合管理问题，本公司设立供应商品质投诉专线（打印在《采购订单》上），欢迎供应商投诉本公司图纸问题、变更问题、检验标准问题、吃拿卡要问题等。

（7）对供应商品质状况进行准确分类，区别对待，分别设定质量管理目标，新的年度重新签订品质保证协议（含设定后的质量管理目标）。

（8）针对个别关键部件厂商（如 YH、BC）采用先维系感情（需要董事长参与），再切入辅导，最终改善质量（前提是财务保证货款按时支付）的策略。

（9）所有外协供应商质量“自我管理”体系完全建立（让供应商品质辅导不再有盲区）：

- 设定制程/终检（每个供应商工序不一样，这里是指零部件交付本公司前的最后一道工序）控制点。
- 设定专人对应本公司交货零部件质量管理。
- 本公司进行考评认证（认证的人数可以多，防止认证人员流失后品质再次失控，负责对应本公司交货零部件质量管理的专人建议供应商增加薪资，增加的薪资列为品质考核，参与辅导的供应商一开始可以由本公司 SQE－供应商质量工程师参与打分考核）。
- 重要零部件交货时附出货检验报表。
- 如交货后零部件产生返工由供应商品质认证者带队到本公司执行返工。
- 供应商内部建立品质问责制度等。

（10）针对本公司进料、制程、客户端反映的每一单供应商品质问题，一律要求分析出发生原因、流出原因、临时对策（列出具体动作）、长期对策（列出具体动作），列出责任人、监督人（主要由本公司 SQE 负责）、改善完成时间、验证结果并记录、改善奖惩措施。

（11）SQE 的职责完善：外出辅导必须提供第 9 点、第 10 点所列所有事项的检查记录（现有 SQE 人数不够，需要增加 1 人）、所辅导的供应商来料品质状况与 SQE 每月绩效挂钩。

（12）公司对外出辅导人员给予足够的政策支持和便利（如出差费用补贴、餐费标准、派车安排等），不要过度限制，导致辅导人员不想出去、不愿出去，出去了带有情绪从而解决不了问题。

（13）禁止参与供应商辅导人员（主要是 SQE 人员）在供应商处就餐（列为长期制度），外出辅导供应商产生的餐费由本公司全额承担，参与供应商辅导人员需要签订《廉洁自律声明》并在本公司对全员公示，另拟定正式通知请各供应商签字回传。后续如果发现有辅导人员在供应商处就餐，将对责任人进行行政处分，对违规接待的供应商，月度评比中直接降一级处理并减少采购数量。

（14）与计划辅导的供应商签订《供应商品质辅导协议》，明确辅导事项及辅导过程中的责权利。

（15）本公司内部需要提供的辅导支持：①工艺技术辅导支持：工程部；②品质辅导支持：品质部。

这些思路逐一形成可执行方案签发后，对机加工外协供应商的品质辅导就紧锣密鼓地开始了。第一批供应商的辅导由笔者亲自带队，依据思路和方案糅合多种落地管理思想，制定了针对这次辅导用的《供应商辅导改善验证查检表》。后续的辅导证明，这份表格可以在所有的供应商辅导中使用。

辅导人员与供应商见面后除了常规的寒暄客套外，立即切入正题，按该表格的内容对每一个出现过品质问题的零部件进行再次讨论、分析和记录。这份表格先将品质问题的原因分为发生原因（即为什么会发生这个品质问题）和流出原因（为什么会流到客户处，发生品质问题不一定会流到客户处，可以“堵”住不流出，具体可参考本书案例 6 中的“品质漏斗”）。两大原因分开叙述，再针对这两个原因列出临时对策、长期对策，分别制定改善动作、责任人、完成时间，这些内容确定后由本公司 SQE 加以实地验证，最后双方共同确定激励措施。

在讲述发生原因、临时对策时，供应商老板和管理人员大都能说出几点，到了讲述流出原因、长期对策时，有的供应商人员开始紧张说不出原因，显然这并不是辅导的目的。辅导人员关注的重点是供应商的改善动作和完成后的效果，供应商想不到的对策，就由参与辅导的人员一一给予补充并与供应商达成共识。

这样一轮问询、辅导下来，第一批的供应商所供的有品质问题的主要零部件都填写了《供应商辅导改善验证查检表》，填写完成的记录双方参会人员共同签字确认。有了改善动作后，由本公司 SQE 到各供应商处巡查、监督，这批供应商的内部掀起了品质改善的热潮，有不少供应商派出了员工到本公司学习。

表 1 – 3 是某关键零部件机加工外协厂第一轮品质辅导后填写的一份《供应商辅导改善验证查检表》。

第一轮辅导完成后，由企业方的品质部开始主导第二轮辅导、第三轮辅导……逐步覆盖了 90% 以上的机加工供应商。

半年后，大部分供应商完成 3 轮辅导。经统计机加工外协进料合格率为 97.75%，提升了 5.25%，超目标 0.25% 达成；数量上，月平均进料在 9.6 万件，同比增加了 35 万件。

另统计，上一周期采购平均降价 1.39%，其中外协降价率为 1.46%、外购降价率为 1.32%，外协降价比例首次超过外购降价比例，与过往外购降价容易降价比例高，外协降价困难、降价比例低的情况形成了鲜明的对比。

在辅导供应商的过程中也遇到了个别不配合的供应商，使采购不得不启用备用供应商。如外协钣金件，原供应商无法配合辅导，采购启用了一家距离较近的备用钣金厂商，该厂商承接了公司近 40% 钣金件的外协。经过定期辅导后，物料的品质和交期反而比前一家供应商更稳定，价格在原采购价格基础上降价幅度为 15% ~20%。

据财务统计，这一周期内机加工外协降价金额第一次超过了 100 万元。

采购经理反映，没有想到外协降价能超过外购降价，这些参与辅导的机加工外协供应商知道公司是在真心帮助他们改善，品质管理严格对他们内部整体的管理帮助较大，品质辅导传递的这些管理方法同样可以在其他客户的产品上适用。在此期间，我们采购和这些供应商无论是谈品质、谈成本、谈交期都特别好沟通，容易达成共识，降价只是这几轮供应商品质辅导过程中的副产品。

在笔者参与辅导的供应商中，有一家至今记忆犹新。这是一家不到 10 人的电镀厂，去过两次给了企业老板一些管理上的指导和经营上的建议，老板虽然充满感激但电镀品质却提升不大，我们还是安排人员定期给予辅导。两个月

**表 1－3　供应商辅导改善验证查检表**

| 供应商 | BC | | | | | 辅导日期 | | 2013 年 9 月 14 日 | |
|---|---|---|---|---|---|---|---|---|---|
| 问题描述 | CFWY 模座（关键部件）75 ±0.03 尺寸不符、等高 0.03 超差至 0.06 | | | | | | | | |
| 发生原因 | 临时对策 | | | 长期对策 | | | 验证记录 | | |
| | 改善动作 | 责任人 | 完成日期 | 改善动作 | 责任人 | 完成日期 | 验证结果 | 验证日期 | 验证人 |
| 1. 生产时装夹定位有误（工艺） | 1. 操作者每件产品打表校正，品管抽查 1 次/2h 并形成记录 | 品管 | 9 月 16 日起执行 | 1. 对我司产品，制定机加工艺作业指导书 | 主管 | 9 月 27 日前 | | | |
| 2. 工件校正有误 | 2. 操作者工件加工后处于自然状态下需再检验，品管抽查 1 次/2h，并形成记录 | 品管 | 9 月 16 日起执行 | | | | | | |
| 3. 双方检验手法不统一 | 3. 品管人员到我司对检验手法不统一的地方进行确认，并统一检验手法 | 双方品管 | 9 月 17 日前 | 2. 品管员每周来我厂训练一次（每次不少于 6h） | 品管 | 9 月 16 日起执行 | | | |
| 4. 设备精度误差 | 4. 设备精度外部校正 | ×总 | 10 月 1 日前 | 3. 制定设备精度校正计划 | ×总 | 10 月 1 日前 | | | |
| 5. 测量面毛刺未清理干净 | 5. 加工中操作者每道工序必须清理毛刺，品管抽查 | 品管 | 9 月 16 日起 | 4. 产品检验标准作业指导书 | 主管 | 10 月 1 日前 | | | |

续表

| 流出原因 | 临时对策 | | | 长期对策 | | | 验证记录 | | |
|---|---|---|---|---|---|---|---|---|---|
| | 改善动作 | 责任人 | 完成日期 | 改善动作 | 责任人 | 完成日期 | 验证结果 | 验证日期 | 验证人 |
| 1. 工序互检不到位 | 1. 品管人员配备，检验相关资源提供<br>2. 检验手法不统一时，双方现场确认 | ×总 | 9月18日前完成 | 1. 形成关键件记录，点检（操作者、品管） | 品管 | 10月1日起执行 | | | |
| 2. 内部出货与品质控制冲突 | | | | | | | | | |
| 3. 关键尺寸错漏检 | | 双方品管 | 9月16日起执行 | 2. 检验手法不统一时，双方现场确认，并形成书面报告，双方认可签字 | 双方检验负责人 | 9月18日起执行 | | | |
| 4. 寸法不良，双方未确认 | | | | 3. 品管人员就我司收货标准对班长、操作者进行培训，需有记录、培训教材，现场抽查对答 | 品管 | 10月15日前完成 | | | |
| 说明 | 为确保以上动作能够落实，对供应商各责任人实施以下激励措施：<br>1. 以上动作每项延迟一天，相应责任人捐款1元/项动作/天，所有捐款金额由责任人上交至该供应商总负责人（总经理），形成记录<br>2. 以上动作全部落实，经我司验证合格，对各责任人实施奖励，主管/经理200元，各责任人100元，由供应商总负责人（总经理）对相关责任人进行奖励，并形成记录 | | | | | | | | |

后，电镀厂老板主动找到我们，说他经过这段时间的技术钻研，有办法解决目前电镀不良品率高的问题。电镀厂老板主动表示，电镀液并非全部进口，并且多次使用，加上长时间没有更换新电镀液，这是造成电镀品不良品率一直居高不下的主要原因。他提出了针对本公司的电镀产品更换德国拜耳电镀液的建议，电镀产品公司每公斤只需要增加 1 元费用，剩下的费用由他的公司承担，电镀良品率将会有较大的提高。经公司评审、核算后同意了他的提议，3 周后更换了电镀液，电镀产品品质状况果然有了质的提升。

其实，这些小微企业也需要有人指导，这些小微企业老板对真心帮助他的人充满感激。企业在其规模小的时候主动与供应商形成良好的互助关系，供应商做大了，不会轻易离开，你的企业做大了，供应商可以跟着一起发展。

从一些破产的知名企业状况来看，供应商往往也是压垮企业现金流的最后一根稻草。辅导过程中可以看到，一些客户和供应商辅导后，和管理咨询辅导的感受一样，大家形成了难忘的记忆，有的形成了师徒关系、朋友关系，而不仅仅是商业活动中的利益关系。

供应商辅导从成本面来看更不应该被忽视，供应商现有的生产工艺、技术水平可以用来检视采购价格、了解行业上游的发展状况，供应链的新工艺、新材料、新技术一定程度上左右了本行业企业的成本，如果能够快人一步了解并应用到这些新的事物，企业的总成本就有机会领先一步。

## 第 9 法⊙独立核算法——独立核算拉动成本降低

在有一定规模的企业里，部分企业出于经营提升及分权管理之目的，对内划小经营单位，采取不同形式的管理办法来提升更小经营单位的经营管理水平，目前常见的有承包制、事业部制、利润中心/成本中心/费用中心制、日式阿米巴经营，先不论这些国内的或国外的经营形式落地情况如何，其中有一点是绕不开的，那就是独立核算。至于独立核算后产生的利润是分是留，还是靠经营哲学维持，这个问题比较复杂难以有准确的答案，只能说是各有利弊，大家见仁见智，这里不做过多讨论。经过多家企业的实践证明，可以肯定的是，实施独立核算可以让一部分成本降下来。

下面以一家企业实施独立核算的案例来说明成本如何降下来。

### 【案例 16】实行独立核算，倒逼部门主动降低成本

这个案例是本书案例 4 的继续，企业的基本情况请参考该案例。企业在进行组织架构合并后节省了一部分成本，并通过各种管理活动节约了一部分成本，企业财务报表显示亏损额度减少逐步实现了微盈利。

按照既定项目推进思路，下一步将对企业的一些部门实行独立核算，企业计划对完成独立核算有盈利的部门在年底发放一定额度的奖励。

第一批列入独立核算的是生产一部和生产二部，企业方董事长对此项工作的开展非常期待，特别想知道：

- 企业总体盈利时到底有没有部门亏损？
- 企业总体亏损时到底有没有部门盈利？
- 究竟是哪一个部门经营得更好一些？
- 究竟是哪些细分环节造成了浪费？
- 管理人员是怎么处理这些成本问题的？
- 成本节约还有多大空间？

两位生产经理也想知道自己管理的部门有没有盈利，是哪方面的成本过高，自己管理的部门还有哪些成本问题。大家也有一些疑问：

- 独立核算怎么开展？
- 部门之间怎么计价？
- 这些账能算得清楚吗？
- 账目会公开吗？
- 如果盈利能兑现奖励吗？等等。

带着这些期待和疑问，在事业部总经理的主持下召开了生产一部经营体、生产二部经营体独立核算启动会议。由于之前已经确定了独立核算的大方向，这次会议主要收集生产一部、生产二部的意见，形成初步规则，能回复的问题当场回复，不能回复的问题由财务部记录问题点，会后再讨论回复，最终形成各经营体独立核算规则。

会议上，关于对经营体的收入项目各部门快速达成一致，对经营的各种支出没有完全达成一致，涉及 10 个大项问题，主要有：

- 财务报表的及时性怎么保证？
- 人工成本已下降，材料成本又上涨怎么计算？
- 电表没有完全分开怎么计算？
- 水表没有完全分开怎么计算？
- 管理费用如何摊分？
- 经营体的盈亏平衡点是多少？
- 订单不足怎么办？
- 模具维修怎样计算价格？
- 机器设备维修怎样计算价格？
- 总部共用部门管理费用如何摊分？

经过耐心解释、详细说明、实例解答后，这些问题都有了相对应核算规则，会后由财务部进行整理，形成初步的独立核算规则。同时，也给参会人员 1 周的时间，仔细考虑并列出可能会出现的操作细节问题。

第 2 次经营体独立核算会议上，经营体负责人提出的问题更接近市场化，如：

- 机器设备维修中有的是日常维修、有的是公司改造，这些费用怎么区分？

- 经营体之间公共区域维修怎么计算？
- 车间要求模具部对新模具实行一定时间的保修。
- 车间内没有参与生产停用的设备是否可以不计入固定资产折旧？
- 经营体是不是可以要求少用一些机修？
- 电工和品管人员、边角料及回收料的物料成本怎么计算？等等。

这些问题涉及具体的操作环节、多个部门的权益，在笔者的主导下形成了对各项事务的定价，也形成了经营体的必要权力，这是对独立核算准则的进一步细化和有力补充。这次会议整体看起来针锋相对、火药味儿浓，各部门都在为自己部门争取利益，经营体的主导部门不停地在考虑为总成本减负，而辅助部门不停地在考虑如何为自己部门在总成本中占据一席之地，在争执、讨论了3.5小时后，也都一一达成了共识。

在没有给出新的建议、提出新的异议前，结合上次会议内容，由财务部对经营体独立核算规则对核算细则进行补充，结合各种表单及表单提交日期，形成了一套相对完整的独立核算基本准则，正式开始实施经营体的独立核算工作。

在实施之后，一边由经营体负责人对目前可分割成本和费用项目进行管控，一边对目前不可分割的成本和费用项目进行分割，安装电表、水表，辅料请购、维修用料、模具维修都明确到部门、车间、班组、机台，财务部对一些成本和费用的比例进行明确划分。

一个月时间很快就到了，第1次经营体独立核算的结果即将揭晓，大家都在拭目以待。所有人都在猜测，甚至连董事长也参与了，他认为自己的“爱将”——生产二部经理带领的经营体能够盈利。

结果出来了，财务部独立核算报表显示，**生产一部盈利83万多元，生产二部亏损58万多元，**财务部对各经营体的核算过程和数据进行了解读。

看到核算结果后反应最大的是生产二部经理，他表示自己在会后仔细核对数据，肯定是哪里算多了或者算错了，不可能亏损。会后一周过去了，他也没有找出核算的数据哪里有问题，默认了经营亏损的事实。

第2个月，在这位经理的努力下，生产二部核算结果也从亏损变成了盈利。

在实行经营体独立核算的进展过程中，生产部人员工作积极性有所提高，主动降低成本，一些管理工作发生了良性变化，主要有以下几点变化：

**第一，机修、电工的管理问题。**这是企业长久以来的老大难问题，精通机修的人员一般不太懂电工，精通电工的人员一般不太懂机修，找到两者都精通的人对这家企业维修的专业性来讲几乎不可能。企业组织架构上对机修、电工分别单独设置了一个部门，这样也造成了实际操作中机修、电工除了董事长无人能管的局面。从机修、电工这两个部门的变化可以看出独立核算对成本的拉动作用。

实行独立核算前以维修机器发热管为例，生产车间发现发热管不发热，填写《维修单》给机修报修，机修到车间后拆开机器后发现不是发热管的问题，是电路问题，请车间找电工，然后就离开了。车间再填写《维修单》打电话给电工报修，电工到车间后维修完电路问题，说他们只负责维修电路，剩下的由机修安装。车间再次打电话给机修报修，机修回来将发热管装好。这个简单的维修工作，车间本来只需要报修 1 次就行，实际报修 3 次，浪费了两次报修时间和大量等待时间，导致本应有的生产时间被浪费，总成本在无形中被内部推高。

实行独立核算后，管理实质权力反转。原来是车间请机修、电工到车间来，都是“求”他们来修，还要顾虑他们的感受，现在是车间“要”他们来修，还可以做出评价。由于每次维修都要内部收费，这些费用直接从产值中减掉，车间为了降低成本，对维修发热管等小问题自己进行维修，实在解决不了的才去找机修和电工。按照核算规则，机修、电工的工资也是经营体产值中划拨出来的，为了减少这项开支，经营体要求机修、电工减少人数，两个经营体各由一组指定人员主导，机修、电工不再分为独立部门，直接为指定车间服务，有大型维修改造工程时再做统一调配。调整后，机修、电工共减少了 7 人，维修异常工时减少一半以上。

**第二，车间作业员的使用上有了改变。**实行独立核算前要求车间 1 人开 2 ~ 3 台机的措施始终落实不了，常常是 1 人开 1 台机或是两人开 1 台机，实行独立核算后 90% 以上的机台都实现了 1 人开 3 台机。这项效率上的改变一扫之前作业员招工的紧张局面，统计下来，作业员反而多出了 20 多人。

**第三，品管人员的使用上有了变化。**在品管人员的使用上，经营体也要求减少人数，依照核算规则，为了保证产品质量，这项工作由事业部整体控制，经营体只有建议权。事业部仔细考虑了经营体的建议，对品管人员进行了缩减，实际每车间减员 2 人，共减少 8 人。

**第四，边角料、回收料的应用上也有一定的变化。**实行独立核算前这类物料堆积如山，各车间都认为这类物料处理、运输、管理非常麻烦，以各种借口不愿意使用。实行独立核算后各经营体为了管制物料成本上升，积极让车间使用堆积的边角料、回收料，直到后来半成品刚切下来的边角料就被立即使用掉，实现了边角料、回收料的内部良性循环。

**第五，能源动力（电、燃料、水）管理上有了不小的变化。**实行独立核算前，大功率的风扇、换气扇、空压机不管是否有人在都一直开启，未使用的机台没有人去主动关掉电闸，各种气管的“啸叫”声充斥车间，机台上油路和车间的水路的跑、冒、滴、漏现象时有发生。实行独立核算后，风扇、换气扇、空压机、机台的这些问题，经营体每天安排人员定时巡查，对违规的人员进行问责，气管问题大面积得到修复，“啸叫”声几乎没有，油路、水路跑、冒、滴、漏现象95%以上被修复。加上经营体管理人员对成本方面的合理化建议评定，发现了一些有价值的建议，如锅炉房管理人员提议根据开机台数来调整开锅炉的数量和时间。财务运营统计报表显示，在能源动力方面，水、电、燃料同期相比分别节约0.01%、0.94%、1.94%，这三项成本当月共节省291388.61元。

在生产一部、生产二部经营体独立核算推行有效果后，接下来对模具部和设计部合并为一个经营体实行了独立核算。这个经营体实行独立核算后，也取得了同样的效果，主要管理人员降低成本的主动性、积极性明显增加，进而带动经营体所属人员积极开展开源节流活动，为企业的总成本降低和经营突破做出了一定的贡献。

独立核算的本质是以利益拉动行为，改变管理者的行为收益，促使管理者积极主动地降低总成本，引导管理者从局部考虑问题上升到从整体考虑问题，带动管理者从管理思维走向经营思维，从而实现企业经营上的整体突破。

# 第二章

# 大面积堵住成本漏洞

本章案例中有部分案例将多家企业中的事例放在一起叙述，通过这些事例指出成本漏洞，重点阐述这些成本问题的主要对策。

# 第 10 法⊙辅料控制法——辅料及低值易耗品的成本漏洞

企业中辅料和管理低值易耗品的管理颇有点儿“瞒天过海”的意味，每天在眼皮下“视而不见”却又影响着总成本，如果不认真管控，久而久之辅料成本就变得越来越高。企业规模越大，这方面的问题可能越严重，部分决策者甚至认为辅料和低值易耗品对于成本来说是个小问题，应该抓主材料的成本和其他占比比较大的成本，抓大放小。

为了表示这项工作的重要性，笔者把它放在本章第 1 节进行叙述，请读者特别重视这项“看不上”的成本。为了行文的需要，本节主要以辅料来代表低值易耗品、工具、配件等。

企业处于微利时代，不应该放过任何可以节约成本的环节，来看两个企业的案例。

**【案例 17】管制生产辅料半年节约 127 万元**

2014 年，笔者主导某机械企业的经营变革，该企业年销售额 7000 万元左右。调研诊断后发现：

- 该企业的辅料、低值易耗品占生产成本的比例较高，明显超出行业水平。
- 部分辅料库存按月用量计算，可以用上 1.5 年。
- 部分化工类辅料存在呆滞、过期现象。

企业老板反映，与同等规模的竞争对手相比，本公司的产品报价高于同行，辅料浪费高于行业竞争对手。从各方面了解的情况来看，公司在辅料管理上竞争力不够，管理规范程度也不够，浪费现象严重。

随着变革动作的实施，企业对辅料和低值易耗品进行细化、有力度地管控。

（1）在请购方面，重点管控请购数量。辅料及低值易耗品均规定最高库存量，申请必须经仓库、物控签字确认后走审批手续，否则不予请购。

（2）在采购方面，要求采购“货比三家”。教育采购员，不能因为辅料及低值易耗品采购金额不高就不去做比价工作。在比价中，不仅要对比价格，还要对比质量，如技术参数、品牌、基本功能等。

（3）在验收方面，依专业技术确认辅料及低值易耗品的品质状况。一般辅料及低值易耗品由仓库或品管部确认，柴油、机油等由指定人员验收，化工类辅料由技术部指定人员验收。

（4）在使用标准方面，制定辅料用量标准，制定各种低值易耗品在产品中的定额。其中一部分辅料，技术部最初制定的用量与实际有偏差，经过一段时间的测量、修正后成为各车间认可的标准；低值易耗品的定额由技术部、财务部共同制定。

（5）在领用方面，限量领用，实施以旧换新。工具类为领用人登记并建立《工具领用卡》；物品类第 1 个月开始允许车间领用 3 天的用量，第 3 个月变更为允许车间领用 2 天的用量，避免多领，大部分辅料、低值易耗品包括工具、机器配件类采用以旧换新（在下一个案例中详细讲解）方式领用。

（6）在激励方面，对节约明显的集体和个人进行奖励。各车间在领用辅料后，每天进行使用统计，细化到班组，价格较高的辅料细化到个人。在标准和定额逐步完善后，根据仓库提供的各车间领用明细（由车间核对签字确认），结合单价，对节约的班组和个人进行奖励并在班前会上表扬。

（7）在使用质量方面，建立反馈机制，保障沟通渠道畅通。在车间使用过程中，辅料及低值易耗品的质量得到充分验证，这种验证区别于进料抽检。车间有了用量标准和定额的统计、激励后，会感受到一定的压力。在这种情况下，车间会对辅料、低值易耗品的质量格外关注，这时候可以给车间开放一些反馈渠道，用于反映辅料、低值易耗品的质量问题。如有车间反映扫把本身质量不好导致更换频繁、油漆来料太稀导致用量变大、手套质量差导致领用多等问题，这些反馈弥补了监督问题。

（8）在来料本身质量方面，采用限定验收标准的方式进行管理。如签订书面检验标准、签定限度样品、产品留样、产品拍照等。

（9）在辅料和低值易耗品的盘点、借出、呆滞料消耗、报废、损坏、赔偿方面都进行了规范，特别对价值高、易流失的辅料和低值易耗品建立备查账，实行重点监督管理。

（10）将辅料和低值易耗品的管理结果纳入车间管理人员绩效考核，辅料和低值易耗品每天统计、每周公示、每月汇总，把他们管理控制在合理范围内。

经过 6 个月的努力，辅料和低值易耗品得到合理管控，浪费现象大大减少。财务报表统计显示，生产辅料和低值易耗品共节约 127 万元，这些成果进一步推动了企业实施经营变革的热情。

这个案例说明，成本改善往往存在于人们习以为常的事务里。

接下来讲述另一家企业实施以旧换新的管理过程，请看案例。

### 【案例 18】辅料以旧换新降低用料成本 27.37%

在某大型企业调研发现，辅料和低值易耗品的管理中，技术部制定了详细的定额标准文件，精确到每件产品辅料和低值易耗品使用数量、金额，人力资源部也制定了详细的考核文件，看起来这家企业辅料和低值易耗品的管理应该有一定的水平。进一步了解得知，技术部制定的定额标准在日常管理中只做统计用，人力资源部所制定的考核没有实施，原因是超出目标值太多，影响了各级管理人员的收入，目前这些数据只是拿出来检视。

从数据来看，各车间均超出考核目标，超耗最少的车间超出目标 8.64%，超耗最多的车间超出目标 21.62%，各车间平均超耗 18.32%。

对此，咨询老师指导企业方管理人员对辅料和低值易耗品进行了管制，基本的方法与上一个案例相同，结合企业的实际情况，特别对辅料和低值易耗品以旧换新进行了重点管理。

**第一，规定以旧换新的类别和具体物料。**原则是：只要能提供旧品的物料都需要以旧换新，领料时必须提供所需领用相同数量旧品和批准后的《领料单》给仓管员。如：

- 铜线、铜环、铜板等贵重金属旧品，领用时提供相同尺寸的旧品。
- 扫把、拖把类等有磨损的物品也需要提供旧品进行更换。
- 对草绳、扎丝、化工品等已经消耗掉的物品领料时可以不用提供旧品，对有包装的物品需要提供外包装，如化工品的空桶、空罐、空袋。

**第二，规范以旧换新例外情况的处理。**需要提供旧品的物品，在领料前由于各种原因不能及时提供旧品时，必须在《延交旧物登记表》上注明不良品归还时间，仓管员按时跟踪。特殊原因无法提供旧品时，《领料单》必须经领料部门经理签名确认，并由领料部门经理追究相关责任，仓库记录该次异常事项。

**第三，对使用频率较高的辅料和低值易耗品进行管理。**如：

- 焊条的管理，要求焊条的使用到尾端5cm处才能以旧换新，特殊工序由技术部界定。
- 每台焊机每天只允许领用2盘焊丝并执行用焊丝盘以旧换新。
- 砂轮片的管理，要求使用到距中心孔2cm处才能以旧换新。

**第四，回收旧品的完整性管理。**领料时旧品只有一半，另一半不知去向；人为地把一个旧品“一分为二”或者“变”成多个旧品均不能以旧换新，确实因为拆装原因造成的不完整旧品由生产部经理签名确认方可领用新品。比如有仓管在发放新电机后发现，机修退回的一部分旧品电机只有外壳，没有线圈，后来规定这类物品退旧品时需要称重。

**第五，以旧换新物品的盘点。**在出台详细规定的同时，仓库为回收旧品腾出储存空间。要求仓管员必须每周整理、清点所回收旧品，并列为每月月底盘点对象，总经办人员将以《领料单》对应之物品，盘点仓库所回收之旧品，发现数量不符时，仓管员照价赔偿。对于大件旧品，仓库没有储存空间时，可以暂放领用部门，由领用部门负责保管。

**第六，旧品维修、再次利用管理。**依据价格、总金额排序，综合判断维修价值，对部分有价值的旧品组织专业技术人员进行维修；内部无法维修时交由外部厂商进行维修，对于外发维修类的旧品仓库必须登记进出明细账，每月月底核对外发未回物件，交采购部回复回厂时间。

**第七，旧品申请报废必须经过评审才能报废。**一般旧品由仓库在旧品盘点后，由仓库申请报废，涉及旧件单品金额>300元时，申请报废需要经技术小组现场评审判定。

在这些动作执行2.5个月后，企业的辅料成本达到了考核目标值，开始列入绩效考核。执行4个月后，辅料成本同比降低了27.37%。

这个案例说明，小动作，看起来不起眼的动作，坚持做下去就能产生效果；让企业的事情可控的办法是，让小动作不断重复发生，持续改善，从而使事情由量变产生质变。

在看完辅料管理的成本漏洞后，再来看看仓库数据里有什么成本漏洞。

## 第 11 法⊙仓库数据法——仓库数据里的成本漏洞

笔者及咨询团队在给一些基础薄弱的企业辅导过程中发现，仓库账物卡不准是企业的老大难问题。最初，我们一直认为它是个管理问题，随着时间的推移，我们认识到它不仅仅是管理问题，还会带来一些意想不到的问题。

**【案例 19】仓库账物卡不准掩盖财产流失**

2008 年 9 月，咨询老师在某企业成品仓库调研，现场抽点发现，某型号成品仓存卡数量为 100Pcs，实物只有 92Pcs，仓管员当场在卡上修正扣数，填写出库 8Pcs。当被问到出库扣数依据时，他的回答是："可能是谁没吭声拿走了，我不出库扣数，我负责的产品数量就不够了，没事儿！"在该企业成品仓随机抽点成品 21 项，账物卡准确的只有 6 项，成品账物卡准确率为 28.57%。

该企业副总经理称，每到年终盘点时，成品仓几乎每年盘点都亏损，他已经连续 3 年因为盘亏问题被追究领导责任，盘盈的次数极少。

在另一家企业，一位常务副总也讲述了自己所在企业的事例。公司员工有 200 人左右，公司仓库组长在公司工作了 11 年，负责公司所有仓库的管理工作，企业董事长认为这位仓库组长勤勤恳恳、任劳任怨、工作认真，是一位难得的好员工。而常务副总和其他管理人员对这位仓库组长却有着截然不同的工作评价，认为这位仓库组长工作能力一般，有时会不服从管理，最重要的是物料账物卡不准问题影响了生产进度。

这两种不同的评价在这位仓库组长离职后有了定论。仓库组长在当年 4 月提出离职，理由是个人发展需要，常务副总、企业董事长多次挽留无果。在仓库组长离职后，常务副总在6月底主导进行了年中盘点。盘点结果显示，各仓库共计盘亏30多万元。

常务副总告诉笔者，这个结果令董事长吃惊，他纠正了以往对离职仓库组长的评价。笔者告诉常务副总，对仓库组长的工作评价可以分为两个方面：在事的方面，衡量仓库管理工作成果的唯一标准就是账物卡准确率；在人的方面，衡量的重点是诚信，包括恪守职业道德、保守商业机密、忠于公司利益，参考标准是工作态度和责任心，单独看某一方面评价都可能失真。

在下面这些事例出现之前，笔者一直认为账物卡不准确就是普通的管理问题，会造成欠料从而影响生产效率，对成本没有影响，直到有两家企业的成品仓库出了问题，改变了笔者的看法。一家企业的问题是运输人员用1张《发货单》装了两车货出厂没有被制止，直到有一天公司领导无意中发现了这一现象，立即对此进行整顿，同时检查成品仓账物卡，结果发现成品仓账物卡过半不准确，从仓库多发出去的成品被倒卖。另一家企业成品仓账物卡不准确，同样是在产品出厂时被企业领导发现有多装产品现象，深入调查的结果是：成品被相关人员变卖。

类似的现象在一些仓库账物卡准确率较低的企业里也时有出现，这些现象告诉我们，仓库账物卡不准确不仅仅是管理问题，还可能存在经营问题、利益问题，是成本管理中的一个漏洞。

有人说，我们公司推行了ERP系统，只要账物卡不准必须找出原因，每次ERP系统仓库异常数据调整都需要批准，即使账物卡不准也可以找到相对应的原因。这里需要指出的是，是否上线ERP系统与仓库账物卡准确率高低没有必然联系。需要提醒的是，笔者不止在一家上规模的企业中发现，仓库账务文员、仓库主管在ERP中有权限调整仓库数据，而财务部反而不知情。正确的做法是：**仓库没有调账权限，财务部有调账权限，调账需要公司领导批准；或者是仓库有调账申请权限，财务部有审核权限，公司领导有批准权限。**

仓库账物卡不相符的原因多种多样，不管是哪一种原因都需要想办法解决，直到仓库账物卡准确率达到较高水平。因为仓库账物卡准确率低本身就是管理问题，它掩盖了经营中的问题（如仓库账物卡准确率低不能如实反映库存金额，不能如实计算库存周转率，影响经营正确决策），更掩盖了资产流失。

试想，如果仓库收料不足生产部如何降低成本（本书第22法涉及相关内容）？如果仓库按单多发出成品，企业如何保证盈利？也有企业老板称，把收货和出货控制好，中间环节就让“肉烂在锅里”吧。这种观念在形成之初有一定的道理，但对成本控制来说是大忌。遗憾的是，持这种成本观念的企业中的“肉”到最后并没有“烂在锅里”，从“锅里”出来的往往是“肉渣”“肉末”，甚至是“肉汤”。

这种观念在成本控制上必须转变，有一种浪费叫用过多的资源把产品生产出来。其实，原材料、半成品、成品都是资金，他们是现金的另一种表现形式。试问，如果这些都是公司的现金，你会允许他们的账和实物不一致吗？如果你去珠宝厂、黄金首饰厂就会发现，这些企业的主要原材料就是黄金、珠宝，企业对每一克物料、每一道工序、每一位员工、每一个产品的进出、收发、交接、检验、称重、报废的控制都极为严格，能够做到每天盘点，能够做到账与实物100%准确。这些企业中的物料与你所在的企业的物料本质上是相同的，都是用资金交换过来的实物，只是这些企业的物料属性离资金更近一些罢了。

提升仓库账物卡准确率的方法很多，主要是把一些基础性工作做扎实，如**仓库区域划分、存货标识、建立仓存卡、规范进销存流程**等，加上对各仓库账物卡准确率的考核就容易把这项工作做到位。

还有两个重要方法可以借鉴，现以物料仓为例进行说明。

**一个方法是对仓库账物卡准确率进行抽查。**每天由仓库主管主导，由内部仓管员相互抽查一定数量的物料，每周由PMC部或财务部到仓库抽查一定数量的物料，每月执行盘点。

**另一个方法是ABC管理法。**依据单价把物料分为A、B、C三类，对A类贵重物料每周盘点1次，对B类物料每两周盘点1次，C类物料正常管理。在具体操作中，可以把两个方法结合起来应用。

当然，我们不能因为仓库管理出现过一些事情，就把仓库人员的品行想象得有多么不堪，我们只需要做好预防，同时使仓库账物卡准确率达到较高水平。

仓库数据中的成本漏洞讲完了，接下来讲述废品处理中的成本漏洞。

## 第 12 法⊙废品控制法——废品处理的成本漏洞

物料物品的报废，从管理层面来看，它只是管理中的一个环节。在总成本管理上，却是一个沉重的话题。一方面是报废品超出管制目标，影响生产成本；另一方面是报废品管理不当，影响了企业的利润。解决前者问题的方法较多，本节主要谈后者。

### 【案例 20】废品管理漏洞导致监守自盗

先来看一下废品处理发现问题的 3 家企业事例。

第 1 家企业是生产五金制品的民营企业，刚进入五金行业时，由于市场竞争对手少、竞争环境相对宽松、利润率高，企业在规范化、标准化管理方面做得远远不够。如报废品的处理，由企业老板的一名亲戚负责物料的报废和处理，货款只是象征性地交一些给公司。随着市场的变化，市场竞争的加剧，竞争进入白热化，该企业利润率急剧下降，整体处于亏损状态，企业老板整天为此急得团团转，而其他人并不急他所急。

在一次报废物料被盗事件的调查中，总经办人员意外发现公司的废料报废、变卖存在问题。总经办人员向企业老板汇报后，经过充分授权，总经办人员突破层层阻力，对所有废料废品的出售进行了彻查，彻查结果令人震惊：废料管理一些环节严重“腐败”，负责执行及负责监督的管理人员每月共同变卖废料“获利”，公司每年因此直接经济损失 100 万元以上。

第 2 家企业是一家大型企业，2015 年的一天下午，该企业的管理人员在公司领导的秘密指示下，迅速拦截了一辆即将出门放行的收废品车辆，车上装满了刚刚在仓库出售的废品。

经过称重、核对相关单据后发现，多种废品出售重量与实际不符，如称重是 600 多公斤的废铜按 200 公斤铁被出售，称重是 500 多公斤的废铝按 100 公斤铁被出售。经核算，这一车废品出售总体损失大于 5 万元，企业管理人员请示公司领导后报警处理。事后调查结果显示，收废品的公司与仓库人员相互“合作”，通过更换废品种类、以多计少等方式获取不正当利益近 70 万元，时间达半年以上。

第 3 家企业是一家中型企业，2009 年，该企业经过大数据排查（本书第 29 法有讲述大数据在成本管理中的其他应用），发现产出报废品在数量没有大规模减少、报废品出售单价变化不大的情况下，报废品出售回收的金额越来越少，有些月份废品收入仅是正常月份收入的 20% 左右。

企业总经理接到汇报后，参与了此事的调查。在经过核对入库单据、实际称重、层层询问的基础上，调查了参与废品出售的相关人员，问题很快锁定在一名仓库人员身上。经与仓库人员、废品收购商单独问询，在证据确凿和强大的心理压力下，他们承认了“操作”的过程。他们通过故意混淆分类、以好充次、以次充废、以多计少等方式获取不正当利益 60 多万元，时间达 1 年以上。

这 3 家企业发现废品管理问题后，都在第一时间修订了报废处理流程，调整了相关管理人员的工作岗位。

这一点在企业里容易出现问题，下面讲述报废品管理的主要方法及注意事项：

**（1）针对废品的申请、判定、收购商的联系、报价、核价、过磅、收款、入账、审计、稽核等环节，分解到不同的部门和责任人。**使用部门或仓库负责报废的申请，工程部、品质部负责报废的判定，采购部负责收购商的联系、报价，财务部负责核价、收款、入账，仓库人员、行政人员、财务人员共同负责称重，门卫负责检查放行，规范数据报表，接受全员监督。第1家企业在实施这些管理措施后，第1个月就增收9万多元。

依报废单据为例，一家企业将《报废单》重新进行修订，并将《报废单》汇总为《报废清单》，也取得了良好的控制效果，如表2－1所示。

这些企业在处理完事件后，都聘请了律师到企业对各组管理人员进行了相关的法律教育。

**(2) 在完善流程的基础上，关注具体执行动作、监督动作。**比如对磅秤的定期校准、对废品的详细归类管理，某企业的管理人员在出售废铁时发现，收购商空车称重时，车辆上200多公斤的大水箱装满了水，在装废品时趁人不注意就把水箱里的水放掉，到计价称重时便可以获得重量差。这一问题被管制后，采购部再次联系各收购商来收废品，愿意到企业交涉、议价的收购商减少了一大半。

**(3) 第三家企业根据大数据来判断问题的方法值得借鉴。**针对物料类报废，企业可以根据生产总产量、总入库数量、成品合格率、报废率，结合报废品重量、报废品市场价格，每月进行对比即可发现问题，也可以用目标成本来判断并检视报废品的变化。

**(4) 回收二次加工的方法。**有的企业边角料、尾料、废料、废品较多，企业采购人员、财务人员和主要供应商达成价格共识，对这些废品废料进行回收并进行二次加工，供应商收取一定的加工费。

**(5) 在人员方面，一视同仁，严格管理。**企业老板不能抱着“肥水不流外人田”的思路，对废品处理采取“睁一只眼闭一只眼”的态度，即使负责人是“关系户”，也应该把数量、重量、金额计算清楚，防止有人从中“浑水摸鱼”。

**(6) 在称重出售时，需要三方共同参与。**对参与的具体人员安排轮值，并指定相关人员定期抽查废品管理过程。

废品处理中的成本漏洞的确是一个沉重的话题，下面讲述快递运输中的成本漏洞。

**表 2－1　报废申请单**

申请部门：________　　　　　　　　　　　　　　编号：

对应类别：　□ 材料　□ 加工件　□ 机器设备　□ 其他类　　　　日期：

| 序号 | 物料编号 | 品名及规格 | 单位 | 数量 | 单价 | 责任人及原因 | 品质判定及签名 | 金额 | | | | | | | | 备注 |
|---|---|---|---|---|---|---|---|---|---|---|---|---|---|---|---|---|
| | | | | | | | | 十 | 万 | 千 | 百 | 十 | 元 | 角 | 分 | |
| 1 | | | | | | | | | | | | | | | | |
| 2 | | | | | | | | | | | | | | | | |
| 3 | | | | | | | | | | | | | | | | |
| 4 | | | | | | | | | | | | | | | | |
| 5 | | | | | | | | | | | | | | | | |
| 6 | | | | | | | | | | | | | | | | |
| 7 | | | | | | | | | | | | | | | | |
| 8 | | | | | | | | | | | | | | | | |
| 9 | | | | | | | | | | | | | | | | |
| 10 | | | | | | | | | | | | | | | | |
| 11 | | | | | | | | | | | | | | | | |
| 12 | | | | | | | | | | | | | | | | |
| 13 | | | | | | | | | | | | | | | | |

续表

| 序号 | 物料编号 | 品名及规格 | 单位 | 数量 | 单价 | 责任人及原因 | 品质判定及签名 | 金额 | | | | | | | | 备注 |
|---|---|---|---|---|---|---|---|---|---|---|---|---|---|---|---|---|
| | | | | | | | | 十 | 万 | 千 | 百 | 十 | 元 | 角 | 分 | |
| 14 | | | | | | | | | | | | | | | | |
| 合计： | | | | | | | | | | | | | | | | |

| | | | | | | | | | | | |
|---|---|---|---|---|---|---|---|---|---|---|---|
| 生物/物控： | | 工程鉴定 | 工程师： | | 品质部 | 检验员： | | 申请部门 | 填表： | |
| 主管/经理： | | | 经理： | | | 主管/经理： | | | 主管/经理： | |

接收人：　　董事长：　　总经理：　　副总经理：

说明：1. 本单一式三联：第一联（白）仓库存查；第二联（红）交财务存查；第三联（黄）申请部门存查。

2. 此单对照《报废管理规定》按对应报废项目办理申请手续，无须审批栏相关审批部门审批的则无须签核。

## 第 13 法⊙运输控制法——运输及快递的成本漏洞

随着互联网时代的发展，货物的运输方式越来越多，快递、物流（快运）就是这个时代的产物，他们不仅为个人，也为企业提供了便利。

在看到这些新型运输方式提供便利性的同时，决策者也应该关注他们带来的成本，并且对他们的成本进行管理。因为不去关注和管理关于成本的环节，就注定会产生浪费，出现意想不到的漏洞。

本节所讲的运输包括两个方面的内容：一方面是外部产品的运输；另一方面是企业内部的运输。对于企业内部的运输一般用内部物流路线图来检视，将内部物料、半成品、成品的流动过程描述出来，找到不合理之处进行改善，尽最大可能减少这种不增值的活动。

对运输费用的成本管理，可以从下面这个案例中窥出端倪。

### 【案例 21】堵住漏洞，一个月运输成本节省 40 万元

2015 年，笔者辅导某企业的经营变革，在实施中发现，产品运输方式以快递、物流为主，运输费用随着销售额的增加越来越高，在下半年每月在 120 万元以上。为了保证合理的利润，企业需要在运输费用上进行管控。

首先需要对供应商进行管理。在周例会上，企业方总经理提出，现有的快递公司只有两家供应商，还需要开发 1 ~ 2 家供应商；目前只有 1 家物流供应商，至少还需要开发出 1 家新的供应商。会议同时要求，采购部与现有的快递和物流供应商进行价格谈判，要求根据现有运输量进行合理降价。

在第 2 周例会上，采购部汇报了这件事的进展情况。快递费用约占运输费用的 30%，供应商新增了 1 家进行试用，由于现有的供应商有签订运输金额达标约束性协议，新合作的供应商运输量较少。物流费用约占运输费用的 70%，物流方面目前没有合适的供应商，以前与其他的物流公司合作过，新的物流公司送货经常被仓库投诉，有时被客户投诉。现有的物流供应商采购部已

谈判多次，从区域经理到大区总监均表示无法降价。

对于这样的结果，总经理表示不满意，认为需要继续找物流公司合作，也要求生产部、品管部和 PMC 部对检验时间、入库时间、入库批次、发货时间、发货批次进行内部改善。

目前的状况是，由于入库不及时，导致发货时间紧急、发货批次较多，每天集中在晚上发货，一般到晚上 22：00 前能发完，有时会延误到晚上 24：00 才能发完。

为此，笔者指导企业管理人员推出了"整单流转"制，主要内容是：每一份工单数量，根据产品按一定损耗投料，每一道工序必须全部完成，检验合格后才能向下一道工序交接流转，否则品管部不予检验、不予计算计件工资。中间如果数量不足，由生产部报 PMC 部决定是否补投，直到成品入库。

这样实施期望的结果是，用增加半天产品生产周期的办法解决发货批次较多的问题，从而实现运输费用的降低。

经过一个月"整单流转"的调整，当月发货批次减少了近 30%，而运输费用并没有随之大幅度降低，与未实施"整单流转"前相比，运输费用仅降低 10% 左右。PMC 部经理称，采购和仓库人员回复，虽然批次减少了，但是总数量没有减少，货物总重量并没有降低，所以运输费用变化不大。

听起来好像有一些道理，带着对这些回复的疑问，PMC 部经理和咨询老师组织人员一起对仓库晚上加班发货进行了突击检查。抽查者对已经称重、贴完快递单准备装车的货物进行了随机抽查，共抽查了 3 家快递公司、1 家物流公司合计 31 箱货物。发现的问题令人吃惊：除了新合作的供应商分包货物重量与标签重量一致外，其他两家快递公司、1 家物流公司的分包货物与标签重量 50% 不一致。标签上，不管是手写重量还是机器打印的重量，标签重量普遍大于货物实际重量。如 1 箱货物实际重 15. 61 公斤，标签重量显示为 21. 61 公斤。PMC 部经理要求其中一家已装车的快递公司全部卸货，每一箱货物重新称重，最终计算重量差异达 300 公斤以上。物流公司、快递公司每天收货 3 次以上，这样计算下来，一个月产生的货物重量差异是巨大的。

在抽查完毕准备离开仓库时，那家新增的快递公司人员悄悄地告诉咨询老师，同样的实力，他们公司的价格有优势，但是发给他们的货物又散又少，有时还会被故意投诉。

企业方总经理在第 2 天上班立即进行整顿：

• 调整了部分采购人员、仓管人员的岗位。

• 终止了其中 1 家快递公司的合作，引入了 1 家新的快递公司。

• 对现在合作的物流公司订单减半，引入 1 家新的物流公司，新物流公司价格有所降低。

• 对货物称重要求一律采取机器打印，不得手写，在称重处加装了摄像头，并安排了 1 位企业老板信任的人员专职监督称重。

在以上的动作陆续落地后，在发货数量没有产生较大的变化的条件下，当月运输费用降低到 100 万元以内，第 2 个月运输费用降低到 80 万元左右，后续的几个月的运输费用均平稳保持在 80 万元以内。

在后续的咨询过程中，笔者关注了辅导中各企业的运输费用，有的企业是自有货车、员工或司机送货，有的企业是内部或集团自有车队独立核算合作，有的企业是长期外聘车队合作。除了第 1 种方式外，后面两种方式也在一些企业里发现了一些问题，由于各种历史原因、各种利益交织、企业支持力度不同，一部分企业的运输费用漏洞得以弥补、额外费用得到彻底管控，一部分企业的运输费用仅得到局部调整。

在咨询实践过程中，笔者总结出了应对运输费用漏洞的主要管理方法：

**第一，对运输费用计量单位的管理，主要是运输重量的管理。**无论是快递、物流，还是车队合作，大多数企业是依据重量、件数来计算运输总价格，少部分企业依体积计价。件数对企业方、运输方、客户方来说都会仔细核对，而重量未必有人去关注，可能导致“以少计多”。

• 企业应要求货物规范称重，重量标签统一由电脑或机器打印，人工不能干预，称重全过程接受监督。

• 企业应对磅秤进行定期校准，防止出现重量偏差。

• 企业应安排人员定期、不定期对重量问题进行抽查。

**第二，对运输价格的管理。**

一种是对运输单价的管理，可以通过了解市场、供应商比价等方式来核定单价。

另一种是对具体运输计价方式的管理，笔者至少在 3 家以上企业发现，同一家企业运输计价方式各异：

• 有的企业有 2 ~ 3 种计价方式。

• 有的负责计算运费的负责人说不清楚运输费用如何计算，财务也不清楚如何计算。

- 有的企业仅凭车队和企业方计算运费的负责人来确定运输费用。
- 有的企业在介入运输价格的时候还出现了客户投诉。

不管出现哪种问题，企业都需要把运输价格、运输费用的计算方式局部透明化，接受相关人员的监督、查核。

**第三，对供应商的管理。**

不管是出于价格考虑，还是出于供应的考虑，对外合作的供应商至少保持两家。在新开发供应商方面，可以依其他公司的名义（记得使用非本公司电话号码）进行询价。在新供应商合作后，提供必要的指导，给予一定的支持，保证供应商在流程上、适应企业要求上少走弯路，快速进入状态。

**第四，对数据的关注。**

数据上，可以通过销售额、产品报价、财务核算、历史数据来分析运输费用的合理性，从数据的变化来看这方面是否存在问题。

运输中的成本漏洞已经讲完了，再来看看研发管理中有什么成本漏洞。

## 第 14 法⊙研发控制法——研发管理的成本漏洞

研发部门是公司经营规模扩大的必要支撑，是企业未来技术储备的部门，研发能够为企业的发展提供原动力，能够提升产品的品质和效率，研发决定了产品的“先天”成本。

有的企业依靠强大的研发水平引领行业先进技术，使企业在发展中领先一步。如某企业研发出一种免焊产品，这项技术节约了大量的资源，如焊接用的锡丝、松香等，还为人体健康和环保做出了贡献，为企业节约了大量成本，使企业在发展中领先同行一大步。后来，这项技术引起行业内企业竞相效仿。

有的企业依靠研发在供应链中由被动变为主动。如某被动配件企业，通过研发部门总结技术规律、找准客户需求，开发出适合大多数客户使用的通用配件，依赖规模化、批量化、高效率生产取得价格优势，扭转了在供应链中的被动地位。

有的企业依靠研发新品迅速占领市场，取得了有利的竞争地位。如某机械企业，将工程部和研发部分开，工程部专心着眼于生产中的机型技术支持，研发部专心着眼于新机型的设计、试制。研发部在市场定位准确、深入市场调研、充分考虑客户痛点的基础上，研发出了适销对路、操作简易、价格实惠的新机型，新机型一经推出市场，立即引发市场轰动。研发的新机型在客户使用后，受到一致好评，营销部门借机发力，迅速占领了市场。

研发对成本降低也有事半功倍的推动作用，如某电子产品企业通过技术研发，砍掉了大量电子元器件，降低了物料成本；某企业通过研发共用件降低了物料成本、人工成本。

在看到研发为企业创造价值的同时，决策者也需要清醒地看到研发管理中的费用问题，用成本观来看研发管理的另一面。

**必须肯定的是，研发费用是总成本中唯一值得鼓励支出的费用。**在咨询实践过程中，咨询老师会建议一些研发费用支出不足的企业调整管理策略，鼓励研发人员主动立项，从支持研发人员外出参加各类展会开始。研发费用的管理一般遵循先投入后控制的原则，需要定期回顾研发阶段性成果及投入产出效果。

从总成本角度来看，需要提醒的是几个研发误区。

第一个误区是企业应该分清楚平台研发、技术研发、工艺研发、材料研发、产品研发的区别。在某些行业，有的企业没有认识到这些差别，把平台研发当成技术研发，把产品研发当成材料研发，投入大量的研发费用后发现研发产出结果并不理想。

第二个误区是研发时过分注重产品的多功能性，忽略了产品的总成本。

第三个误区是只关注表面上的成本，忽视产品隐含成本，如零件加工难度大、生产效率低、非标件过多采购难度大等。

第四个误区是只对新产品进行研发，忽略了老产品优化升级。

需要注意的是，少数研发人员在研发过程中为了自己的利益，损害了公司的利益。

## 【案例 22】双向管理研发成本的效益

某制鞋企业产品中三个系列鞋用胶水是由研发人员指定的一家供应商专供，理由是该供应商的技术最先进、最稳定，此事仅由研发部负责人向相关人员授意，属于公司部门之间的“潜规则”，并未正式公开，企业老板、总经理并不知道这件事。

突然一天上午，组装线汇报异常称胶水欠料即将停产。采购向该供应商紧急调货，供应商反映这种胶水仓库里没有库存，该供应商由于公司周年庆加上业绩良好全厂集体外出旅游1周，目前正在外旅游，需要等他们旅游回来才能重新生产，其他客户处也没有相同或相似种类的胶水，希望企业可以调整一下生产计划。询问车间生产组长得知，胶水供应商在放假前曾发出书面通知，要求客户提前备货，采购也告知了车间，由于生产繁忙急于赶货加上物料员请假，一时疏忽忘记请购备库存了。

问题发生的当天下午，组装线因没有胶水开始停产。在生产协调会上，总经理指示采购部紧急向其他供应商购买，研发部负责试验并确认。第 2 天上午，送到厂里的 3 家供应商胶水被研发部全部判定为不合格；下午送到的 2 家供应商胶水由生产部和品管部共同测试，同样被判定为不合格。

这时，总经理明白了事情的真相。安排总经理助理向采购部拿到胶水指定供应商老板的电话，告诉管理人员自己将亲自处理。另外安排总经理助理到一家同行业合作厂家拉回了一些普通的胶水，称这些胶水就是那一家供应商老板安排人员紧急返厂制作的胶水，要求研发部、生产部、品管部再次进行试验并判定，研发部负责人试验后判定合格，生产部和品管部试验后同样判定合格。于是，车间恢复了正常生产。

一个月后，这家合作了 3 年多的指定供应商被企业彻底替换。这件事处理完成后，经财务统计，使用指定胶水导致价格浮动 20% 以上，其他供应商难以进入，企业经济损失超过 100 万元。

一家电子公司，产品中的一款 IC（集成块）被研发负责人认定为指定用料。在一次紧急出货中，辅导企业的咨询老师参与了这款欠料的追踪过程。事后向行业专业技术人员了解到，这款 IC 供应厂家少，购买渠道狭窄，单价较高，各贸易商都不愿意备货，相同功能的 IC 也有不少型号可以选择。后来在咨询老师的善意提醒下，由企业董事长主导，更换了这款指定用料。

结合上述企业中的对策，笔者总结了管理研发成本漏洞的主要方法和方向：

**第一，关注指定用料。**即使有特殊技术或特殊要求，决策者也需要了解到指定用料的原因，积极寻找替代品。通过多种渠道找到替代品，如各类展会、供应商技术会议等，了解同行业厂商是否在普遍使用还是只有自己一家企业在使用。

**第二，关注指定厂商。**对于指定厂商，决策者也需要了解清楚指定的理由，为了供应链的稳定，主动提出换一换。可以通过向专业人士请教求证的方式进行验证，如厂商竞争对手的业务人员、技术人员、行业资深人士等。

**第三，通过制度约束，增加违规成本。**与授权指定用料、指定机器设备、指定模具等的研发人员签订《廉洁合约》，明确违规处理方式，增加违规成本。

**第四，对研发问题进行事后审计。**对研发中出现的指定用料、指定厂商、验收标准、设计变更等影响成本的技术决策行为进行统计，事后安排相关人员进行专题审计。

研发管理中的成本漏洞讲完了，来看最后一个关于总务后勤管理的成本漏洞。

# 第 15 法⊙总务控制法——总务后勤的管理漏洞

对于总务后勤部门来说，主要的职能有两个：一个是服务；另一个是管理。一般是先做服务后做管理，保持两大功能都在正常运行，运行中做到不偏不倚，如果只做服务就会变成“办事员”，如果只做管理就会变成“衙门”。

不管是“办事员”还是“衙门”，决策者都需要关注这个部门的费用管理漏洞，来看一个案例。

## 【案例 23】总务后勤也是一把双刃剑

2006 年，某大型企业在主管总务后勤的负责人离职 3 个月后查实，多项费用在该负责人的管辖下存在管理漏洞。主要是公司饭堂和车辆管理两项费用，企业每年“多浪费”100 多万元。

饭堂的费用管理漏洞主要集中在食品重量、质量、价格上，常常是在这些方面出现了偏差，这些问题比较容易解决。

而车辆管理的问题略显复杂，该企业有自己的运输车队，拥有重型卡车 30 多台及其他类型车辆数十辆。经查实，汽车维修保养和车辆管理存在大量漏洞：

- 大部分汽车配件更换没有做到以旧换新。
- 部分车辆维修没有在公司认可的维修厂进行维修（非车辆行驶途中故障）。
- 放行条记录与里程表公里数不一致。
- 厂内加油卡的凌乱记录与发票报销金额不一致。
- 车辆公里数记录不详导致无法确认保养次数的合理性。

这些问题中的任意一个，都会形成额外费用。

在找到问题后，这些车辆管理的问题和饭堂问题由企业自行主导解决，出台了相关管理措施，从实际情况和数据来看，这些漏洞被堵住，达到了费用管控的预期目的。

这里需要强调的重点是，只有发现问题才能解决问题，明确问题所在，明确事实真相，对现状的准确把握是解决问题的第一步。

决策者在看到总务后勤部门管理不力、“中饱私囊”产生费用漏洞的同时，也应该看到总务后勤部门的对费用漏洞的正面管理作用。

2009 年，笔者辅导某大型企业调研诊断时发现，该企业每台车由司机 1 人送货、卸货，包材类物料也由司机进行回收，司机每月工资仅为 1200 元，包住不包吃，除缴纳社保外没有加班费及其他福利，整体待遇低于一线作业员，而每次招聘竟然还有多人应聘。

诊断还发现，有时候 PMC 部准备安排出货，产品生产完成却因为缺少包材无法入库。询问得知是总经理没有批准，总经理经常会问：“10 天前买回来 1000 个胶框（也可能是 2000 个，根据出货数量来确定请购数量）都去哪里了？”于是 PMC 部统计了一大堆数据汇报给总经理，发现回收率极低却无济于事，最后总经理碍于出货的压力不得不签字购买。等到下一次安排出货又没有包材可以使用时，类似的情景会再次出现。

负责总务后勤工作的管理部经理告诉笔者，胶框问题一方面是回收不及时，另一方面是回收到的胶框被司机在回厂途中变卖。对于第二个原因，最初总经理告诉他的时候他还不相信，直到有一天接到了辖区派出所的电话。派出所通知他带上相关证件去指定地点领回公司的车辆，原因是有司机把整车回收的胶框全部卖掉，送货车也没有开回公司，不要工资直接逃离。管理部经理称，类似的事件当年已经发生两次以上。

在咨询实施过程中，咨询老师指导管理部相继实施了：

- 胶框进出登记。
- 包材回收率统计。
- 每月去客户处盘点对账。
- 月度回收率与业务挂钩考核并评比。
- 司机包装回收考核并评比。
- 用废料自制胶框。
- 车辆安装 GPS 定位。
- 司机培训。
- 法律培训。

• 提升司机待遇（2200 元/月 + 社保及若干福利）等多种措施，这个困扰企业的老大难问题得到解决。

后来继续提升司机待遇到 3000 元/月 + 社保及若干福利，司机这个岗位竟然难以招聘到位了。

在包材类的物料特别是胶框的管理取得良好效果后，咨询老师指导管理部人员针对全厂用电每天进行统计、每周分析、每月总结，针对每天全厂车辆加油（企业有两个储油罐）进行统计、每周分析、每月总结，也堵住了一部分费用漏洞。

经财务确认，管理部对包材类物料、全厂用电、车辆加油进行管控，每月至少为公司节约费用 13 万元。

由此可见，总务后勤和研发部门一样，在总成本面前也是一把双刃剑。

# 第三章

# 从报价到出货控成本各个击破

# 第 16 法⊙报价成本法——报价引领成本对标

对企业来说，报价就是经营。报价对企业来讲是信息输出，对客户来讲是信息输入，报价的准确与否是决定能否接到订单的关键因素之一。报价过高可能会失去订单，错过市场机会，在国内某些地区的商圈中，如果企业第 1 次报价过高，无论客户大小，都不会给予企业任何谈判机会；报价过低，企业可能没有利润白忙活一场，甚至出现亏损。

报价管理是一种竞争策略，它并不是简单的加减乘除计算，而是企业综合竞争力的一种体现，对报价的审批更是动态竞争组合的体现。如果标准报价用 A 表示，最终市场报价用 B 表示，报价的审批不只是简单地核对 A 的组成是否准确，还需要考虑企业的淡季、旺季、付款方式、客户实力、竞争对手实力等因素。

正常情况下 $A \neq B$ 或 $B > A$，**如企业在淡季时或客户付款方式良好时、进入新的竞争区域时，报价策略可能是 $A = B$，甚至是 $A < B$。**

根据企业的实际情况，考虑多方因素，在不同组合下，相同的产品最终报价各不相同，**高层决策者应该把关策略性报价，企业一把手应该把关战略性报价。**

报价是成本管理的基准。

报价前，按照报价逻辑和报价公式计算出价格，与行业竞争对手进行成本对标，售价中除了正常的物料、辅料、人工外，对比的就是各种费用，可以用市场价格推算出竞争对手费用，用来了解企业自身的优势和不足，对不足之处进行改善。

报价后，用成本核算的结果回头重新检视报价的各项构成，找到需要改进的成本控制点，从而形成成本管理闭循环。

这种用成本核算结果对标报价成本的做法不同于财务的月度核算，它可以独立应用一个产品上、一个订单上、一批订单上、一个项目上、一项工程上，这种做法曾帮助一家以项目制为主的企业节约 20% 以上的单个项目成本。

在一些企业里，经过详细计算的报价给到客户并接到了订单，假如报价中的净利润率为 10%，实际每月财务核算净利润率却远低于 10%，一些月份还出现了亏损，最终使企业年终核算出现微盈利或者亏损。

这是为什么呢?

这也是不少企业决策者的困惑。

企业不能正常盈利，除去销售额达不到盈亏平衡点外，主要存在两大原因：**一个是各种成本过高、浪费过大；另一个是报价存在问题**。成本过高、浪费问题比较常见，容易引起各级管理者大多数人的注意，在本节中不做讨论，具体管理方法可参考本书；而报价问题比较隐蔽，报价信息掌握在少数管理者手中，出了问题不容易被发现。如果有人、有部门去质疑报价问题，往往会被“报价肯定是有利润的，公司的成本这么高、浪费这么大，利润是被浪费掉的，不是报价有问题”之类的理由打发掉，让提出质疑的人士没有办法再追问下去。

下面的案例可以说明这个问题。

**【案例 24】检视报价使企业扭亏为盈**

这是珠三角一家台资塑胶五金企业，成立于 20 世纪 90 年代初。在 2000 年以前，由于竞争对手较少，企业得到了快速发展，成为行业细分领域的知名企业。

2000 年以后，同行业竞争对手开始增多，不少从这家企业出来的管理人员开始创业，也成为这家企业的竞争对手，这家企业的规模受到了一定的影响。

2006 年，这家企业首次出现了亏损，而那些从这家企业“分”出来的公司生意越来越红火，规模越来越大。

2007 年初，企业经营业绩每况愈下，一部分以前可以接的老客户订单由于价格问题无法接单，开始承接一部分新客户的订单。经营业绩上，亏损月份开始增多，整体状况不见好转。企业此时开始寻找外力支援，随后开展了企业的经营变革。

笔者参与了这家企业的经营变革，经营变革一开始，跟大多数企业一样，咨询团队瞄准了管理过程中的各种浪费、各种高成本现象，认为把这些问题解决掉，企业的经营状况就会彻底好转。

在咨询团队召开内部会议实施运作论证时，笔者提出了不同的看法。这家企业与那些规模小的企业相比，就是制造费用、管理费用、销售费用、财务费用多一些。通俗地讲，主要就是非生产一线管理人员产生的费用、维持公司运营的费用比别的企业多；从数据上来看，即使这些费用减少 50% 已经是极限，企业仍然无法实现较高水平的盈利。

**为什么新客户增加、订单增多反而亏速的频率更高，是不是在报价方面有问题？**一位财务老师表示认可，认为企业的报价很大程度上存在问题，原因是企业财务没有对单个产品做过成本核算。他补充了该企业的盈亏平衡点问题：

- 如果保持现状不变，企业销售额只有在达到盈亏平衡点时才能保证不亏损。
- 如果费用下降，盈亏平衡点随之下调。
- 如果费用适度下降，毛利润率有所提升，盈亏平衡点拉低，盈利机会就大大增加。

最后咨询团队内部达成共识，从盈亏平衡点着眼，从各项成本和费用着手，重点关注产品报价问题。

这次会议后，咨询团队调研了产品报价的过程。在企业成立之初，报价由企业方董事长亲自把关。2006 年以后，董事长的一位同学加入公司，就是现任的财务经理，出于对财务经理专业的认可，对同学的信任，董事长将报价把关的重任交给了财务经理，他是企业的报价统筹人和核准人。在流程上，以主营业务注塑为例，当业务人员有塑胶产品需要报价时，由技术人员提供产品重量、模具穴数、产品工艺、产品工时、包装方式等技术资料，由采购提供各种单价，最后由财务经理加上相关费用、税金、合理利润报价给客户。

从流程上看，这样操作似乎没有什么问题；从专业上来判断，财务经理的专业知识也没有问题；从报价结构来看，也没有任何漏掉的成本项目。

是不是我们的判断有误？还是我们没到了解到问题的真相？

带着这些疑问，咨询团队抽取了 5 份正在生产的产品报价信息，到各生产车间进行逐个查证，经过半天时间，报价的问题被找出来了。主要有：

**第一个问题是重量偏差。**技术人员提供的重量是理论值，而实际每个生产出来的产品重量有一定的误差，如果产品实际单重高于报价理论重量，企业的物料成本报价就低了，日积月累这个差异就变成一个大数字，影响利润；抽取的 5 个产品 14 套模具中，有两个产品实际重量大于报价重量，有 4 套模具之间存在较大重量差，这些重量误差都明显超出了企业规定的报价误差。

**第二个问题是损耗率不足。**技术人员给出的生产方式是模具满穴生产，实际车间生产有 10% 以上的产品在堵穴生产；同时试模、调机产生的水口和胶块没有计入物料损耗和二次回收损耗。

**第三个问题是包装材料回收。**包装材料是胶框、各种纸板、吸塑等，报价按 70% 对包装材料进行回收利用，实际上由于各种原因，包装材料回收率不足 50% 。

由于这些原因，按实际核算，5 个正在生产的产品中有 2 个不盈利。

问题找到了，给企业指出这个问题需要一定的勇气，因为这次经营变革的引进人是财务经理，提出这个问题可能会影响到后续咨询工作的继续开展。

咨询的使命就是帮助企业成长和增值，基于这个考虑，咨询团队毅然向企业方董事长和财务经理提出了报价方面的问题。令人欣慰的是，他们坦承地面对这些问题，诚恳地接受了咨询团队提出的用报价成本对标内部、用报价成本对标竞争对手的建议。

企业方董事长指示各部门立即对正在报价中的产品进行调整，立即对正在生产的所有产品用报价单进行检视、验证。经过 3 天逐个产品的详细确认，企业在生产中的塑胶五金产品中有 30% 处于零利润和亏损状态，其中亏损的产品占大部分。

随后企业进行了调整，一手抓成本和浪费，一手抓报价管理。

一段时间后，企业顺利达到了经营目标，实现了应有的利润。

看起来有利润的订单接来了，是不是一定能产生利润呢？这可不一定，一起来看看订单实现的过程吧，找到在这个过程中的总成本管理方法。

# 第 17 法⊙订单评审法——订单评审精准避雷

谈起订单评审，笔者不禁想到了南宋思想家朱熹《观书有感》中的两句诗："问渠哪得清如许？为有源头活水来。"

在企业的日常管理中，毋庸置疑，订单似渠，货似水，那么订单评审似闸，起着保障及时出货的作用。订单评审作为企业订单入口的第一道闸门，必须经过详细的分析、评估、计算，订单评审是决定生产是否顺畅、能否如期交货的关键点之一。有效的订单评审能够起到防止"病从口入"，能够精准避雷，起到从源头控制成本的作用。

订单评审该怎样进行呢？

有效的订单评审分为六大步骤：

**（1）业务部、财务部对订单进行初步评审。**主要指对客户各项基本需求，如产品功能、交易价格、交易条件、付款方式、税率、售后服务、法律条款、责任条款等内容展开评审，还包括交货完成时间、客户资料准确性和完整性评审，由业务部主导财务部协助完成。

**（2）工程部、研发部对订单进行技术评审。**主要是评估现有生产技术满足订单要求的能力（含机器设备、模具、治具、工装夹具等），一般由工程部主导完成评审，新开发机型由研发部组成项目组单独评审。

**（3）品质部对订单进行检验、测试满足性评审。**现有检验设备、测试仪器与测量方法、检验标准能否满足订单要求。这一点在实际运作中往往被忽视，忽视的成本往往在正常生产中会被再次找回。

品质部完成订单评审后，接下来是 PMC 部的订单评审。

**（4）PMC 部主导对交期进行评审。**评估现有人员、物料、产能（总体、各工序）能否满足订单要求的能力，由 PMC 部主导，制造部负责人协助评审。评审必须考虑：交期（生产周期、采购周期，特别是最长周期物料）、已接订单数量、实际生产能力。

**（5）评审必须签署完成时间、责任人。**必须明确订单评审后产生的各种事项的具体完成时间及具体责任人。

**（6）监督评审过程，检查订单评审的兑现。**由发出部门（如业务部）监督，防止评审时间无限制延长。（这一点对生产周期较短的企业尤为重要，有的企业生产周期 2 天，订单评审就用掉了 1 天时间，交期就只能延误。）PMC 部统计各部门订单评审承诺兑现率，稽核中心监督各部门完成时间，执行责任追究（如排名、考核）。

下面一个案例可以说明订单评审中技术评审、检验及测试满足性评审的重要性。

## 【案例 25】订单评审不精不细，生产交付流失效益

笔者曾辅导珠三角地区一家生产显示器的外资企业，在订单进度追踪过程中发现了一起交期延误问题。一家 A 类客户 1500 件的订单原计划交期是 20 天，实际上交期已经延误了 7 天。经生产协调会了解到是钢化玻璃盖板欠料，原因是采购部反映这种材料购买困难，一直在寻找新的供应商，采购部希望技术部能够对供应商做出技术指导，这件事经会议主持人确认形成了会议决议。

会后咨询老师组织碰头会解决这个欠料问题，负责这种物料的采购员反映，这种物料目前现有的合格供应商都无法生产。供应商都说这是一种特殊规格，他们平时生产的钢化玻璃盖板厚度都是 10mm，而这次要求的是 20mm，需要另外开模具加收 10 万元模具费，开模的时间需要 20 天。

咨询老师询问 PMC 部负责人是否有做订单评审，负责人回复有做评审，拿出这份订单的《订单评审单》发现技术部、品质部都有确认签字，但是没有识别出是特殊规格、特殊要求，业务人员签订的合同价格也跟正常的产品一样。经与厂长协调，临时决议由业务与客户沟通说明情况，希望客户给予缓冲时间并适当调整交易价格，采购继续寻找不产生开模费用的供应商。

客户回复时间最多宽限 10 天，交易价格已签订合同无法更改。1 周后，采购部回复有一家新开发的供应商愿意自行承担模具费，条件

是后续钢化玻璃盖板类采购订单要分给这一家供应商 50% 以上的订购量，此事经企业高层决议后同意实施。

20 天后，新供应商的新模具在千呼万唤中制造出来了，生产的新物料刚交货到厂里又发现了品质问题。这份订单的品质检验标准要求是钢化玻璃不能有气泡、杂质，经检验，所送的物料合格率仅有 10%，对此公司内部普遍认为检验标准太苛刻。最后厂长力排众议，要求品质部经理马上带样品坐飞机到客户处了解清楚检验标准、签回限度样品。

采购依据签回的限度样品再次与供应商谈判，供应商回复按新的检验标准他们宁愿不生产，不然要求物料价格上浮 9 倍，经过几轮谈判后，双方同意价格上浮 3.5 倍。在此期间，业务人员也被客户追得团团转，业务经理、总经理坐飞机分别到客户处解释情况，道歉并维护客户关系。

87 天后（从下单日计算），这批货物终于完成交货。

交货后，客户提出延期交货索赔 10 万元，另统计，这份订单因钢化玻璃盖板涨价导致亏损 60 多万元。此后，这家企业订单评审中的技术评审和品质评审再也没有人随意确认、随便签字了。

小结：订单评审主要围绕人、机、料、法、环、测展开评审，业务部及财务部初评，PMC 部主评、品质部及工程部协评，对客户订单是否能够生产、依据什么标准生产、什么时间可以交货做出判定。

既然订单评审这么重要，那么订单评审的分类及评审形式有哪些呢？依据不同的产品类型可分为：简单评审、一般评审、特殊评审。

**简单评审适用于产品成熟、品种多、批量少、交期短的订单。**可以直接由 PMC 部生管员在《客户订单汇总表》上回复直接交期即可，各种基本需求如果是老客户老产品则继续沿用，如果是新客户或新产品则由业务部门做出评审；可以采用电子邮件、OA 的形式进行评审，上了 ERP 的公司可以设定栏位在系统内直接回复交期。如注塑厂一般塑胶件即是采用这种方法，需要限定回复交期的时间。

**一般评审适用于产品相对稳定、品种少、数量较大或工艺复杂的订单。**需要将六大步骤中的前四个步骤内容汇总制定成《订单评审表》，全部详细评审一遍，可以采用各部门表单传递评审及召集会议评审两种方式。

**特殊评审适用于新产品、品质/技术发生过重大问题、反复出现一直未解决的问题、发生过重大客诉的订单，需要组织专题会议进行评审。**

在订单评审的过程中，有一些订单评审的误区应该避免。

**第一个误区：打钩、写“OK”。**

原因一：很大程度是ISO遗留下来的问题，笔者也曾经历过，平时没有详细去做订单评审，是否接订单全凭上级领导一句话：“接，生产部加班加点把它赶出来！”到ISO审查时“临时抱佛脚”，“造”出一大堆《订单评审表》，让相关部门打钩、写“OK”，ISO审查时美其名曰“证据”。

原因二：粗放式管理所致。如笔者辅导前看到某企业的《交期评审表》上多是写“OK”后签名，交货日期就写：“越快越好”“急”“加急”“特急”，30天、50天，当然交货是“疙疙瘩瘩”，能交就交，交不了就往后拖。辅导后，订单评审禁止写“OK”，规范填写，交货日期必须写明何年何月何日，一切用数据说话。在咨询辅导的阶段性总结表彰大会上，业务部的数据显示如表3－1所示。

**表3－1　业务部的数据**

| 日期<br>项目 | 2007年10月－2008年1月 | 2008年2月－6月 |
|---|---|---|
| 平均实际交货量 | 43 | 46 |
| 10天以内交货期交货量 | 3 | 15 |
| 10天以内交货期交货量占比 | 6.98% | 32.61% |

在这次表彰大会上，企业负责人说：“公司的交货期在明确，用准确的数据替代模糊的语言，交货期在缩短，业务部的签单交期也在缩短。以前，我们的交期是需要30天，甚至更长的时间，很多时候我们业务人员与客户一切都谈好了就是因为交期让我们不得不放弃……今天这一切都慢慢改变，今天我们的交期可以缩短到一周，如果客户较急，我们还可以做到更快地交货……”

**第二个误区：订单评审越细越好。**

不是所有的订单评审都是越细越好，越细时间就越长，不必要的评审会浪费时间，降低了效率。

**第三个误区：重生产轻品质。**

靠数量多生存的时代早已过去，忽视品质评审会导致：在产品生产完成后才发现品质不达标、客户验货通不过、返工甚至报废、出了货因品质问题被罚款。

**第四个误区：主导评审部门不负责任，参与评审部门相互“踢皮球”。**

## 【案例 26】订单评审遭遇“踢皮球”

2009 年的一天上午，笔者在一家企业进行辅导，业务部李经理找到咨询老师帮忙，称订单评审大家都在“踢皮球”。业务助理在找各部门评审订单时（附有图纸）遇到了问题，找到工程部门，工程部门的人回复称订单评审要找 PMC 部；PMC 部的人员回复称去找采购员；采购员回复称已经把价格给财务部了，这不关他的事，要找工程部、财务部。业务助理白跑了一圈后，只好上报李经理。

听完李经理的讲述后，笔者要他立即通知上述部门责任人开会，通知总经理参加会议。在会议上了解到，本次订单评审的产品不是公司生产的产品，而是一家大客户额外需求的一块压克力板，需要评审价格、生产方式（外购或自制）、交期。

工程部的理由是：价格有了，直接找 PMC 部就能回复生产方式、交期。

PMC 部的理由是：这个零件看起来是外面买的，应该找采购员，他们最清楚。

采购员的理由是：这个零件我根本不认识，该怎么回复？

经过半个小时的争论、疏导、询问，笔者还发现了两个问题：

一个问题是，采购部受不了财务部会计的多次“纠缠”，凭自己的过往经验估计一个价格给会计，会计加上销售政策后就报给了业务员，业务员已经将价格报给了客户，而财务经理、业务经理、总经理还不知道。

另一个问题是，外来的客户图纸没有受控。

经过讨论，会议达成如下共识：

（1）解决问题是部门负责人的基本职责，再出现评审“踢皮球”问题将追究责任。

（2）部门负责人对本部门下属、其他部门下属均有教导正确做事方式的义务。

（3）业务部只与工程部、PMC 部、财务部发生直接评审关系。

（4）财务部的价格评审、PMC 部的交期评审都可以通过采购部找供应商实现，财务部必须取得供应商提供的《报价单》。供应商报价不等于销售价格，供应商的交期不等于出货日期。

（5）业务部在以后遇到类似情况时，可以先找工程确认图纸状况，给出标准。

（6）本次评审工程部负主要责任，因之前未出现过，暂不追究责任，再次出现将追究工程经理的管理责任。

（7）采购部不得擅自估价，如果估价要与会计说清楚，否则估价后果自行承担（这个零件采购估价远低于市场价）。

（8）财务部监督不到位，没有正确依据市场价报价。

（9）财务部需采购部报价时可以开具《联络单》或发邮件。

（10）业务部重新与客户沟通报价问题。

会后，这次订单评审顺利完成，业务部积极行动，挽回了一笔损失。

总之，订单评审是制造型企业管理一段绕不开的必经之路，订单评审所花的成本和代价是值得的。如果不愿意花成本进行有效的订单评审，那么到了实际生产阶段仍然会走回头路，这些成本会花更大的代价被找回，接着会产生更多的边际成本。

在关注了订单评审中的成本后，再来看一看生产计划中的成本。

# 第 18 法⊙生产计划法——生产计划精准调控成本

生产计划在生产管理中起着“纲举目张”的作用，生产计划是链接客户订单、物料需求计划、采购计划、领发料、车间生产、检验、出货多个环节的“纲”，是调节生产进度的主要工具。

生产计划常见排产原则有：客户等级原则、交期先后原则、工序先后原则等。如果考虑到成本因素，这些管理原则会被改变。如同样是 A 类客户，付款周期短的客户优先排产；一个是 B 类客户月结 60 天，一个是 C 类客户现金付款，C 类客户优先排产。

同样，生产计划的“龙头”作用影响着企业的经营，影响着企业的各项成本。

先看一下生产计划如何影响成品库存金额的案例。

## 【案例 27】生产计划减少 1 亿元成品库存

某大型企业，产品以米为单位，由销售部接单后转交生产部排出月度生产计划，遇到急单、插单由双方共同商量确定交期。咨询团队进驻调研时发现企业成品库存高达 80 万米，单价按每米最低 200 元计算，库存金额为 1.6 亿元，而企业因为经营的需要仍在向银行融资，成品库存金额过高影响着企业的资金流，制约着企业的发展。

进一步了解发现，造成高额成品库存的原因较多，主要原因是交货不配套。比如客户需要的单个产品组合长度为 26 米，企业方产品受行业技术水平限制长度在 5 ~ 15 米，常见的出货组合有 10 米 + 8 米 + 8 米、11 米 + 15 米（或 8 米 + 7 米）、12 米 + 14 米（或 7 米 + 7 米）、13 米 + 13 米几种。在实际生产中，企业对生产部采取的是计件工资的收入计算方式，米数越短的单价越低，米数越长的单价越高，而且米数低于 9 米的产品及米数大于等于 14 米的产量都比较低，长米数的产品容易出质量问题，生产部及工人都愿意生产 10 ~ 13 米的产品。

加上客户需求受地质条件制约，不能准确提供单个组合长度，比如在订单评审时期探测需求是 22 米，实际施工时期需求又变成 23 米、24 米，也可能是 25 米、26 米、27 米、28 米，这些不可控制的变化带来的变动需求会造成大量插单、急单。

可是米数较短的产品生产部不愿意生产，更不愿意去调整生产计划，实在被催得没办法了才去安排生产米数较短的产品。

销售部门与生产部的博弈过程中耗费了大量的时间，一部分客户选择了等待，更多的客户选择了转向其他供应商调货，之前生产的产品此时就成了成品库存，这类现象越来越多，成品库存也就越来越高，成品金额随之水涨船高，最终使得企业现金流越来越紧张。

针对这个影响重大的经营问题，经与企业方多次讨论和交流，成立了计划部，由计划部负责下达生产计划，生产部负责执行生产计划。同时提出“计划项达成率”这个新概念、新的统计方法，即生产计划除考核计划完成数量外，更准确地考核每种产品每个规格单个完成情况。

比如产品 φ400 ×95A 计划生产和实际生产情况如表 3 - 2 所示。

**表 3 - 2　产品 φ400 ×95A 计划生产和实际生产情况**

| | 单个产品尺寸（米） | 数量（条） | 总数（米） |
|---|---|---|---|
| 计划 | 10 | 100 | 1000 |
| | 11 | 100 | 1100 |
| 实际生产 | 10 | 90 | 900 |
| | 11 | 100 | 1100 |

依一般企业的算法，生产计划达成率为（1100 米 + 900 米）/（1000 米 + 1100 米）= 95.24%。

但是在这家企业这种算法发挥不了应有的作用，它的产品特点决定了它的发货方式，每种产品下面有多个型号，如产品 φ400 × 95A 下面有 5 米、6 米、7 米……15 米多种规格，发货的时候少了某一规格的成品，其他成品也无法配套发货。因此，考核生产计划完成情况最准确的考核计算方法为：全部完成项 1 项/计划生产项 2 项 = 50%，每一项中如条数、米数有一个未达成计划即计算为未完成。事实证明，这种新算法有它的合理性，在后续的咨询过程中，这种算法与配套性强或者以 JIT 交货为标准的企业非常契合，指明了企业生产计划完成的方向。

为防止生产部不按计划执行，咨询老师与企业方出台了一则关于生产计划的通知。

**通知**

为了满足供货需求，保证生产计划顺利执行，特对生产计划执行情况重申规定。

如有不按生产计划生产，生产计划项达成率没有达到 60%，每项捐款如下：

1. 经理捐款金额 100 元
2. 主任捐款金额 80 元
3. 班长捐款金额 50 元
4. 组长捐款金额 30 元

请生产部门严格按生产计划生产，望各车间高度重视！

总经理批准：　　副总经理复核：　　经理审核：　　提报人：

下面是实施后关于生产计划项达成率的随机抽样数据：

**表 3－3　生产计划项达成率的随机抽样数据**

| 部门 | 日期 | 计划量达成率 | 计划项达成率 |
|---|---|---|---|
| 生产一部 | 2007 年 1 月 7 日 | 87.2% | 42.1% |
| 生产一部 | 2007 年 1 月 16 日 | 91.3% | 43.6% |
| 生产二部 | 2007 年 1 月 25 日 | 100% | 55.3% |
| 生产二部 | 2007 年 2 月 10 日 | 88.98% | 47.8% |

续表

| 部门 | 日期 | 计划量达成率 | 计划项达成率 |
| --- | --- | --- | --- |
| 生产一部 | 2007 年 2 月 28 日 | 98% | 60.9% |
| 生产一部 | 2007 年 3 月 1 日 | 112.6% | 64.7% |

随着计划项达成率的提升，成本库存的数量慢慢减少。接下来我们调整了计划项达成率的目标，生产部再努力达成，再调整目标，如此循环下去，直到这项数据稳定在 90% 以上。

最后，我们调整了管理人员的绩效考核方式，去掉了过往只考核产量、产值的做法，换成以计划项达成率和销售额为主，产量、产值为辅的考核方式，进一步有力地推动成品库存的降低。

到咨询辅导结束时，成品库存基本被发空，货车守在车间门口排队等待成品入库，等待产品装车出货，这一系列措施释放资金超过 1 亿元。

从以上案例可以看出，合理的生产计划对成品库存减少有控制作用，对释放资金流有促进作用。

那么，生产计划对提升公司利润有帮助吗？能降低公司营运成本吗？下面的两个案例中将会给出答案。

### 【案例 28】生产计划提升利润

笔者受邀主导某集团公司经营变革活动，调研发现其中第一分厂盈利，第三分厂微利，现以这两个分厂为例来说明推行生产计划对利润、营运成本的调节作用。

变革首先从第三分厂开始：

- 从经营数据来看，突出的问题就是高成本、低毛利。
- 从管理上来看，产量不够，产出数量仅达到设计产能的 54%，交货不力，经常因为交期不达标被客户扣款。
- 一线工人不稳定，品质时好时坏，各级人员身心疲惫、相互抱怨。

变革前三分厂的生产计划是这样的，生产计划由计划部按周、按品种下达，计算出周生产总数量，不考虑物料、工序衔接，遇到急单、插单以书面形成通知生产车间换模更改型号，能交货就交货，不能交货就与客户协调拖交期，直到实在拖不下去。

变革开始，咨询老师就推出了日生产计划，经过多次培训和讲解，要求生产计划精确到各个工序每天每班（有白、夜班）每台机的计划产量、实际产出，要求计划考虑原材料、包材等物料，如果出现物料短缺由计划部承担责任；急单、插单滚动到下一个计划周期里，一般为下一个生产班次。

这种生产计划方式一经推出，生产车间没有人反对，却招致了计划部负责人的反对，理由是工作量增加了做不过来，认为这样做计划没有必要也没有作用。

由于企业方高层领导笃定地支持，计划部负责人反对无效，在开始的一段时间内，质疑、反对的声音和倾向都存在，直到这种生产计划模式落地形成。

它带来的效果也是显而易见的，产出数量从设计产能的 54% 到 70%，质疑、反对的声音逐渐没有了，接下来是 80%、90%、100%，直到大家都认为产能足够时，大家再次团结一致，一举达到设计产能的 110%。

此时，大家彻底认识到了这种模式带来的好处。

经营上，固定成本不变，总收入增长一倍，各项成本微增，这样就轻松达成了利润目标。员工计件工资从原来每月不足 5000 元提升到了 7000 元、8000 元，第 2 年春节后招工在开工 15 天内就招满了需要的人数，还有人在询问是否招工，希望能够入职，一扫以往春节后招工困难的被动局面。其他方面，人员稳定带来了品质的稳定及提升，订单准交率的提升使客户的下单量也有所增加，各级管理人员工作思路清晰，看到了自己的工作成果，感受到了工作带来的成就感，工作更加积极主动。

第三分厂的经营问题解决了，咨询团队开始关注第一分厂的经营问题。

### 【案例 29】生产计划降低营运成本

第一分厂的主要经营问题是营运成本较高，占用了大量的资金，经营和管理上其他方面没有特别大的问题。

咨询老师仍然推出了日生产计划，要求和三分厂的要求相同，第一分厂的主要材料是铜材和铝材，对员工同样实施的是计件工资方式。

实施两周下来，经过多班次跟踪、多机台实地查看、多人了解、多次验证，发现了第一分厂营运成本高的两大秘密。

第一个秘密是有前工序的两个车间设计产能远大于现阶段需要生产产品的产能，生产计划落实严重超前，本来 15 日需要入库的半成品，车间 9 日就生产出来了，而产品的生产周期最多需要两天。生产出来的半成品大量流向后工序，半成品形成自然流动，导致后工序的一部分产能被动地被占用，现有的急单、插单都不能进入生产计划排产，也占用了一部分不应该占用的资金。主要原因是车间主任不愿意频繁更换型号，为保证员工计件收入、自行对生产计划进行合并生产造成的。

第二个秘密是其中一个车间的产量严重超产，每班的计划达成率都在 130% 以上，这个车间的主要材料是铜材，每天的超产率平均达到 65%，每天多耗用的铜材金额高达 30 万元。超量生产的主要原因与前面两个超前生产的车间原因基本相同。

深层次的问题找出来了，解决起来也不复杂。

- 针对超前生产的车间，严格按照生产计划达成率考核。
- 针对超产的车间，咨询老师把计划达成率设定为负指标，即超过 100% 的部分按负数计算，超产越多，计划达成率越低。
- 计划达成率与车间管理人员工资挂钩，允许效率高提前生产完工的员工有空闲可以去其他车间帮忙，另外计算一份收入。

这些决议通过后立即开始执行，实施一个月后，经财务核算，当月释放营运资金近 1000 万元。

这两个案例充分说明了生产计划的双向调节作用，它可以使产量上升，也可以将产量管制在一个合理的水平，同时也说明了通过生产计划的合理调节可以提升利润、降低营运成本，从而帮助企业达成经营目标。

而在另一些产能不足的企业里，一线员工实行计件工资制。在计件过程中，产品生产面临“挑肥拣瘦”现象，员工会选择工艺简单、容易生产、单价高、数量多的产品优先投入生产，往往这些产品的交期不见得是最紧急的需求；对工艺复杂、生产难度大、数量少、单价低的产品延后投入生产或者不愿意生产，而这类产品的交期常常又是紧急的需求。

面对这种情况，生产计划还能指导车间有序生产吗？该怎么样解决“挑肥拣瘦”的问题呢？请看以下案例。

## 【案例30】生产计划杜绝计件“挑肥拣瘦”

2015年，笔者主导某中型企业的经营变革，该企业生产上属于典型的多品种、小批量、多批次生产类型，除此之外还有以下特点：

- 多机台：总机台数量400台以上，每台机器均为独立工序，每天每班每台机生产多个品种的概率较大，只生产一个品种的概率较小。
- 多工序：长达9道工序，工序之间有自制和外协穿插，有先自制再外协最后回厂包装的产品，也有先外协再自制最后回厂包装的产品，还有部分成品外协以后仅回厂包装的产品。
- 短交期：交货日期一般在3～7天。
- 大数量：每天的生产总数量达1000万Pcs以上。
- 快节拍：产出以秒计算，一些工序每秒可加工产品2Pcs，个别工序每分钟加工产品1000Pcs。
- 整体半自动生产：工序生产以半自动机台为主，手工为辅。
- 以技工为主：调试机台的技工有一定的技术含量，技工普遍学历不高、工龄短；工作年限长的技工一般晋升为班组长，离职后容易快速找到工作，人员流失率较高。

企业里经常发生交货时找不到产品的现象：

- 找不到产品正在哪一道工序生产。
- 投产工序明明有生产，到最后一道工序却找不到产品。
- 投产工序数量足够后工序数量不够，最后一道工序数量差一大截。

最后，这些问题都只能重新投料生产了事。

面对如此庞大的物料流动、产品流动和大量的生产数据，针对这种复杂的生产局面，咨询团队在调研完成后对生产计划的作用和现有生产计划的问题进行了相关说明，企业方董事长对此高度重视并希望全程参与。

**第一阶段措施，三层生产计划模式。**

咨询团队在详细了解、推理、论证后，与企业方董事长一起，专门对该企业的生产计划模式进行了讨论，最终形成了三层生产计划模式：

**第一层计划控制投料；**

**第二层计划严格控制交接；**

**第三层计划向前拉动的方式进行管理。**

这种生产计划模式相比之前的生产计划更加清晰，使企业的生产计划不再完全依赖于管理人员过往的工作经验。

新的生产计划模式落地后，生产计划数量达成率有了 16.9% 的提升，找不到产品、多投料现象有所减少。在这个基础上，咨询团队与企业方董事长推出了各工序对生产计划项（具体计算方式参考案例 27）的考核。1 个月后，生产计划项达成率提升到 87% 左右，订单准交率提升到 90% 左右，缓解了交货难的困境。

虽然这些数据有了一定的提高，但是仍有 10% 左右的产品不能准时交货，折算成产品，每天不能准时交货的数量仍在 100 万 Pcs 以上，其中有一部分是 A 类客户。对这家企业来说，A 类客户不能准时交货就意味着客户投诉和订单转移，在这个问题上，企业没有任何谈判的筹码。

**第二阶段措施，重新制定生产投产的先后顺序规则。**

分析生产报表数据并跟踪生产车间发现，各工序都存在有对产品的“挑肥拣瘦”现象。排产数量多、单价高的产品因为不需要更换型号优先被投产，单价一般工艺简单的产品优先被投产；排产数量少、单价低的产品被搁置一旁，而这些数量少的产品就是客户用于紧急补货，或者由于品质问题用于紧急生产，工艺复杂的产品也同样被搁置，车间没有人去关注入库日期，都在为计件工资而努力。

针对这一现象，咨询团队和企业方董事长制定出了生产投产的先后顺序规则，依次是：A 类客户工单、上一班次未完成的工单、当班数量少的工单、入库日期靠前的工单。

同时，组织全体生产班组长对上述规则进行讲解并现场考试，班组长均通过考试。

这些生产班组长的工资结构是工序计件工资平均数乘以一定的系数。

这次考试后，生产计划项达成率达到 92%，订单准交率也随之提升。

1 周后，生产计划项达成率、订单准交率双双回落到了培训前的水平，A 类客户又开始对交期问题进行投诉。

**第三阶段措施，调整生产产品结构。**

痛定思痛，咨询团队和企业方董事长回顾了生产计划实施的过程，检视了生产计划整体排产原则，检讨了生产投产的规则，没有发现决策上的问题，问题认定为在执行上，即计件工资导向上出了问题。

会议上，企业方董事长立即决定对生产产品结构进行调整，暂时牺牲一部分利益，扩大外协生产数量，减少自制数量以提升生产计划项达成率。

第一阶段减少 10% 自制数量。通过每天的计件工资公布，1 周后有些员工开始有一些反映，称工作有些不饱和、计件工资变少了。

第二阶段再次减少 10% 自制数量，各工序的班组长开始有了一些反映，认为这样下去工资会减少。

第三阶段累计减少 30% 自制数量，生产经理反映员工计件收入低。

这时，咨询团队和企业方董事长召集生产经理和各工序班组长参加会议，重申生产计划项达成率的重要性并提升考核目标至 96%，参会人员均表示可以做到并承诺以后都严格按照投产规则进行投产。

经过这次调整，生产计划项达成率达到 96%，A 类的订单准交率也顺利达标。

这个案例说明，生产计划是资源使用计划，也是资源分配计划。

生产计划对总成本有着不可替代的作用，那么物料需求计划对总成本有哪些作用呢？请看下一个方法。

# 第 19 法⊙物料需求控制法——物料需求计划合理调整成本

物料成本通常是制造型企业的主要成本之一，是大部分制造型企业成本结构中最大的一块，物料需求管理在一定程度上决定了物料管理水平的高低，也间接地影响了成本的高低，存货周转率、利润率的高低。

参与物料管理的决策者都知道，物料需求计划是一个成熟的管理模型，由主生产计划、BOM（物料清单）、损耗率、在途量、采购周期、在库量（良品）、安全库存量、在库已分配未领量等数据组成，物料需求计划是将这些数据经过一定的逻辑运算计算出物料净需求数量的过程。

在一些管理水平较高的企业里，这项工作可以通过 ERP 轻松实现。在多年的咨询实践中发现，在一些中小企业里，这些基础数据根本没有建立或者建立不全，如 BOM、采购周期、安全库存等，也就没有办法进行物料需求计划运算；相当一部分企业里，这些数据都存在一定的问题，如仓库账物卡不一致，BOM 不全、BOM 准确率低、在库已分配未领料被挪用等。

物料需求计划的这个现象好比是一个名厨，精心琢磨出了一道名菜，当他去一家饭店炒这道菜的时候，发现有的食材根本没有，有的食材数量不够，有的食材质量不达标，有的调味品不是正宗的味道，最后不得已东拼西凑炒出了一道与名菜色香味相去甚远的“怪”菜。

这些问题的出现，使得物料需求计划失去了它应有的源头控制作用，使企业产生了大量的欠料问题、呆滞料问题、多损耗物料问题，慢慢地吞噬着企业的利润。

这里以一个案例来说明如何在物料管理基础数据有问题的情况下，通过运行物料需求计划来降低经营成本。

**【案例 31】严格实行物料需求计划降成本 437 万元**

2008 年，笔者主导一家大型企业的咨询辅导，该企业下属有多家制造工厂，曾在 2002 年成功斥资并购本行业某韩国企业。在企业管理方面，该企业保留了原韩国企业主要管理模式。

## 一、排查问题

在物料需求计划方面，通过调研发现了以下问题：

- 企业里有准确率较高的产品主体 BOM，没有包装 BOM，包装 BOM 由生管部自行制定。
- 仓库账物卡准确率低，原材料仓库账物卡准确率平均值为 63.5%。
- 各工厂本应由技术部制定的产品各工序损耗率由财务部为了考核而制定，而车间的管理干部抵触情绪特别大，认为财务制定的考核方案对车间太过苛刻，并自行制定了损耗率方案进行考核。
- 技术部给出所有产品各项损耗率均为零。
- 采购周期没有制定。
- 安全库存虽然有要求，实际并没有储备。

生管部有制作物料需求计划，但由于上述原因：

- 物控只能凭经验来制定物料需求计划，为了减少欠料，物料的需求量不可避免地会比实际用量多，从而造成物料库存数量的增多，导致仓库面积越来越大，呆滞品越来越多，各物料仓库的正常通道及走火通都堆满了货物，仓管员苦不堪言。
- 由于没有采购周期，物控和采购经常扯皮。
- 物料准交情况较差，统计交货数据 316 项，准时或提前交货的有 111 项，物料准交率为 35.13%。
- 这些问题导致欠料现象严重，车间主管每天要抽出一半的精力来解决欠料问题。
- 由车间自行制定的产品各工序损耗率考核结果是损耗率越来越高。
- 生管部自行制定的包装 BOM 也时有错误，每次错误都产生了包装返工。

## 二、执行物料需求计划

为了解决这些问题，使物料需求计划准确运算，笔者带领咨询团队展开了一系列的推动工作：

- 将属于技术部的 BOM 制作工作交技术部完成，在部门职能中体现并跟踪检查。
- 由采购制定采购周期表，各部门评审后按采购周期执行。

• 对财务部制定的各项产品各工序损耗率与车间制定的损耗率对比，找出双方都认可的目标制定方法并重新制定目标，要求车间逐步达标并按新目标考核。

• 由一位咨询老师专门负责各仓库账物卡提升，企业指定专人配合，争取1个月后原材料账物卡准确率在85%以上。

• 安全库存由生管部制定，各生产车间共同评审确定，执行物料安全库存储备。

1个月后，仓库账物卡准确率达到了89.19%，其他各项调整均已到位，物料需求计划开始了准确编制。规定物料只要仓库库存能够满足订单交货一律不准请购，为了保证这项重要工作执行不变形，咨询老师在初期参与了物料需求计划编制的审核。

一段时间后，欠料现象减少了，拥挤的仓库开始有了通道，车间的损耗率离目标越来越近，大量的呆滞料被消化掉。

有一天，生管部通过生产日报发现四车间生产的一款产品产量偏低，前一天少生产成品1200个，车间主管反馈红色大塑胶外壳装配有一些困难。经现场确认，这批塑胶外壳共16000多个，是2005年交货入库的，之前不使用就是因为装配起来有些紧，车间不愿意使用就买了新的物料，这批物料就一直放在仓库成了呆滞品，现在生管部看到仓库账上有这个物料又是良品就没有再请购，车间没有物料用就只能用之前这批物料了。发料时，这批物料外包装已经布满了厚厚的灰尘，仓管员不得不拿鸡毛掸子先扫掉灰尘再搬运。就这样，这批400多箱的呆滞料就被用掉了。

在对这项工作做总结时，财务部提供的数据表明，严格实行物料需求计划后，公司整体每月平均物料成本下降3.02%，下降金额为62.47万元，本年度7个月共降低物料成本437.29万元。

这个案例说明，严格实行物料需求计划可以减少欠料、降低库存、降低物料成本，在严格实行的过程中去解决出现的基础问题，解决这些问题的过程也是各部门“各司其职”的过程。

有人提出，我们企业的物料种类特别多，物料需求计划很难做到绝对准确，只做好物料需求计划还不行，到了生产时又出现了欠料，这种情况该怎么办？

一些以装配为主、物料种类多的企业确实有这种情况，这涉及物料需求计划的后处理。请看下一个案例，主要讲述如何对物料需求计划进行后处理。

**【案例 32】物料需求计划完整，却还是严重欠料**

2013 年 8 月，笔者主导、策划了某大型机械设备企业的经营变革，在调研中发现企业核心问题之一就是物料需求计划问题。企业有实行一套完整的物料需求计划，仓库账物卡准确率保持在 92% 以上，BOM（物料清单）及图纸的准确率能达到 99% 以上，采购物料准交率达到 98% 以上，仓库准备了一定数量的物料安全库存。统筹部门组织架构比较完整，已经成立 4 年多 PMC 部主导企业的各项生产计划工作和物料控制工作，由生管、物控、仓库三个部分组成，各小组在人数上足够应对目前的出货数量。

经核实，当年该企业 8 月份订单准交率为 70%，生产计划达成率为 62%，每月出货 160 台左右。这些现状根本不能满足客户交货需求，直接原因是生产欠料，每月欠料工时达 1700 小时（停产时间 × 人数），生产车间经常停工待料或切换品种，给原本就不富裕的生产时间“添堵”，欠料也严重挫伤了生产技工的工作积极性。最重要的是，客户的交期不能被满足，一些订单流失，市场份额被入侵，这给处于上升期主动扩张的企业泼了一盆冷水。

## 一、已经跑了 5 位 PMC 经理

企业认定，打破这种局面的主要原因就是 PMC 部的部门职能没有发挥到位，对 PMC 部做出了各种调整，在过去的一年半时间里，陆续招聘到岗 4 位 PMC 经理均以离职告终，原本负责营销的企业总经理顶不住客户的压力，盛怒之下自己出任 PMC 经理代管，情况略有好转，之后又恢复原样，不得已再次招聘，目前招聘的第 5 位 PMC 经理试用期（3 个月）将满，有人透露新的

PMC 经理已经做好了离职的打算。

果不其然，调研工作还没结束，新的 PMC 经理就正式提出了辞工，1 周后离职。咨询老师与进行他一对一沟通后，发现其专业水平与企业的要求有一定差距，他表示每天在这里上班就是一种折磨和煎熬，总是被别的部门追着跑，他已经找好新工作了。

经与企业各部门了解情况，与企业总经理沟通，同意了 PMC 经理的离职申请。咨询老师提议该职位由内部现任的物控主管担任，企业总经理同意了这项提议。

接下来由咨询老师主导、企业方参与，一起深入分析了企业的制造属性。机械设备行业的制造属性为离散型，这里的离散主要指物料多而杂、物料的供应链离散；物料齐套了，装配一般不是问题。

由以上得出结论：物料对于机械设备企业的生产来说，犹如血液对于人体。在物料需求计划与生产计划都存在问题时，优先集中力量抓物料需求计划。

## 二、展开初步行动

基于这些分析，咨询老师指导 PMC 部展开了初步行动：

在欠料问题上，对物料需求计划进行后处理，用“笨”办法排查（逐个检查）解决，把企业原有的每月排查 1 次物料的做法调整为每周排查 1 次，以应对销售预测的变化。同时要求 PMC 部与采购部、各车间每天召开物料协调会。

针对 BOM 和图纸出错引起的欠料问题，推出 10 元奖金制度，所有人员指出技术资料错误，每处每次奖励 10 元。

针对仓库账物卡准确率问题，发现主要是由欠料补料产生。物控主管开始在加工件仓试点，让仓管员自己补料，做到入库、发料、补料是同一个人，减少中间周转环节，提高账物卡准确率。

推出物料齐套率管理指标，对物料需求计划及物料需求计划后处理工作、排查工作进行评估，通过这个指标的改进来减少欠料。

## 三、实现“物料齐套率”指标：欠料六重控制及处理办法

为了保障这个指标的实现，笔者提出了适用于这家企业的物料需求计划后处理管理办法，即欠料六重控制及处理方式，内容如下：

（1）物料需求计划产生的欠料（事前）：

- 按正常交期、采购周期表提报，重点跟踪采购交期。
- 每月抽查安全库存实物 1 次，每季度更新安全库存量 1 次。

（2）仓库实物备料产生的欠料（事前）：

- 依据主生产计划，提前 1 周下发《备料单》给仓库备料。
- 每天上午、下午各 2 次物控到仓库检查仓管员实物备料。
- 监督仓管员备料后填写《欠料明细表》的及时性、准确性。
- 此类欠料立即列入物料需求计划，确保各车间上线前到料。
- 查明欠料原因、制定改善措施，每周每月汇总并检视改善结果。

（3）仓库发料后产生的欠料（事中）：

- 每天上午、下午各 2 次到仓库检查发料欠料。
- 监督仓库填写发料后《欠料明细表》的及时性、准确性。
- 此类欠料立即列入当日采购计划，确保各车间上线前到料。
- 此类欠料重点在于先确保欠料到位，后做原因分析与改善。

（4）车间领料后产生的欠料（事中）：

- 每天上午、下午各 1 次到车间实地询问各车间主任欠料。
- 把车间物料员提报的《欠料明细表》与仓库提报的《欠料明细表》核对，能够有效确保欠料信息准确没有遗漏。
- 此类欠料立即列入当日采购计划，确保各车间上线前到料。
- 如已影响生产，立即与采购沟通，以采购紧急物料方式处理，专人跟踪物料收货、检验、领用到车间。

（5）车间生产时产生的欠料（事后）：

- 每天上午、下午各 1 次到车间询问各车间主任欠料。
- 此类欠料立即列入采购当日计划，以采购紧急物料方式处理，专人跟踪物料收货、检验、领用到车间。
- 需要分清楚是正常欠料还是制程损坏，以便区分责任。

（6）研发、客服或其他部门/人员领料（立即判断）：

- 必须经物控员签字后仓库才能发料。
- 物控员必须看到领料部门所领物料开出的《领料单》名称、规格、数量与 PMC 部所用物料的名称、规格、计划数量一致才能签字。
- 如所领物料属研发试样急用，优先试样，并立即与采购沟通，以采购紧急物料方式处理，如当月领用频率较高，PMC 部与领用部门讨论储备安全库存。

经过这番调整后，企业产生了一系列良性的变化：

- 物料齐套率达到96.85%并继续提升。
- 次月欠料工时降低到310小时，第3月欠料工时递减到100小时以内。
- 次月订单准交率达到93%，之后每月都能达到97%以上，其中次年春节后第一个月连续4周达到100%。
- 实施后的第4个月、第5个月，连续两个月完成机台数172台，刷新了产能历史。

这次的物料需求计划后处理，为企业贡献了销售额增加20%以上的经营业绩，为企业在后续的市场竞争中赢得了先机。

这个案例说明，管理模型在每家企业实施的重点各不相同，应从实际出发，理论与实践相结合，同时也说明有效的管理方法能直接降低运营成本，提升销量。

上面的两个案例解决的是运用物料需求计划解决欠料问题，而有的企业生产没有欠料，库存金额较高，这种情况物料需求计划可以解决吗？来看案例吧。

### 【案例33】不欠料的前提下实现物料零库存，释放库存资金300万元

2012年6月，笔者辅导的某机械企业当月库存周转率创历史新高，库存周转天数达到75天。在销售额保持两位数增长的前提下，整体库存创历史新低，其中最主要的原因是物料中的外购件实现了零库存。

在年中总结时，PMC部的总结中这样写道："整体上半年依主生产计划做物料需求计划，外购物料上半年表现良好，无任何延期及品质问题影响生产进度。"

作为该企业经营变革的策划者，笔者详细回顾，总结了这种零库存方式实现的10个步骤及实现过程。

（1）选择的物料为标准品。这里的标准品是指物料在市场上、企业内部通用性强，产品设计在过去及未来长时间里基本不会发生太大改动的物料。

（2）仓库账物卡准确率达到100%。对仓库账物卡进行盘点和管理，实现第1点中所有物料的账物卡准确率达到100%，这时的账物卡准确率100%不

仅仅是静止状态的全部准确，还包括动态如收料领发料时的全部准确，而且要保证电脑仓库存货报表数据随时准确。

（3）物料需求计划准确。作为物控，需要对物料需求计划原理理解清晰、准确，了解其中各个要素及他们之间的关系，对每一个外购物料的采购周期、安全库存、生产用量、历史损耗率做到心中有数，保证制定的物料需求计划净需求数量、需求时间准确无误。

（4）采购周期稳定。采购部需要统计这些外购物料的采购周期，数据积累至少保证有3个月以上，主要看供应状态是否稳定。如果供应不稳定，需要将采购周期数据积累到6个月以上，筛选出供应稳定、采购周期稳定的供应商。

（5）品质相对稳定。这里的品质稳定不是要求外购物料没有任何品质问题，是指供应商所供物料没有出现过批量性品质事故，没有出现过功能问题、尺寸问题等严重影响整机功能的问题。对于出现过轻微的品质问题的供应商，如出现过不影响整机功能的外观问题等，提出要求后供应商愿意快速处理、主动整改，事后品质改善措施得当，没有再次发生类似品质问题的供应商可以列入备选名单。

（6）采购准交率达到100%。这一点同样需要积累数据，保证3个月内或6个月内的采购准交率达到100%，不能达到交期的供应商不予考虑。

（7）供应商愿意备库存。达到上述6点后，各采购与供应商展开谈判，询问供应商是否愿意为公司储备一些库存并保证现有的供应能力、产品质量、供应价格。实施后将安全库存及周期库存分开，每周供应商向采购提供外购品库存数量。

（8）供应商实地考察。完成了这些筛选之后，笔者曾带领采购人员实地察看了供应商的实际状况，主要包括：查看是否有办公室（指贸易商）或生产工厂？查看是否有仓库？仓库容量有多大？仓库里是否有实物？总结为一句话：实地考察供应商的综合实力。在这个过程中，曾筛选掉两家以上贸易性质的供应商，一家只有办公室没有仓库，另一家有仓库几乎没有实物，考察后立即停止采购。

（9）下达年度采购量。筛选出品质稳定、供应稳定、价格合适、愿意为公司备库存、综合实力强的供应商后，作为回馈，将这些供应商列为长期合作伙伴，一次性下达半年或全年采购量，保证按时付款、同等条件下优先付款。

（10）签订合约并保证随时有替代供应商。最后一步极为重要，需要将上述涉及供应品质、交期、违约责任形成合同，双方签字后生效实施。到这一步骤并非万事大吉，尽管要求外购物料必须保证 1 主 1 辅两家供应商，采购仍然需要储备至少 1 家替代供应商，以应对可能出现的各种状况。

在上述 10 个要点完成后，企业就开始实施了外购物料零库存管理方式。

不管这种物料的零库存处理方式是否是学术意义上或纯粹意义上的零库存，从企业整体来看，生产车间没有因此停工待料，节省了大量库存空间，减少了库存管理费用，减轻了资金压力，每月释放库存资金 300 万元以上。而且外部供应链能够接受，各项业绩指标正向发展，对企业经营来说就是一件好事情。

# 第 20 法⊙控制请购法——控制请购降低成本

请购是企业不可缺少的一个环节，是采购的源头。一些企业的物料种类较少，并且这些物料长期使用，物料由车间请购，辅料及其他物品由仓库请购。这种做法看起来没有什么问题不会影响生产，但从成本管理来看，有一定的弊端。

笔者参与调研的一家企业也是这种请购方式，它带来的成本问题是显而易见的。从仓库提供的数据可以看出，如钢筋 φ8.0，库存 59.75 吨，价值约 24 万元，3 月—10 月的生产用量为零，这些线材至少在仓库存放了 7 个月，影响了资金的周转，而这只是企业库存中的冰山一角。

那么，有没有办法在这种请购方式下进行优化，通过控制请购来降低库存，从而达到释放资金的目的呢？请看以下案例。

## 【案例 34】控制请购环节释放资金 534 万元

2018 年初，笔者参与了某中型企业的经营变革活动，成本降低是这次经营变革的重点内容。调研中通过数据分析发现，这家企业每月的材料库存金额（原材料库存金额 + 辅料库存金额）较高，与每月销售金额相对比，超出了合理的比值。企业方财务人员反映，材料库存过高给企业运营资金带来了一定的压力，目前没有好的解决办法。实地抽查原材料仓库、辅料仓库的帐物卡相符情况，这两个仓库的帐物卡准确率均在 20% 以下。

在进行原材料、辅料请购管理环节调研时，查阅表单发现，现有的请购流程是由车间提出用料申请填写《请购单》，交生产部负责人批准，再由仓管员确认仓库是否有物料并签字，最后转交采购部进行采购。采购部查看已批准正在采购的《请购单》发现，有的《请购单》上仓管员有签字，有的《请购单》上仓管员没有签字，有签字的《请购单》大部分是仓库的账务文员查了电脑账之后进行的补签。

对上述请购流程进一步分析就会发现这个流程存在一定问题，主要问题出在仓管员的签字确认这个环节上。

• 仓管员在《请购单》上签字时，大多数情况下为了方便一般不会去清点实物（大部分仓管员认为：清点实物又费时又辛苦，即使车间请购多了下次也可以用，万一报错数据欠料会被批评，直接同意车间的数量最安全）而是直接签字。

• 账务文员签字的依据是电脑账，而电脑账的准确率又不高，签字纯粹是走形式。

• 车间主任为了满足生产需要，考虑到运营资金压力带来的付款不及时造成的欠料问题（车间主任反映已经发生过多次），不可避免地每次都多请购一些数量，以免下次欠料耽误生产进度。

也就是说，仓库库存中有一部分物料现在用不到，只是用来储备，用于应对欠料。库存金额高是由于仓库账物卡准确率不高，由于车间担心供应商送货不及时影响生产所造成的。

接着，在车间现场的所见所闻证实了这种推测：

（1）在其中一个车间发现了堆积多年的钢板，有一大部分是 3 年前订单完工后剩下的材料，这批钢板价值 200 多万元，因为尺寸问题、价格问题、加工效率低不好用，导致现在生产的产品没有去使用。

（2）还在另一个车间的角落里发现了一种辅料，辅料的外包装箱显示的生产日期为 2015 年，数量为 21 箱，据车间管理人员估算和反馈，这些辅料按现在产量还能用 4 ~ 5 个月，这种辅料其他车间也有一部分，当年车间的确是请购太多了，仓库为了省事让供应商把这些材料全部卸到车间里面，所以一直堆到现在。

（3）在厂区还发现了其他一些库存过多的辅料，据技术人员估算，这些辅料可以用 2 ~ 3 个月。

基于上述数据、分析和事实，咨询团队与企业方总经理达成共识：

（1）针对堆积的钢板类原材料，技术部在设计产品时优先选用，车间适当降低效率把这些材料逐步使用掉。

（2）针对辅料问题，即日起至下个月月底，车间不得请购辅料，将目前可以使用的辅料清点建账，车间只允许保留 3 天的用量，多余部分全部退回仓库，由仓库负责统一管理。

(3) 为了后续的管控，咨询团队对请购的流程进行了完善，请购先由车间提出物料申请，经仓管员确认，生产部负责人审核，财务部审核，计划员确认，最后由总经理批准（岗位职能及流程完善后由计划员请购物料）。

增加财务部审核的短期目的是为了监督仓管员是否未清点实物就签字、监督账务文员做账是否及时、监督是否账上有库存仍然请购。财务部每周会到仓库抽查账物卡 1 次，由于每次请购的种类不多，财务部可以做到这些监督。财务部审核的长期目的是为了在请购时就要做好资金的运用计划，特别是请购大宗原材料，避免资金被动使用。增加总经理的批准是为了让请购人、审核人明白请购物料这件事的重要性，同时也是为了强化流程的执行。

这些决议和完善后的请购流程下达后，车间多出的各种辅料都退回了仓库，1 个多月里没有采购辅料也没有出现欠料，车间堆积的原材料也逐渐被消耗了。新的请购流程在实施之初略嫌烦琐，大家有些不习惯，慢慢地大家就体会到了这种做法带来的好处。经过 3 个多月的实施后，财务统计数据显示，请购流程完善前每月材料库存总金额为 1723 万元，请购流程完善后第 4 个月材料库存总金额为 1189 万元，材料库存总金额下降了 534 万元，下降比例为 30.99%，在 2018 年度后续的几个月里，这个数据始终保持在 1150 万元以下，为企业的营运资金缓解了一定的压力。

这个案例说明，**流程变长不见得是坏事，流程为管理服务，管理为经营服务，检验流程的唯一标准就是经营业绩的改变。**

## 第 21 法⊙采购降本法——降采购成本升利润

在企业管理中，对采购部门有着不同的看法。有人认为采购是花钱部门，有人认为采购是省钱部门，可喜的是越来越多的人认为采购是赚钱部门，管理大师们和世界级顶尖企业家们同样也是这种认知。

“商业中获益于独立性的最大的潜在机会，就存在于生产企业与其供应商之间。这是所剩的赢取竞争优势最大的未开发领域——没有什么领域像该领域一样是如此的被人忽视。”——现代管理学之父彼得・德鲁克

“采购人员不是在为公司讨价还价，而是在为顾客讨价还价，我们应该为顾客争取最低的价钱。”——沃尔玛创始人山姆・沃尔顿

“在一个公司里，采购和销售是仅有的两个能够产生收入的部门，其他任何部门发生的都是管理费用。”——通用电气公司总裁杰克・韦尔奇

哈佛商学院 MBA 教材中更提出了具体地 1∶14 原则，“假定企业在税前利润 7% 的情况下，采购物料的成本每下降 1 元，就可以产生 1 元的利润；而销售额每增加 14 元，才能带来 1 元的利润，即采购成本下降所产生的效益是销售额增长所产生效益的 14 倍”。

这个命题同样可以应用到读者所在企业里，可以计算一下公司采购成本每下降 1 元，相当于销售额增加多少元？不同行业、不同企业的比例可能不同，相同的是，采购成本对利润的贡献不比销售额差，反而有杠杆优势。

在大部分的制造型企业里，材料成本占了 60% 左右，左右了企业的获利基础，相当大程度上决定了企业整体的获利能力。

依笔者辅导过的企业来看，这些行业领先的企业里面，企业的采购成本远低于一般企业。以混凝土与水泥制品行业为例，某企业两个年度的水泥采购单价分别比行业规模第一企业低 28. 29% 、42. 42% ，薄钢板采购单价分别比行业规模第一企业低 10. 38% 、17. 08% ，由此带来的经营差异十分明显，该企业的毛利率高于同行业企业 8% 以上。

可以说，采购是企业利润之源，采购是企业质量之本，采购是企业效率

之始。

那么采购成本该如何降低呢？我们先从一个段子来了解一下。有一家企业老板意识到了采购降价的重要性，聘请了一位专职秘书，吩咐她按一定顺序每月给相关供应商老板打电话："我们老板认为您公司供应的物料价格高了，请贵公司重新报价。"用这样的方式，1 年下来居然降价上百万元，第 2 年这个方法就不灵了。

显然，采购成本降低是一个大命题，涉及采购与供应链战略、采购策略、工程技术、采购管理、采购思维、谈判技巧等众多因素，本节仅从常用、易操作的采购降价实战方法运用上来讲解企业该如何操作，不做全面展开。

**第一个方法是以量制价法。**

通俗地讲，就是用增大采购量的方式来控制价格。有人提出，我们企业可以联合多家同类企业进行采购，从而达到降价目的，这是一种正确的方法。但大多数中小企业并没有这些时间、精力和资源来操作这件事，这里讲的方法是自己一家企业就可以做到。企业里一般都是按批或按月进行采购，我们可以根据企业年度销售额、历年采购量、产品结构来选择一些物料与供应商签订年度采购量，采购量增加后价格自然容易谈。同时，为保证供应商利益，双方在年初签订框架性采购协议，协议采购量按全年度用量的 90% 签订，由于市场存在不确定因素，协议中明确本公司承担协议采购量的 80%。为了取得供应商的信任和支持，也为了约束本公司采购行为，当协议采购量在年度统计达标时，要求供应商给予一定额度返点；如果协议采购量低于目标值时，供应商不给予返点。

**第二个方法是目标成本法。**

就是以本公司需要达到的降价目标为目的展开供应商选择、比价、议价工作。这里的降价目标是指物料总体目标，不仅仅单指某一物料。以电子产品为例，如成品整体降价 5%，这时需要把 BOM（物料清单）展开，发现有一些物料是难以降价或降价空间极小的，这就需要对每一个物料进行分析，提前设定降价目标，有的物料可以降 3%，有的可以降 5%，有的可以降 7%，设定的降价目标可以高一些，因为不是所有物料设定的降价目标都能实现。设定目标后就是供应商价格的谈判，一般来说快速谈判为上，因为物料较多，没有太多的时间去与供应商进行多轮谈判。实践证明，只要提出具体的降价目标，只要目标不是太离谱，大部分采购员都能超目标完成任务。

**第三个方法是成本结构分析法。**

就是说采购需要了解供应商的报价是如何构成的，一般要求供应商以《成本结构表》的形式提供。以塑胶件为例，应提供总价格、材料成本、塑胶件重量、模具穴数、辅料成本、机器吨位、制造费用、耗电量、管理费用、销售费用（含运输费用）、财务费用、合理利润、税金等。拿到这些数据后，采购或采购工程师可以与其他供应商展开对比，针对有差异、差异大的部分提出询问意见，找到降价空间。

**第四个方法是阶梯报价法。**

是指产品在产量不断提升中成本有所降低而产生的降价空间。如生产某产品，生产 100 件时用时 1000 小时，生产 200 件时用时 900 小时，生产 600 件时用时 600 小时，生产 1000 件时用时 500 小时。在产品生产的初期，由于工人操作不熟练、机器设备磨合、模治具未顺畅等诸多因素拉长劳动时间影响总产出，这时的成本较高，随着这些因素的正常发挥作用，单位产品所需的劳动时间会下降到一定的比例。还有一个原因是产品的采购量增加，使供应商的材料成本更有优势，各种管理成本被分摊，从而产生了降价空间。

**第五个方法是供应商前期参与法。**

是指让供应商提前介入，参与前期的技术开发工作。这种做法可以运用到供应商先进的技术和工艺、新材料，对质量、性能、产品设计有提升作用，让采购成本也得到了适当的关注。

**第六个方法是替代法。**

主要分为：

• 材料替代。材料替代是指用一种材质的材料替代另一种材料，如用钢螺母代替铜螺母。

• 品牌替代。品牌替代是指同样产品用一个品牌替代另一个品牌，如用国产品牌替代进口品牌。前两种替代都需要经技术部确认，经过市场验证没有隐患方可大量采购。

• 厂家替代。厂家替代是指同样产品用一个厂家的供应替代另一个厂家的供应。在这些替代的过程中，产生了降价空间。

到供应商处考察，实地走访供应商，无论是对生产型的供应商还是贸易型的供应商都是一种较好的降价方法，有助于采购了解真实状况、发现采购问题、减少供应链中间环节，从而达到降价目的。事实证明，以坐在办公室打电话、守着会议室等谈判的方式展开采购降价的效果极为有限。

减少内外部采购环节、集权采购、招投标、对供应商进行辅导（见本书案例 15）、提升采购本身的谈判能力及工作能力，这些也都是降低采购成本的好方法。

在实际操作中，往往是多种方法一起使用，从而实现采购成本降低。

下面一个案例就是综合运用这些方法促成了对供应商的降价，来看案例。

### 【案例 35】综合运用多种方法促成两次降价 10%

笔者曾受某企业董事长全权主导该企业供应链管理升级，其中有一款主要物料经技术确认和市场验证后，可以由进口转国产，主要在新一代机型上应用，新的供应商评审已经通过，由区域代理商供货（该公司营销模式为不直接面向客户供货，由区域代理商对客户供货）。在拿到新一代机型的研发进度、试产进度、BOM（物料清单）后，笔者指示采购部经理通知供应商，让他们参与新产品的研发与试产，提出专业性意见和相关建议，供应商根据技术要求在其公司内部成立了定制研发小组来配合公司各项要求与进度。供应商在参与前期研发的同时也给出了明确的报价，报价比进口价格有所降低，但降价幅度不理想，按照这个价格和年度采购数量，这款物料的年采购金额仍在 1000 万元以上。

半年后，新机型试产通过，采购部经理要求供应商进行降价，供应商回复需要进入量产后才能给出准确答复，目前生产的批量不足以均摊成本，价格没有明显变化。第三批新机型量产后，供应商给出了降价 6% 的答复。笔者提示采购经理找供应商的代理商谈谈看，把降价目标设定为 10%，同时为了供应链的安全考虑，要求采购寻找 1 ~ 3 家新的供应商进行储备。经过几轮谈判后，在采购和代理商的共同施压下，供应商同意了降价 10% 的要求。

在这期间，采购部找到了生产这款材料的另外 3 家供应商，其中 1 家在省内的供应商技术评审不合格，另外 2 家在目前供应商的省内和相邻省份，技术上评审合格，采购部没有实地考察过。

第 2 年春节后，企业所在行业受大环境影响，发生了激烈的市场竞争，主要竞争对手纷纷展开价格战，为保证市场份额不下降，企业主动展开防御，决定 3 个月后对主要产品实行 5% ~ 10% 的降价。去年新开发的那款机型也在其中，市场降价幅度7%左右。

接到降价通知后，采购对各机型BOM（物料清单）进行展开，对每一款物料实施降价，自然也包括那款新开发出来不久的物料，这款物料设定降价目标为10%。采购经理反馈，降价目标告知供应商后，供应商不降价的态度十分坚决，提供的《成本结构表》与之前一样，回复这款物料刚降价不久，不同意再次降价，供应商营销总监委屈地表示目前的价格只是微利水平，企业勉强收回了研发成本，如再要求降价，他们只能选择退出。

看来这款物料这次降价不可能了，切换新的供应商有半年的开发周期，也有一笔开发费用，时间也来不及了，怎么办呢?

经过一番考虑，笔者指示采购经理请代理商老板到公司沟通。由采购经理向代理商老板说明了公司现在的市场情况，并暗示如果不能降价就只能找别的品牌了，代理商老板开始“大倒苦水”，之后双方展开“唇枪舌剑”，最后代理商老板表示，自己愿意配合降价，愿意从代理利润中拿出一部分（约占采购价格的2%）来支持降价，笔者和采购经理当然没有同意。他临走时又悄悄地告诉我们，这次降价问题的关键人物是供应商的总经理，他有最终决定权。

笔者指示采购经理直接与供应商总经理联系，请他回复降价幅度。采购经理联络后回复称，供应商总经理的回复基本与营销总监回复的内容相同，只是说他们也在与研发部门开会研究此问题，同时请我们去看看企业的材料状况、品质状况、技术能力等。1周后，我们收到了供应商总经理亲笔署名的《邀请函》。

由于这款物料占成本的比例太高，迫切需要降价，笔者决定带上采购经理、工程经理到供应商那里实地考察。在行程及出行线路安排上，优先考察两家备选供应商，最后到这家合作供应商。笔者提示采购经理，要求代理商老板一同前往，并将考察另外2家供应商的消息“故意”透露给代理商老板。

在考察过程中，我们发现两家备选供应商中有1家除了规模小一些外，在其他方面完全可以替代这家合作供应商，只是需要开发周期并支付若干开发费用，这家企业的报价和我们的本次降价目标十分接近，高出不到3%。

2家供应商考察完毕后，我们赶到了这家正在合作的供应商公司，代理商老板两天前已经到了。参观现场发现，这家供应商在规模上、技术上、品质控制上都有相当大的优势。正式谈判时，供应商总经理依旧是“大倒苦水”，拿着《成本结构表》逐项解释并愁容满面。笔者提示他将BOM（物料清单）展开，找到每一个物料、每一家供应商提出降价目标并和对方谈判，他立刻指示公司技术部经理和采购部经理按此方式进行降价。他又提出，现有的批量不够大，希望后面的每月采购数量更大一些，笔者回复他下个月公司另一款新机型将量产，如果价格合适，每月采购量会有 20% 的提升，并邀请他到公司参观。他最后表态，公司将充分考虑这次降价的幅度，待与下游供应商谈判完成、技术部提出改进工艺和模具后会有一个初步的答复。

第 2 个月月初，供应商总经理到企业参观，笔者接待了他，带他参观了整体企业，特别是开始量产的新机型。对于量产机台数量，他统计得特别认真，所统计数量基本与之前回复的一致，这次参观彻底打消了他心中的疑虑。

1 周后，采购部接到供应商的降价函，从下一批采购该物料开始，再次降价 10%。

这个案例说明，单一的降价方法面对复杂的供应链可能失灵，只考虑采购方利益的降价会行不通，多个方法综合运用，综合考虑多方利益关系，方能实现多赢局面。

## 第22法⊙三方收货法——三方收货确认成本

这节方法的内容原计划放在第二章大面积堵住成本漏洞的内容里，因为收货对成本影响巨大，关于收货的管理方法太过重要，考虑到收货是从订单到出货必不可少的一个环节，所以放在第三章，不过仍然可以把它作为成本管理中的一个漏洞来阅读。

收货的管理问题较多，比如在收货、报检、入库办理、不合格品处理上，收货需要规定用多长时间、报检需要规定要用多长时间、检验判定完成需要用多长时间、送货时的退货办理完成需要用多长时间、入库办理需要用多长时间等。在具体做法上，仓管员如果没有流程制度的约束和管理人员的监督，可能会随心所欲，按自己的方法与习惯去做，从而使这些问题成为各部门沟通的障碍。

**一、在成本方面，收货最常见的问题是多收货**

只要供应商送货，就按送货单收货。

这些是一家企业调研仓库发现的问题。

“物料面板玻璃需求是1500pcs，但4月4日仓库收货却收2500pcs，造成1000pcs库存积压，不久客户做出工程变更，这1000pcs积压品变成了呆滞品。”

“送货清单060－B线组，没有查到有下订货合同给供应商，采购员讲，是口头通知供应商送1个来，但是送来了10个仓库也收货了。”

“这堆多收的10000条线材，从2007年11月到2008年12月用了1年多都还没用完。”

只要是收了货入了库，供应商就会请款，财务一般只会关注请款单据和金额，不会关注是否存在多收货现象，有人会说财务按《采购单》数量付款多出的部分不支付，毫无疑问这是正确的。需要说明的是，在这些多收货的物料里，一部分是先通知送货后补的《采购单》，另一部分是多收货后更改了《采购单》的数量，财务看到的都是两者相符的单据。

多收货的结果只是产生了付款问题，而收货的过程存在问题就产生了成本虚增问题。

**二、收货称重不准，造成的成本虚增问题**

在一家大型企业现场发现，供应商送水泥时，来料过磅时货车上坐了3人，卸车过磅时车上没有坐人，如此一来就产生了水泥重量虚增。假设每人体重60kg，每车水泥损失180kg，该企业5个车间24小时生产每天用水泥约20车，每天损失3600kg水泥，即使这件事情出现的概率只有10%，天长日久汇总出来也是个可怕的数字，而这只是众多物料中相对便宜的一类。

在一些收货需要过磅的企业，磅秤同样是一个需要关注的点。有的磅秤长期不校准，造成过度的磅差，本来只有12吨的货物，放在企业的磅秤上竟然有12.5吨，这时企业的利益受损；有人形容这是，**"企业的磅秤长期是收货时吃亏，处理废品时占便宜。"** 也有的磅秤是本来12吨的货物，放在企业的磅秤上只有11.5吨，这时供应商的利益受损，时间一长供应商不愿意合作。这里面的异常有事的因素也有人的因素。有的企业磅单重量可以人为调整，有的企业封住了这个权限。也有的企业除定期校准外，还在过磅区加装了摄像头，认为这样就可以放心了，笔者在一家企业看到的情形是供应商在摄像头下自行过磅自己打单，企业里没有任何人参与，这是执行出了问题。

在收货过程中，还需要注意来料的计量单位问题。

笔者辅导某台资企业审核对账单时发现了一个问题，小PE袋《采购单》为每个0.71元，供应商送货单、对账单也都是按每个0.71

元来计算。查看《采购单》上的 PE 袋尺寸结合仓库提供实物，认定这个价格太高，查证原始《报价单》为每包 0.71 元，每袋装 100 个。在发现这个问题后，请采购经理确认，他也认为这个价格明显错误，应该是每包 0.71 元，是采购员下单时“选错”了计量单位。经查实，这款物料已经交易 3 年以上，企业总经理指示按规则扣除这 3 年多付的采购金额并对相关人员做出了处理。

### 三、质量问题

在收货过程中，质量也是容易出现成本问题的地方，这里的质量是指关于成本的隐形质量，一般比较隐蔽难以发现。如某机加工企业老板接到举报，机加工车间主任和品管人员一起用公司设备“帮助”外协厂商加工产品，每件提成 3 元，后经查证属实。如果某产品需要外协加工 10 道工序再回厂加工，而外协厂商只加工了 7 道工序就送货过来了，如果这时直接送到车间再加工就难以发现。

那么，除了上述提到的问题和对策外，有没有一些更有效的方法呢？有的，这就是笔者实践中琢磨出来的三方收货。它是如何产生的呢？请看案例。

### 【案例 36】三方收货促进物料成本下降

笔者参与一家大型企业的经营变革辅导，发现这家企业利润率远低于行业一般水平，接近亏损的边缘。该企业的最大成本是物料成本，在物料损耗方面，调研时考核人员提供的资料显示，以当年 9 月、10 月数据为例，水泥分别超出损耗 651.55 吨、576.41 吨，碎石分别超出损耗 3461.45 立方、4510.50 立方，减水剂分别超出损耗 54.12 吨、26.30 吨，仅此三项物料每月超支金额在 40 ~ 50 万元。考核人员指出，这两个月还是控制得比较好的月份，每月的物料超支金额都有几百万元，物料成本之高可见一斑。

据管理人员反映，公司高度重视物料超出损耗问题，曾聘请专门的机构进行对成本方面进行审计，机构派驻了资深的会计师参与审计，审计一段时间后，也没有发现太大的问题。企业发展规模越来越大，贷款越来越多，利润却越来越少，公司董事长为此心急如焚。

根据以上信息，咨询团队到各生产车间了解物料耗用情况。经过一周的观察，可以得出结论，各生产车间用料都存在一定程度的浪费，但这些浪费的数量按月计算远低于考核数据中的超出损耗数量。

那能不能按单发料呢？答案是否定的，这些物料都是整车、整船来货，数量大且不易分割。能不能用反冲①的方法呢？现在仓库的账物卡准确率还较低，企业也没有实行工单制度，没有反冲的基础，加上管理人员的管理基础薄弱，短期内难以实现，并且可能造成欠料而影响生产。

再次对企业详细观察，发现了关于物料管理的三个现象：

一是物料收货过程仅由仓库仓管员独自进行，没有其他部门监督。

二是物料一到工厂或码头由供货单位直接拉到生产各车间物料区域使用。

三是拉到各车间的物料没有立即办理物料转移交接手续。

询问仓管员称，仓库不保管这些物料，物料到货后就拉到车间了，然后有时每周、有时每月找车间里的人统一签字一次。向财务人员了解到，仓库的发料单据每月提交 1 次，都有车间人员签名，如果月底盘点实物对不上就全部计入损耗，公司里没有其他部门只有生产车间在使用这些物料。

询问各生产经理、各车间主任，大家普遍认为生产部没有多耗用这么多物料，财务核算有问题，考核统计的不明不白。

咨询团队经过多次讨论商议，最终一致认为**极有可能是物料收货根本不够，从而造成生产车间物料严重超耗的假象。**

基于以上情况，咨询团队提出三方收货的提议，企业方总经理表示同意。

三方收货由仓库、各生产车间人员（物料卸放到哪个车间，就只需该车间的人员参加）、财务人员组成，以白班收货为主，夜班收货由检验人员代替

① 反冲：Back Flush，是指将不可分割的物料整块、整体暂时转移到车间，物料的所有权归仓库，物料管理权和使用权归生产。当新产生工单时，将这些物料发放到领单中，直到物料数量扣除完毕，在过程中仓库和车间定期对账。现在也有 ERP 采用生产完成后，物料分工单自动倒扣、平均分布损耗的方式。

财务人员，收货单必须由三方人员共同签收才能生效。

重新核定收货标准，对沙石、水泥的计量方法、过磅方法、过磅去皮方法做出了明确的规定，禁止只做估算。比如船运物料，在收货的前中后分别对船舱的高度、长度、宽度量测，同时结合吃水线的方式进行综合计算。

三方收货方式及收货标准经过严格的执行、检查，得到了有效贯彻，也产生了良好的效果，运行 3 个月后，物料损耗控制到了设定目标范围内。

到第 2 年财务半年度报告结果出来时，财务总监称公司的整体经营业绩明显好转，利润率超出预算目标。

无独有偶，多年后，笔者在某大型台资企业辅导时，也看到了仓管员、财务、PMC 共同点数收货的情景，同时要求供应商的送货车辆不能进入厂区。当笔者指出这是三方收货时，同行的企业方财务总监非常好奇为什么对这项特殊的收货方式这么熟悉，这是公司最近新改进的一项成本控制措施。笔者为她讲述了上面的案例，她称企业实施三方收货后成本也确实发生了变化。

从以上案例可以看出，收货的管理是成本控制的一个入口，**三方收货可以防止“病从口入”，收货过程中，用监管替代了模糊。**假如收货时根本没有收到足够的货物，后面任何关于物料物品的成本控制办法都会收效甚微，甚至无济于事。收货也是容易被管理人员、成本控制人员所忽视的环节。

如果你所在的企业在成本控制上经过各种努力仍然效果有限，没有大的突破，不妨来关注一下收货环节，可能会有意想不到的收获，这是本书送给读者的另一枚彩蛋，简单易用却又非常重要，经营决策者必须重点关注。

目前看来，过高的成本也可以通过目标成本法倒推，从而找到成本问题的真相。

# 第 23 法⊙按单发料法——按单发料控住成本

在企业领发料管理中，有两种不同的处理方式：从仓库的角度来讲，一种是仓库发料；另一种是生产开单到仓库领料。前者更注重仓库的备料，有些企业甚至要求仓库送料到生产线，相对比较主动，体现仓库为生产服务；后者则较为被动，生产开领料单去仓库领料，一般会被认为 PMC 的工作出了问题，也是物料管理不到位的一种体现。

按单发料是指按工单（也称生产制造令或制令工单等）进行领发料工作，由于处理方式不同，有的企业工单与产生的领料单分开，需要多处理一道手续，更多的企业选择工单与领料单合并，形成工单或套料单。

按单发料在生产层面的主要功能是形成备料制，由备料制检视欠料问题、技术资料问题、仓库管理等问题，也是为了让物料齐套流动，以减少对生产效率的影响。

按单发料在成本层面的精髓在于控制不合理的异常发料，主要指控制超出工单损耗率的发料。大部分企业的物料成本在 60% 左右，控制好物料成本、管理好按单发料就相当于管住了成本的“牛鼻子”，来看两家企业的案例。

## 【案例 37】按单发料，物料损耗扣款从每月 10 万元降至 1 万元以下

这是一家 20 世纪 90 年代初成立的台资企业，企业没有产品，是典型三来一补①中的来料加工企业。企业有员工近 1000 人，设有塑胶事业部和电子事业部，每个事业部可以独立接单，每个事业部实行独立核算。

① 三来一补：是“来料加工”“来料装配”“来样加工”和“补偿贸易”的简称。

由于进入行业较早，竞争对手不多，事业部制最大限度地释放了各级人员的积极性，客户和订单越来越多，员工也增长到了1200人，原有的生产场所明显不能满足生产规模不断扩大的需要。2001年，企业搬迁到了面积更大的新厂区。

进入2002年，行业竞争对手逐渐增多，低价竞争加剧，客户要求也有所提高，经营业绩出现剧烈下滑，员工迅速减少到800多人。

以电子事业部为例，不管是AI①、SMT②，还是DIP③、组装，加工单价都出现了不同程度的下跌。事业部提交给客户的报价单，客户没有像以前一样，只谈1次价格就同意了，基本上都被客户方采购三番五次地议价，物料损耗率也被严格限制在3‰以内，个别客户开始不提供任何物料损耗。

半年度财务报表显示，除销售额下滑外，利润也出现了下滑。利润下滑的因素中，除去降价因素，超出物料损耗被客户直接扣款也是重要的一项因素，每月被扣款近10万元。

以前客户对于物料管理与损耗更倾向于尽快完成订单，有的客户给的物料损耗率是5‰，有的客户给的物料损耗率是3‰，绝大部分客户除IC（集成块）外基本都不扣款。超出物料损耗率的物料需求，只要加工商有生产需要，开出相关单据即可领到物料，只是审批手续比正常领用整套物料手续更复杂一些而已。

面对这些挑战，事业部总经理要求当时担任总经理助理的笔者拿出控制物料损耗的措施。在经过多方考虑、讨论后，笔者列出了具体的管控办法。

**第一，领料到厂管理。**

仓管员在客户处点收数时必须注明每一种物料的总箱数及包装组成方式，做到尾数全点。

仓管员在客户处领回的整套物料，各车间必须安排物料员逐项点数。

如果物料员点数发现来料短装（实际数量少于包装数量），由仓管员负

① Automatic Insertion，缩写为AI，机器自动插件技术。

② Surface Mounting Technology，缩写为SMT，表面贴装技术。

③ Dual In-line Package，缩写为DIP，双列直插式封装技术。

责，生管协助处理。

如果来料短装物料员没有逐项点数未发现短装，到生产时才发现，由物料员和各车间主管负责。

所有短装事项形成书面文件，尽最大可能找客户补回，如果客户处不给予补回短装物料，事业部将视情况对相关责任人进行处分。

所有发生过的短装物料、容易短装的物料，仓库和车间列出书面清单，每一位仓管员都需要知道，在客户处点数时重点清点这类物料。

**第二，仓库发料管理。**

客户处领回的物料分为有备品和无备品两种。有备品的物料备品部分暂放仓库，不向车间发放；没有提供备品的物料，在车间生产过程中提前发现问题，提前向客户处申请，避免影响交期。

在向客户申请损耗物料方面，物料损耗在3‰（含）以内的物料由物料员申请，课长审核，生产副经理、资材部副经理共同核准，物料损耗在3‰以上的物料由课长申请，生产副经理、资材部副经理共同审核，事业部总经理核准。

**第三，补料与超领的管理。**

将补料类型划分为两种：一种是来料不良，是指来料本身不合格，这类物料由车间退回仓库后找客户尽可能更换新物料；另一种是制损不良，是指在生产制程中加工产生的各种损坏，这类物料由车间退仓库，数量逐项清点，必须有实物退到仓库。

来料不良、制损不良的判定主要由品管部主导，品管部无法准确判定的物料，由工程部协助判定，需要客户协助判定的物料由生管协调。

针对来料不良，车间物料员开《退料单》退仓库，仓库从客户处领到料后，物料员开《补料单》领回；针对制损不良，车间物料员开《退料单》退仓库，仓库从客户处领到料后，物料员开《超领单》领回。

**第四，车间物料管理。**

要求各工序组长、各拉长提出各自的节约物料与减少物料损耗的具体管理措施；每周公布各工序、各拉物料损耗状况；课长级以下生产管理人员开展物料节约评比活动，对评比优胜者给予一定的奖励；月度物料损耗产生的扣款列入各生产课长、生产副经理月度绩效考核得分。

这些措施经过事业部总经理确认、核准生效实施，两个月后，月度物料损耗扣款下降到 1 万元以内，达到了可接受的管控目标。

### 【案例 38】订单结案，落实成本核算

下面是一家民营企业在订单结案中的案例。

> 2009 年，笔者主导某机电企业的经营变革，企业属于典型的民营企业。经营上，在机器设计开发阶段有较大利润空间，在机器量产对外销售报价形成合同阶段也有一定的利润空间，实际每月财务核算报表却只有少许利润，低于正常区间。
>
> 企业老板决定推行成本核算，对每一份订单进行核算，看看每一份订单究竟有没有达到盈利目标。财务经理带队推行了 3 个多月后宣告失败，因为他始终弄不明白到底哪一张订单损耗了多少物料，加上物料种类繁多、生产的节奏比较快，财务部无法核算清楚，他只好如实向企业老板说明情况。

咨询项目实施后，成本核算这个话题再次被提出来。笔者建议企业老板先把 PMC 部成立起来，把 PMC 部的相关工作理顺，发挥出 PMC 部的各种功能。生产和 PMC 部好比是前端，财务部好比是后端，只要前端把物料管理、生产管理整理清楚，后端的成本核算就不是问题。企业老板同意了这个说法。

在 PMC 部顺利组建及功能正常发挥后，在没有上线 ERP 的情况下，开始了对成本核算的准备工作，以《制令结案单》的形式完成，如表 3 -4 所示。

**表 3 -4　制令结案单**

编号：

制令单号：　　制令数量：　　计划完工时间：　　实际完工时间：

| 成品入仓记录： | | | | | | | |
|---|---|---|---|---|---|---|---|
| 序号 | 订单编号 | 成品料号 | 品名/规格 | 单位 | 数量 | 入仓单号 | 备注 |
| | | | | | | | |
| | | | | | | | |

续表

| 成品入仓记录： | | | | | | | |
|---|---|---|---|---|---|---|---|
| 序号 | 订单编号 | 成品料号 | 品名/规格 | 单位 | 数量 | 入仓单号 | 备注 |
| | | | | | | | |
| | | | | | | | |
| 物料退/补料记录： | | | | | | | |
| 序号 | 物料编码 | 物料名称及规格 | 套料数量 | 单位 | 实际用量 | 退补料单号 | 损耗比 |
| | | | | | | | |
| | | | | | | | |
| | | | | | | | |
| | | | | | | | |
| | | | | | | | |
| | | | | | | | |
| | | | | | | | |
| | | | | | | | |
| | | | | | | | |
| | | | | | | | |

生管：　　物控：　　仓库确认：　　审核：　　制作：

制令结案主要内容包括：生产部是制令结案的主体，PMC 部是制令结案的主要监督部门。

当制令成品如数完工后，各车间将生产余料填写《退/补料单》至 IPQC 做品质判定后退回仓库。生产的产品及制令余料均已入库后，生产部安排人员将《制造命令单》《成品入库单》《半成品入库单》（部装产品）《退/补料单》依生产批号整理成套，并将领料、补料、退料及成品入库情况，填写至《制令结案单》做结案总结。

生产部将《制令结案单》送至仓库组长签名确认，由生产部将成套资料交 PMC 部物控确认，之后交生管员开出整机计件工资确认单。生管结案处理完毕后，将制令结案单整套资料交财务做成本核算。

制令结案顺利实施的关键是，制令结案由生产部主导开始，以生管员开出计件工资确认单为主要控制点，没有完成制令结案不予结算计件工资。需要注意的是，多个部门多个岗位确认的完成时间要给出明确限制，避免制令结案确认时间长而迟迟不能结案。

经过一段时间的制令结案后，财务部顺利完成了成本核算。根据成本核算结果，报价人员动态调整报价数据。生产部在落实制令结案的过程中，也重视物料的使用与节约，最终使企业利润回到合理区间。

## 第 24 法⊙精细化生产法——精细化生产降低成本

对生产部来说，狭义的精细化生产包括许多内容，如成本管理、人员管理、机器设备管理、品质管理、效率管理、物料管理、5S 管理、工艺管理、安全管理等方面。

在常年与企业生产管理打交道的过程，笔者发现了这样一个规律：对生产部的管理人员而言，除了人员管理在一部分人员看来是个难点外，最主要的难点是“防不胜防”“层出不穷”“剪不断理还乱”的制程异常，制程异常影响了效率、品质和成本。本节将重点阐述精细化生产中制程异常管理。

制程是一个企业的工厂大多数部门问题的爆发区，异常的原因多种多样，制程异常包含物料问题、机器设备故障、模治具故障、工装夹具故障、前工序品质问题、技术问题、人员不足等问题，这些都会影响生产进度，进而会影响订单交货的突发状况，它还包含了一些标准化动作，如换模时间、换料时间、每月每天每班换模次数等。

制程异常如果处理不及时、不到位，没有一套行之有效的方法，它带来的不仅是隐性和显性的损失，而且它会让大家形成一种不良的思维、不良的习惯——对问题视而不见，时间一久就变得麻木，已经不再把问题当问题，反而把异常当正常。

在一些咨询项目取得成绩总结时，有几位咨询项目主导老师坦言，自己负责的项目就是重点抓住了制程异常，异常减少了，效率自然提高，成本也随之降低。

这件事说起来简单，做起来复杂，该怎么减少制造异常呢？来看案例。

### 【案例 39】减少制程异常每周为车间增时 1 天

2012 年，笔者主导某大型塑胶五金企业的经营变革，在完善组织架构、组织职能、建立基础数据之后，发现企业对制程异常的重视程度不够，偌大的企业没有明确的制程异常处理流程。除了机台维修有单据外，其他类别的异常处理后没有任何记录，更谈不上对异常工时进行统计、分析、改善、考核。

## 一、建立制程异常处理流程，形成数据统计

针对这种局面，笔者让咨询老师首先建立制程异常处理流程与异常指定处理方式，解决问题的同时建立数据，根据数据对各类异常影响所占比例分别进行针对性改善，用数据来验证改善的有效性。

咨询老师与企业管理人员一起，建立了该企业制程异常处理的流程。主要思路是，当生产过程中出现待料、模具异常、设备异常、品质异常、加工异常等异常现象时，先由各生产车间、生产部内部处理。如果需要多个部门处理时，由车间组长填写《制程异常通知单》，车间主管召集涉及异常的职能部门负责人或指定异常处理责任人在 10 分钟内赶到现场解决异常，实际影响的工时记录在《制程异常通知单》上，并由责任部门责任人确认属实后签名确认异常。

每一单《制程异常通知单》上的问题解决后，每天统一登记到异常工时统计明细表中，每月按责任部门统计异常所占比例。

这项事务经过 1 个月的运行后，各项异常数据都统计出来了。以塑胶事业部为例，影响各车间效率和成本最大的因素是机器设备异常，每月的维修工时占了异常总工时的 61.33%，解决了这个问题，制程异常将大大减少。

## 二、“管不了”的机修部

这项数据在全公司公布后，负责机修的经理就找到了咨询老师。他说明了机修部和机器设备的状况：

（1）人员不足。由于薪酬、食宿等原因，机修部的编制始终没有招聘满员，注塑事业部机修编制 12 人，实际现在加上经理只有 7 人，其中 2 位还是学徒。

（2）过度使用，保养不及时、不彻底。公司的注塑机台数量多型号多辅助设备多，并且常年不停机，有一部分机台出厂时间较早已经处在异常多发时期，加上维修保养不及时、不彻底，现有人力根本修不过来。

（3）设备与机器相联，一台机器只配一套设备，当设备出现问题时机器只能停掉。以前有提出每个车间多备 1 ~ 3 套设备，用于替换异常设备保证机器正常生产，等机修有空闲时再维修设备，提出这个建议后，生产部没有回应，最后不了了之。

听了机修经理的表述后，咨询老师向各生产车间主任、班组长了解到一些机修部的情况。

有一部分人员反映，机修每天都很忙，都在修机，联系他们修机大部分时间都只能等着，等到机修谁有空谁就过来修，有时候遇到紧急情况还要看机修的心情，车间请不动就只能向上反映找领导帮忙。

另一部分人员反映，机修的技术还是不错的，大多数问题最后都能修好，两位学徒的技术水平有限，不能独立修机。

还有一部分人员反映，公司以前组织过生产车间对各机修进行打分，用来考核机修的工作，车间只能都打高分，因为分打高了还好说，分打低了就得罪他们了，本来他们人手不够就不愿意来车间维修，如果得罪了他们，后面车间的机器设备维修工作就更难开展了。

其实，这些声音也是大部分中小企业生产部在对待机修问题的真实写照。

**三、将机修人员与车间进行对应，责任具体到人**

经过与企业方的几次讨论，在企业总经理的建议下，改变原来表面上看起来很忙，“哪里坏修哪里”，实际上却是在吃“大锅饭”的现象。

（1）将现在机修人员分小组与各车间分别对应，责任具体到人，由各机修人员作为小组主导人，负责保证分组车间所有机台正常稼动、配件请购和跟催，学徒则作为协助人分配到机台数量多的车间。

（2）各小组之间每周展开评比，每周维修异常工时与上个月维修周平均异常工时进行对比，平均维修用时也列入对比，异常工时下降比例最大、维修用时最短的小组每周给予一定的奖励。

需要说明的是，这个分组是相对分工，不是绝对分工。如果某一个车间机台生产的产品非常紧急，一个维修小组的人员维修不过来需要调动其他小组的机修；如果机修所负责的车间维修任务完成，仍然需要协助其他车间维修，具体调动工作由机修部经理整体协调。

（3）由注塑各车间负责提报机台维修异常工时，时间精确到分钟，PMC 部负责核对各车间维修异常工时的准确性，PMC 部经理负责确认各车间每天实际生产的总工时；生产部经理负责确认各车间每天机台的修复总工时，未修复机台的异常工时按 20 小时/天计算。

（4）对机器设备维修常用零件实施安全库存管理，限期完成实物入库。对通用性强的设备进行采购，每车间根据机台总数配备一定数量的备用设备，新采购的设备由机修部管理。

以上措施开始实施后，以往机修之间的推诿现象看不到了，主动去维修机器的现象多了，车间管理人员反映机修的积极性有提高，修机速度提升了。

**四、实施效果喜人**

实施两周后，在评比奖励的会议上，注塑事业部总经理对评比数据做了以下书面总结：

"经过大家两周的努力，注塑事业部的异常维修时间已经有了大幅度的下降，各组的维修时间都只有上个月的三分之一。虽然七车间机修的平均维修工时比六车间机修高了 0.4 小时，但七车间机修受理的机台数更多，经高层领导和咨询老师综合评定本周获奖的是七车间机修组和六车间机修组，他们并列第一给予奖励，值得表扬的是八车间机修组在人员请假的情况下，积极协助七车间机修组、六车间机修组，同时保证了八车间机修工作的开展，六车间、七车间所取得的成绩也有你们的一份功劳。请保持!"

实施 1 个月后，统计数据显示，维修异常总工时由 1574.58 小时减少到 434 小时，连续两周减少维修异常工时 1000 小时以上，相当于七车间 48 台机 24 小时全稼动产出。也就是说，减少的维修异常工时相当于一个车间 48 台机每周多生产了一整天，减少的维修异常工时直接提升了产量，间接地降低了公司的成本。

在第 2 个月实施时，将机修工作的重点转移到对正常工作中机台的保养和车间对机台保养的监督上来，再后来将机修工作的重点转移到注塑机配套设备的完整性维护上，即对各部分、各部位维护，确保其正常功能的发挥。

这个案例说明，运用精细化管理思维，深入了解问题，详细分析问题，用数据精确界定问题，细分责任，细化动作，关注细节，用指标引导，用数据说话，可以解决一些跨部门协调问题并降低公司的成本。

# 第 25 法⊙员工成本法——利润在员工手中

利润出自哪里？有人说利润是节约出来的，有人说利润是管理出来的，也有人说利润是控制出来的，还有人说利润是设计出来的，今天笔者要说利润是流动出来的。

利润在哪里？有人说利润在财务手中，有人说利润在销售手中，有人说利润在采购手中，还有人说利润在生产手中，今天笔者要说利润在员工手中。

以制造型企业为例，利润在物料的流动、半成品的流动、成品的流动过程中，在这些流动过程中的每一位员工手中。

管理无小事，基层掌成本，员工握利润。

先来看一个一线员工动作影响物料成本的例子。

**【案例 40】关注员工动作降低物料成本**

咨询老师在某水泥制品企业巡查时发现了这样一个问题，在一个生产车间的钢筋编笼生产工序中，工艺标准要求钢筋编笼环筋是 32 环，现场确认 10 个钢筋笼实际均为 35 环，每个钢筋笼环筋都多出了 3 环。

针对这个问题，咨询老师请技术部经理到现场确认。技术部经理到车间后确认工艺标准是正确的，是车间多绕了 3 环。技术部经理请技术员现场对该型号的产品全部进行了确认，1 周以来生产的产品都多出了 3 环。

技术员还发现了另一个问题，工艺标准要求钢筋笼纵筋直径为 Φ6.0mm，实际使用纵筋直径为 Φ7.0mm，每个产品纵筋用量为 14 条。

咨询老师请车间主任到现场确认，车间主任确认的问题点与技术部经理、技术员确认过的问题一致。他解释称，环筋的问题是因为编程是固定的程序，没有办法调整，也可能是员工用错了程序，这批订单已经接近尾声了，下一批生产时一定注意；纵筋的问题是因为滚焊机铜套磨损及损坏，没有来得及更换新的铜套。

咨询老师请生产部经理、技术部经理到会议室沟通这件事情。生产部经理了解事情经过，马上安排人员去查实这件事。技术部经理测算了未按工艺标准生产的损失，每个产品多支出约40元，这批订单数量为100节，钢筋笼已经生产完毕，共计损失4000元。

生产部去调查问题的人员很快过来回复，环筋用多的原因是员工嫌麻烦没有去调整环数；纵筋用大的原因是铜套磨损问题，车间根本就没有请购，一直都是在用Φ7.0mm的钢筋代用Φ6.0mm的钢筋。

生产部经理对相关人员进行了教育，并对现场及后续工作进行了安排。在咨询老师的指导下调整了相关人员的绩效考核，并与品管部协同，每天对钢筋笼的纵筋和环筋进行检查、管控，避免出现钢筋用多、用大现象。

在这个案例中，这批订单生产出的每个产品多支出物料成本40元，几乎相当于每个产品损失掉40元的利润，本应有的利润在员工操作中被化为乌有，在最终制造为成品时还可能会因为超重支付更多的运输费用。

这批订单如此，这个产品如此，这个车间如此。其他订单呢？其他产品呢？其他车间呢？1年下来又损失了多少？看似不起眼的动作，造成的额外损失计算出来足以让人触目惊心。

在这个案例受到管制的基础上，咨询老师还关注了该企业其他一系列员工操作的动作：

- 生产过程中，混凝土料斗在未完全凝固情况下就要求清理二次利用。在混凝土凝固后需要浪费人力清理，清理后的混凝土块大部分被丢弃。
- 尾料管理，要求各车间每天产生的尾料低于0.1立方米并考核。
- 对钢筋笼的两端尾料的剪断长度、钢筋笼的每个焊点做出规定等，做到保证品质并符合技术要求和国家标准。

经过6个月的努力，财务报表统计显示，每月物料成本从原来的42.2%下降到37.1%，下降5.1%，每月物料成本下降金额为65.84万元。

**关注员工动作，节约的是成本，省下的是利润。**

关注员工的动作并做出适当的管理，在各行各业都有一定效果，比如关注注塑企业的加料工人如何不加错料，加错料最严重的后果是整桶物料报废；比如餐饮行业关注服务员如何不报错菜谱、不上错菜，能够减少餐厅不必要的损失。

这种管理方式对物料成本降低有效，对品质成本降低同样有效，请看案例。

## 【案例 41】工艺大检查减少每月 90 万元的品质损失

笔者在辅导某大型企业的经营变革时，发现企业里一个关系到品质成本的指标一直没有达成，反而为这个指标付出了额外的费用。企业方根据行业特性和产品特征，提出了市场故障率这个品质指标，目标值设定为 3‰，品质报表显示，近 3 年的市场故障率分别为 6.55‰、5.64‰、6.48‰。

据企业董事长介绍，这个指标是市场终端反馈出来的各种退货，包含客诉（这家企业只要有客诉就会有退货，有的退货没有客诉），能够反映整个企业的品质水平，这个数据由专人负责统计，数据非常准确，3‰的目标比行业指标要求更严格了一些，这个指标每降低 1‰减少企业的总损失（主要有终端处理费用、退货处理费用、索赔费用、客户关系维护成本、再次交付等）在 30 万元以上，这个指标还影响了公司在市场上的品牌形象，一些地区的经销商第 1 次进货后发现市场故障率高，退货处理麻烦就不再进货，影响了一部分市场份额。

咨询团队对此问题展开了调研，这家企业共有 5 个生产部、17 个车间，工序较长，工艺复杂，各车间之间相互加工流转，最终形成 3 大系列成品。工艺方面，从材料配方到材料成型、零件加工、各种物理反应、各种化学反应、成品装配、成品测试都有涵盖。技术部经理称，所有的车间和工序都有下发工艺标准和作业指导书。

笔者在现场看到，其中一个装配车间的第 14 道工序，第一段烤箱显示温度为 49℃，设定温度为 53℃，查看工艺标准要求温度为 65 ±5℃；第二段烤箱也是这个状况，同行的技术经理急忙问车间组长是怎么回事儿，车间组长回复可能是干燥炉有问题，这个问题已经上报 3 个多月了没有人来处理。

在另一个车间的装配辅助工序看到，作业员用手撕开隔板，撕开的隔板看起来有大有小，非常不整齐，技术部经理马上找到生产组长纠正了这个错误的做法。技术部长在现场找到了这个工序的作业指导书，给生产组长指明，作业指导书上要求隔板要用刀片切开不能用手撕开，否则在终端用户使用过程中可能会出现不良。同行的品管部经理告诉咨询老师，生产部作业员全部是计件制，为了计件工资只顾产量不顾质量，这个工序的手撕隔板现象多次发生、屡教不改。

第 2 天，咨询老师参加了企业总经理主持的某大客户退货分析会，客户在大量退货的同时也郑重地传递了一份内容翔实的投诉书。分析后的原因除试产不彻底未做小批量试产外，生产中工艺问题也占了一部分，有材料成型搅拌时间工艺要求为 25 分钟，实际搅拌时间为 15 分钟，由于搅拌时间过短使材料搅拌不充分、不均匀导致成品出现问题。

根据企业现状，结合调研到的情况，咨询团队向企业方总经理提出策划一次质量提升月活动，用于提升产品质量，降低市场故障率。经企业方总经理同意后，咨询团队内部讨论形成了方案，并与各部门达成共识后实施。

质量提升月活动方案包括质量提升动员、品质宣传、工艺大检查（工艺标准 + 作业指导书）、品质意识培训、品质技能培训、案例分析、合理化建议、评比等 19 个主题活动，其中现场以工艺大检查为主，列出了具体的操作方案。

在工艺大检查操作方案中，由品管部主导推动这项活动，活动共分六个阶段进行：

**第一阶段：生产部限期自行检查工艺执行情况并提出执行中的问题。**

各生产部分班组、分工序，对本部门在实际操作中与工艺标准及作业指导书中有不相符或认为有不完善的地方进行登记，书面提交品管部、技术部。在这个过程中，生产各部门进行工艺执行自检，共提出问题点 37 个。

**第二阶段：技术部限期修订、完善工艺标准和作业指导书。**

品管部对生产部提报的问题点及不完善项进行整理汇总，必须按工艺执行的内容告知生产部，文件遗漏、表述不全的部分告知技术部，存在异议不能确定的问题点由技术部回复处理意见。

**第三阶段：分组对各生产车间进行检查。**

技术部组织品管部及技术部主要骨干人员两人每组对各车间各工序进行工艺检查，限期完成。工艺检查必须由生产部负责人陪同检查，如部门负责人有事不能参加则安排职务代理人陪同参加，对于发现的问题，检查人员拍照留存，部门责任人或职务代理人需要在工艺检查记录表上现场签字确认，发现的问题检查人员也可以现场要求该部门限期整改。

**第四阶段：检查结果汇总、分析、改善。**

工艺检查完成后，各组将工艺检查记录交品管部经理汇总整理。本次工艺检查共检查出问题146项，除掉一部分与生产部自检相同的问题点，最终问题点核实为153项。这些问题点由技术部、品管部、生产部共同分析原因并列出改善建议、改善动作、改善时间、责任人。

**第五阶段：工艺检查问题点关闭。**

查出的工艺问题以现场员工操作违反工艺标准为主，其次是技术部的文件和现场的文件不一致，还有设备工装的问题等。经过每周5～6次的持续检查（质量提升月后仍在继续），各部门的改善情况良好，最后在生产部、技术部和机修部门共同努力下，完成了整体工艺问题的改善，品管部确认后给予关闭。两个月后，经过最后的检查，只有4项疑难问题还未完全改善完成，需要继续追踪。

**第六阶段：形成工艺检查制度。**

工艺检查是一项需要长期坚持和不断落实的持续性工作，在现有生产现场工艺有进步的大环境下，如何能保持现场的工艺执行力，如何保持目前的良好局面，是各部门需要持续推动的重要任务。在咨询老师的提倡下，品管部编制了《工艺检查管理制度》，将上述内容中的成熟做法形成制度，以推动工艺检查的长期执行。

经过两个多月的工艺大检查实施后，市场故障率产生了明显变化，第3、第4个月分别为3.8‰、3.46‰，第5个月为2.95‰，达到了目标值。之后的半年里，继续坚持工艺大检查，市场故障率一度达到1.31‰，平均值为1.49‰，有力地减少了品质成本支出，每月至少为企业减少90万元的品质损失，为企业赢得了客户和市场。

# 第 26 法⊙效率成本法——提升效率降低成本

## 【案例 42】提升效率增加销量，形成多赢降本增效

2007 年，笔者在调研完某大型企业后发现，企业整体管理相对粗放，交货问题最为突出、严重。一些客户订单无法按时交货，近半年销售额停滞不前，销售人员情绪波动大，部分客户开始减少订购量。

经与各部门讨论验证，交货问题主要原因是效率不高带来的产出不足，统计半年标准产能达成率，仅为 76.17%。

### 一、只针对效率提升的方案

针对效率问题，推出了效率提升方案，主要思路如下：

**（1）员工士气鼓舞**

指导班前会召开方式，会前整队并清点人数，总结前日生产任务、品质、成本控制、劳动纪律、安全完成状况、表扬与批评等；安排今日任务；生产经理、车间主任每天参加班前会，负责每班班组会的具体指导。

实施一个月后，开展“今天我来当班长”活动，每天让一位员工代理班长部分工作，主要内容是主导班内 5S 活动、班前会、班后总结会，同时由班内各员工进行打分评比，每月对优秀者进行奖励。

**（2）与员工相关的利益公示**

明确并公示员工每月工资发放具体时间，人力资源部和财务部不得因各种报表原因延误此项工作，否则追究部门负责人的责任，如因资金问题需要延迟发放的，必须明确延迟后的工资发放时间。

完善员工计件单价的管理，现有计件单价经评审后 1 年之内不得变动（需要企业方老板公开承诺并签字公示），没有计件单价的产品技术部在试产 3 天后必须明确给出。

要求一线员工计件工资统计报表于次日上午 10：00 前在车间宣传栏公示；

开通员工信箱，告知所有员工可以投诉计件工资中的各种问题。

**（3）制定合理的产品需求计划**

• 完善营销部的组织架构，明确相关人员的职责，避免因职责不清造成工作相互推诿。

• 完善营销订单处理流程，强调订单评审的作用。

• 完善营销销售预测具体步骤，明确制定人、审核人、批准人，找到明确的销售预测依据，以制定合理的成品库存数量。

• 每日形成准确的各产品客户出货需求数据。

**（4）制定合理的生产计划**

• 落实以计划部为生产统筹中心的管理体系，计划部对部门间的协调及相关资源的调配。

• 明确生产计划、物料计划、物料管理及成品管理的职责。

• 制定月、旬生产计划。

• 强调按节点时间对订单进行整合，充分根据生产各车间的生产特点，规划好各车间每天生产投入的品种、数量，制定每天准确的生产指令。

• 依据标准产能达成率指标，落实在生产计划中相关人员的责任。

• 召开每天生产协调会，检视出货状况、计划状况、物料状况、异常处理状况。

• 修订绩效考核指标，如订单达成率、生产计划达成率、物料准交率、设备稼动率等相关指标，并对相关指标进行考核。

**（5）制定合理的采购计划**

• 调整采购部组织架构将采购部独立出来并增加 1 名采购，明确各采购人员的职责。

• 根据生产实际情况及相关物料的采购周期，制定原材料安全库存，由计划部、仓库对安全库存量进行管制。

• 对每周、每月供应商交货结果进行统计，对质量、交期、服务、价格进行评比。

**（6）强化仓库的管理**

• 除完善仓库各项流程外，制定《仓库管理制度》，规范仓库人员日常行为。

• 设定各仓库账物卡准确率管理目标，逐步进行考核。

**（7）强化生产现场管理**

● 完善生产看板管理，主要是欠料信息、计划信息、产出信息。

● 修订工序交接单，完善工序交接管理；每两小时通报 1 次产量。

● 产品型号转换生产前，提前半天准备好物料、辅料、模具、辅助工具。

**（8）生产过程瓶颈管理**

● 用数据找出各车间、各班、各工序、各工位的效率瓶颈。

● 对效率瓶颈点汇总、分析、列出改善对策及完成时间，公司优先给予各类政策和资源支持。

● 由车间主任、工程师负责蹲点改善。

**（9）完善设备管理**

● 对设备报修流程、维修处理时限做出明确规定。

● 对维修人员进行专业技能培训。

● 对设备维修工时进行统计、考核。

● 对主要机器设备，分批、分车间进行保养与维护。

**（10）细化品质管制**

● 调整品管组织架构，设立 QA、QE 岗位；建立来料、制程、成品及客诉数据。

● 运用统计手法，实施持续改善。

● 建立品管员工作评价机制，关注品管员工作过程、工作行为、工作表单、工作结果。

● 实施评价后对品管员进行岗位调整，实施不同岗位的教育训练。

**（11）设立超产奖**

● 以班为单位，以前六个月平均产量为目标产量。

● 目标产量以内按标准单价计算工资，超产部分按原计件单价的 120% 计算计件工资。

**（12）举办“每月之星”优秀员工评选活动**

● 每月按生产工人总人数的 5% 评选优秀员工，授予“每月之星”（劳动能手、生产标兵、生产突击手等）光荣称号，设立光荣榜。

● 具体评选标准、程序、奖励办法、宣传由生产部与人力资源部共同制定。

**（13）开展各车间之间劳动竞赛活动**

● 以班为单位，以各班前六个月平均产量为该班目标产量，以月度为周期，以标准产量达成及稳步提升状况为主要内容，班组之间进行竞赛。

● 优胜者授予“先进班组”称号，公司设立龙虎榜，对优胜者进行公示并做相关采访报道。

**（14）提高效率的其他活动**

● 班组自主申报挑战当月开展“每天产量提高1%”活动。

● 开展“我为车间提建议”活动。

● 由公司领导对车间一线员工开展面对面座谈会活动，车间管理人员不参加座谈。

根据企业的实际状况，改善的方式不求大而全，只针对效率提升设定。上述内容经过与企业方多次讨论，最终形成可执行的6个月效率提升方案，企业方总经理批准了这个方案。随后，笔者带领咨询团队与企业方各级人员一起实施了这个方案。

**二、效率提升的同时还有多重收获**

（1）在方案运行期间，标准产能达成率平均达到100%以上，最高纪录为104.2%；生产平均日产量由31.4万pcs提升到39.89万pcs，产量提高了27.04%，逐步优化运行一年后，年度综合产量提高了48.3%。

（2）方案运行期间，平均月销售额增长了34%，年度平均月销售额增长了42.1%。

（3）效率提升带来的销售额提升均摊了各种制造费用和管理费用，人工成本占比缩小，使总成本下降。

（4）效率提升还带来了以计件工资为主的一线员工收入增加，员工收入增加了，稳定性得以提高，用工成本降低。

比如这家企业，过往年度春节后一线员工招人困难，效率提升一线员工计件收入增加25%以上后，第2年春节后一线员工开工到岗率达到了96%，所缺人员在元宵节前全部补齐。元宵节后，仍有多位管理人员向人力资源部打听是否还招一线员工，再现了多年前一线员工进厂找工作需要托关系的情景。

原因是这样的，以计件制为主的大多数企业，在春节放假前将计件工资结算完成或者留半个月春节后发放，计件制的一线员工绝大部分没有年终奖，员工春节回家后亲朋好友会讨论对比各地的收入状况，一般是哪里收入高大家下一年就会去哪里。有限的工龄奖和春节来往回家交通费报销往往没有足够的吸引力。对企业而言，如果大部分企业都这样做了，比的就是综合收入。

总之，效率提升带来了销量增长，促进了总成本的降低，形成了客户、企业、员工、社会多赢的局面。

# 第 27 法⊙生产协调法——生产协调减少内耗

## 【案例 43】坚持生产协调会，生产效率提升 60%

笔者进驻长三角某企业调研，员工 400 人，年产值约 2 亿元。调研发现，企业销售额近 3 年停滞不前，利润率逐年下滑，主要原因是有订单生产不出来交不了货，内部较为松散，内耗严重。

以开机为例，车间调研发现，企业要求标准人机比为 1∶2，实际生产中 1∶3、1∶4、1∶5 都有。

抽查交货数据统计出订单准交率仅为 31.12%。

在其中一个车间发现 40 台机注塑机中有 17 台处于异常停机状态，停机原因五花八门，有欠原材料、上工序欠料、模具坏、首件 NG、欠包装材料、缺人员开机等。

该车间产值指标仅达成设定产值的 58.33%。

调研还发现，交货问题企业方也花费了大量的精力，由常务副总专门负责协调出货问题，有业务或客户紧急需求提出来时，常务副总就会找到生产部经理、模具部经理、工程部经理到他的办公室开会，讨论这些问题出现的原因和解决方法。

常常是生产部抱怨模具部模具维修不到位；模具部抱怨生产部对模具没有保养，同时也抱怨工程部的设计不合理；工程部抱怨模具部模具制作有问题，同时抱怨生产部不按操作标准作业。讨论激烈时还会发生争吵，最终由常务副总拍板下决定如何解决紧急出货问题。

一些管理人员在调研时反映，有些部门负责人之间由于各种原因，工作上非紧急时相互不沟通，存在一定的矛盾，生活上也是相互不往来。

进一步调研发现，PMC 部反映，公司有规定每周召开一次生产例会，规定是有需要时，究竟每周要不要开就成了问题，没有形成制度化的文件。实际上没有做到每周都开生产例会，偶尔有些周开了会，会议也没有形成书面会议记录，没有人检查每一项会议决议的落实情况。

## 一、建议每天开 1 次生产协调会

在调研清楚企业情况后，笔者找到了常务副总，建议企业每天召开 1 次生产协调会，解决每天出现的问题，因为每周一次的会议不能解决每天实际生产中发生的问题。

常务副总表示，公司有早会和生产例会，早会各车间每天都有召开，生产例会曾经有召开过，由于忙于生产没有坚持每周召开，他也提出了异议，为什么要天天开生产协调会，说是这样很累也很浪费时间，能不能还按原来的规定每周召开。

笔者告诉他，协调是管理的基本职能之一，生产协调主要是指生产协调会上的协调。生产协调，包含物料协调、产销协调，最重要的是生产过程中的异常协调。生产系统只要在运作就一定会有实际与计划出现偏差的问题，这时候就需要协调。在实际运作中，生产系统中产生的问题绝大部分可以通过每天的生产协调会来给出解决方法并在会后解决这些问题，从而有力地促进生产，保障安全出货。

常务副总同意召开，他建议在正式召开生产协调会前对管理人员培训一次。

该如何召开生产协调会呢？每天召开有什么作用？有什么注意事项？有什么原则？笔者针对这些问题对企业管理人员进行了培训讲解。

## 二、培训生产协调会

（1）生产协调会的内容

把生产协调会的内容限制在四个方面：

**一是订单状况（含样品、新产品开发等）。**指总结昨日订单完成状况、今日要出货订单及明天预计出货订单，同时指出存在问题的订单。

**二是生产计划状况。**指总结昨日生产计划完成状况、今日生产计划安排、明日生产计划及物料状况。

**三是物料状况。**指总结昨日物料到位状况、今日物料需求、明日物料需求，同时指出急料。

**四是生产状况。**指生产各部门提出生产中的异常问题。

（2）生产协调会有哪些好处

生产协调会有利于 PMC 部、品管部、工程部等部门承担责任，对生产各车间、采购、仓库等形成良性制约，同时有领导的参会对一些事情做出协调和决策。

每天的生产协调会在企业内部搭建了一个沟通平台，促进信息共享。企业管理的一部分问题是源于沟通不畅、信息不共享、共享不完整，每天生产协调会至少在生产系统弥补了这些问题，使主要问题透明化，促进沟通，减少内耗。

每天总结、清理企业总体的订单状况、生产计划状况、物料需求状况、车间生产状况，同时运用量化指标告诉大家现在做得怎么样。

每天分析、总结，关注每天解决的问题，而不是等到问题日积月累后成了大问题才去解决。

每天反馈一些问题，每天解决一些问题，使异常得到控制，在问题刚发生的时候就解决它，同时也可以预防一些问题。**每天生产协调会是日事日毕、日清日高的体现。**

生产协调会的操作和落实，会产生一系列的后果：

- 生产协调会的核心要点是：保证会议决议的落实。持续不断地解决问题，持续不断地检查会议决议，即问题改善的结果。
- 让参会人员积极发挥聪明才智，从而形成一股强大的合力。将压力传递、分散到各部门，将交期的压力通过每天的生产协调会持续地传递给各部门，同时靠分工分解压力，让每个部门做有生产力的事情。
- PMC 部成为会议关注焦点，生产协调会要求有数据化的资料，使其不得不去了解订单状况、生产状况、物料状况、异常状况。
- PMC 部准备充分，计划合理，会使参会部门更认同 PMC 部的动作。
- 产能不达标的部门、频繁出问题影响其他部门及个人，以压力促进改善。

（3）生产协调会的操作原则

在生产协调会运行时，依据过往的管理咨询实践，形成了 1234 原则：

1 – 每人要发言的内容提前准备好，尽可能 1 次讲完，提倡“只有 1 次发言机会”。

2 – 两个部门之间的问题不受理，部门有沟通协调职能，除非会前沟通没有达成共识。

3 – 3 分钟不能达成共识的问题会后单独开小会解决。

4 – 四个不受理：

- 与生产协调会议程无关的事项不受理。
- 只检讨别人问题的不受理。
- 边汇报边询问边商量的不受理。
- 一个部门内部之间的管理问题不受理。

（4）一般生产协调会带来的改善成果

每天生产协调会在经过持续 2 ~ 3 月后，会有实质性大幅度的改善，具体表现有：

- 会议决议条数明显减少。
- 绝大多数决议内容并不会严重影响出货及正常生产，多数为改善项（如工艺标准与实际情况不符、供应商的来料质量）。
- 参会人员对每日生产协调会没有抱怨，基本形成习惯。
- 强化会议管理，快速解决问题，形成会议记录，会后检查会议决议的执行情况。
- 通过会议，促使各部门人员沟通交流，达成共识，增强团队成员之间分工与合作，传达公司的政策和任务要求，通过会议树立“说到做到”的承诺文化，逐步形成“有决议必检查”的工作习惯。

在培训讲解完成后的次日，这家企业召开了第 1 次每天生产协调会，在召开的过程中也出现了一些问题，伴随着这些问题，生产协调会可分为四个阶段。

## 三、第一阶段是先开起来

这家企业规定生产协调会的开会时间是每天上午 9：00，原因是上午开会如果临时发现欠料等需要外部资源协助的事项当天可以处理，下午召开就有可能多耽误 1 天。

第1次会议由PMC部经理主持，检视了交货状况、计划状况、物料状况和异常状况。开始大家有些不熟悉，大部分管理人员没有进入状态，没有做好数据准备和报表准备。

会议上要求PMC部形成标准化会议议程，同时列出了各部门需要提供的报表和通报的数据。

在召开生产协调会的第3天，几位车间主任开始反映夜班生产报表不能在9：00前提交，请求更改开会时间。常务副总回复不可以更改，必须想办法保证会议召开时有夜班生产报表。

在常务副总的坚持下，车间主任调整了夜班每台机器产量的统计方式，每小时统计产量1次，同时调整了统计员每天的上班时间，由早上8：00提前到早上7：00，提前1个小时下班。

还有个别车间主任议论称，开会耽误近1个小时，影响了多少工作和产量。常务副总听到后，直接回复："你回到车间像无头苍蝇一样蛮干，影响的只会更多，浪费的只会更多。"

经过种种磨合，每天的生产协调会终于按时开起来了。

召开的第1周，生产协调会及时、准确地发现各种产供销矛盾，会议共形成93次决议，其中未按会议要求完成的决议5条，已对责任人进行了处理；通过会议完成模具改善9项，其中调整标准3项，减少了损耗，降低了成本；通过会议确认质量问题6项，其中人为3项，模具老化1项，这些问题都得到了及时解决；通过会议解决设备问题4项，避免造成因设备问题产生的停工。

影响每天生产协调会能否开起来的主要因素在1周内全部解决了，这个会议顺利开起来了。

在推行生产协调会起初就要明白：生产协调会不是一下子就可以顺利推行下去，推行之初都会出现一些"插曲"，这里讲一下早期在另一家企业推行生产协调会的例子。

笔者2008年在一家企业推行每天生产协调会时，遭到了企业方管理人员的极力反对，特别是生产车间的几位管理人员。他们认为，生产协调会费时费力，只是在做表面功夫，对生产没有帮助，有开生产协调会的花费时间还不如到车间多生产一些产品。

他们刚开始并不直接跟笔者讲，而是向企业李副总反映，李副总就过来找笔者沟通。笔者告诉他，这些说法听起来好像有道理，实际上就是在逃避问题，生产协调会要车间管理人员填写表单、掌握数据，用数据说话，要车间管理人员掌握详细的生产进度。这些内容每天都要提供，他们既不擅长又嫌麻烦，这些内容恰恰是企业需要而他们缺少的，所以提出反对意见。

生产协调会肯定有用，首先是得开起来，刚开始企业问题多、各项事务不规范，会议时间是长了一些，以后问题少了可以调整为两天开一次，那些认为生产协调会没用的管理人员并不懂得这个会议的作用和好处。经过沟通，生产协调会慢慢开起来了。

在咨询辅导到第 5 个月的时候笔者找到了李副总，提议生产协调会的召开频率更改为两天一次，他不好意思地笑了笑："改什么呀，我看这会开得挺好的，时间也不长，半个小时够了，再说他们在车间能做多少活儿啊，盲目地工作问题更多、浪费更大，我参加会议也能了解厂里的情况，大家好不容易才养成的习惯改了就不好了……"

**四、第二个阶段是细起来**

开起来之后需要对生产协调会的各种事项进行细化，这时候更关注细节。会议议程进一步细化到每人需要提供的每份会议报表和数据，时间也精确到了分钟。

- 生产车间未达成产量的原因一开始由 PMC 部代为汇报，到这个阶段要求每个车间主任自己来汇报，细化到每台机每班生产了多少产品，每台机每班产出未达标的原因及改善措施，停机及机台维修时间精确到分钟。
- 采购物料到厂时间一开始是笼统回答某月某日，到这个阶段就要求具体到上午几点或下午几点，时间点的差异对生产车间管理的影响是不同的。
- 进料合格率精确到物料、厂家，制程合格率精确到工序、每台机的产品等。

生产协调会召开 1 个月时，PMC 部对生产协调会进行了总结，找出适合企业的经验和方式，也找出运行过程中的不足。这时候 PMC 部对会议议程进行了再次完善，关注对实质性问题的解决程度，关注各种数据的结果，关注各部门改善的力度，在生产协调会议之外由高层进行适当调整。

坚持一段时间后，生产协调会的效果会初步显现出来，各种数据指标趋向好转。在生产协调会细化初期，主要反映生产计划达成率，物料准交率，订单准交率，技术部协助工装设计、开发，现场简单技术处理，模具维修，机修协助现场设备故障处理等问题。

慢慢地涉及生产计划的合理性、现场半成品库存处理、不良品处理、返工品处理、设备维护、模具交期、模具保养、品质判定、不良品控制、5S 管理等。

通过生产协调会的召开，各部门一致认为会议的召开解决了多个问题：计划达成、机台故障、技术支持、品质检查、物料供给、模具维修保养、订单完成率的提升。

这一阶段的重点是关注生产协调会决议的完成情况。

**五、第三个阶段是轮起来**

运行 4 个月后，让每个部门轮流主持召开每天的生产协调会，每个部门先主持两周，各部门互换角色，换位体会一下 PMC 部的工作。

这个轮流主持也起到了一定的作用。如生产三车间每天的生产计划达成率多数时间低于各车间平均值，生产经理总是回复缺人开机；每次要求让三车间插单连班生产，三车间总是拒绝，最后都是常务副总施加压力才不情愿地去安排生产。在三车间生产经理主持生产协调会期间，明显可以看出三车间的生产计划达成率高于平均值，从不提缺人的问题，需要插单连班生产的产品竟然能够主动安排到自己的车间里生产。

各部门轮流主持生产协调会，可以使 PMC 部以外的部门更支持 PMC 部工作，同时也可以让 PMC 部看到自己主持会议的不足之处。

**六、第四个阶段是开下去**

持续将每天的生产协调会召开下去，它是企业内部每天的“清道夫”、每天生产的“大扫除”。在制度上，一般通过规定企业方总经理每周参会 1 次来保证“开下去”；在绩效考核上，把每天召开生产协调会这项任务列入 PMC 部的考核表，保障有人去主导。尽管采取了这么多措施，并不能完全保证生产协调会能一直开下去。这需要企业自身有强大的管理定力，坚持把这个会议开下去。

**七、坚持开的效果**

在咨询辅导进行第 7 个月时，在每天生产协调会的影响下，这家企业的产量产能从每天产出 80 万 pcs 提升到每天产出 130 多万 pcs，提升 60% 以上，利润目标顺利达成并超出预期。以春节前的一个月为例，每年的这个时间，客户订单数量是有增无减，生产员工数量是有减无增，这也是每个车间管理人员头痛的事情。召开生产协调会以来，各部门目标统一，订单提前分配，准确回复交期，准时完成计划产量，异常快速处理，人员年前有序分批放假、年后按时分批到岗，反而没有出现往年春节前后因人手缺乏产生的“半停产”状态，最终当月产销量创历史新高。

在这家企业项目结束后的第 2 年，笔者进行了回访。企业方董事长告诉我们，项目结束后每天的生产协调会坚持在开，后来一些新进来的管理人员开始有了不同的声音，认为每天召开会议没有必要，强烈建议对每天的生产协调会进行“升级”，公司新入职的常务副总也同意。

“升级”后为改为两天召开 1 次到后来 3 天召开 1 次，再后来还把生产协调会“升级”到车间里面召开，说这样开会有现场感，认为这样开会更“高级”一些。事实和效果证明，这种所谓聪明的“升级”给内部管理带来了不少麻烦，欠料开始增多，问题点抓不住，问题细节也把握不了，产量下降严重。

后来又慢慢意识到可能是生产协调会出了问题，盲目“升级”后管理者放弃了对每天的日常管理和日常监督，我们企业又不是外资企业、跨国公司，每天开生产协调会的方式和频率适合这个企业。

最后，企业董事长下指令要求恢复每天召开生产协调会的做法，未经同意任何人不得更改。董事长亲自参会，产量又开始回升，现在所有人都听话照做，没有人再来讨论这个问题了。

笔者告诉企业董事长，现在每个项目结束的时候，咨询团队都会对负责生产系统的领导和企业董事长讲这么一句话：“每天的生产协调会一定要继续开下去，你要经常参加会议，关注这个会议形成的决议，只要这个会议一直在按规定开，整个生产系统、整个工厂的大部分运作就差不到哪里去!”

以上案例可以看出，生产协调会是对交货计划、生产计划、物料需求计划的每天综合确认，它不是简单的事后处理异常，这种看法只是看到了问题的表象。不过，即便是有人理解为事后处理，这种处理方式也比没有日常协调机制好。召开生产协调会需要大量的前期数据、报表的准备工作，需要对实际情况有准确地了解，会中才能准确汇报、协调、决策，会后的会议决议才容易落实，这本身是对产品交付的主要环节每天进行全过程管理。

# 第 28 法⊙出货控制法——稳定出货降低成本

## 【案例 44】闭环管理严把出货，企业扭亏为盈

2008 年 7 月，笔者带领咨询团队进驻某企业“救急”。在这次金融危机中，企业经营上首次出现了连续亏损，企业方董事长无奈之下寻求外力帮助，对企业实施经营变革。

经调研，企业的主要问题是销售额不达标、各项成本过高造成的，根本原因是客户订单总量有所减少，出货要求有所提高、企业方达不到客户的高要求。

在各种问题中，出货管理是最主要的问题。企业本身的客户群体付款条件相当好，在金融危机时转向以 JIT 为主，产品要求整体配套交货。而企业之前的出货管理是能拖就拖，突如其来的 JIT 交货变化导致接来的订单不能按期出货被扣款（客户生产线停线损失费用），或被取消订单（订单给了其他能准时交货的供应商），或机种报废（内部数量统计不准，过了交期多余数量客户不再收货，订单已被转移）。

一句话，以前企业的快速发展掩盖了一部分管理问题，现在外部形势发生了重大变化，这些管理问题被暴露出来，最终反映在经营成果上。

经统计，2008 年以来，因为出货不准时或出货数量不足，被各客户停线扣款 200 多万元，各机种报废金额 170 多万元，最主要的是已经下达被取消的采购订单超过 1000 万元，还不包括一部分在研发阶段被取消的订单（如果这一代产品的交货数量不达标，下一代产品采购数量会减少）。经财务总监核算，这些可以统计出来的各种损失总金额如果能够收回来，足以弥补企业的亏损并能产生一些盈利。

## 一、做了一系列调整，出货还是不理想

调研完成后，在咨询团队的指导下：

- 该企业调整了组织架构，成立了 PMC 部，统筹生产计划管理、物料需求计划管理。
- 在后续的两个多月里，坚持每日召开生产协调会，重点解决订单异常、物料异常、生产异常。
- 推出了每天下生产计划到班次、机台的模式。
- 推行了制程异常处理机制，加快了异常处理速度，推行冷冻计划、滚动计划，并对计划的达成状况进行责任追究，企业发生了一些变化。

但从出货指标来看还不够理想，订单准交率从原来的 38.48% 提升到 51.5%；从扣款丢单报废金额来看，损失金额减少 30% 左右。

2009 年 9 月下旬，业务部门反映，某大客户生产线再次告急，不时发出客户生产线即将停线的邮件，并告知如果还不能解决停线问题将取消后续供应商资格。

## 二、细致排查原因

咨询团队与企业方董事长经过多次讨论，详细分析了之前推行的各种变革动作：

- 目标有，在调研期间已与所有部门负责人讨论并公开承诺过指标。
- 计划有，定期检视也有，每天召开生产协调会、每周召开管理例会。
- 严格的检查也有，为此增设了稽核中心，代表总经理对各部门行使监督权、检查权、奖罚权。
- 严格的奖罚，现金奖罚，现场兑现。
- 再次改善也有。

为什么还是扭转不了交货状况，提升不了订单准交率呢？

回到问题的原点，即从客户的需求来看，每一个机种每天都要保证足够的数量按时交货，而我们在生产管理过程中也设定了与之相对应的管理措施，但由于机台数量多（100 台以上），白班、夜班连续生产，工序多，异常多，到了后面出货偏差就变得很大，最后就是交货状况不理想，订单准交率没有提升。

## 三、对订单准交率进行闭环管理

为此，在笔者的提议下，咨询团队和企业方董事长共同决定对订单准交率

这一目标进行闭循环管理，对每天需要交货的每一个机种及需求交货数量进行一对一的检查、责任追究、再次改善，让管理不再“断路”。

修改订单准交率定义为：

$$\frac{\text{当日、周、月实交批数}}{\text{当日、周、月应交批数}} \times 100\%$$

按机种计算，实际交货数量≥客户排期交货数量才能算 1 批，这个数据每月以周平均值为单位对比；以月平均值为单位，横向与本年度过往月份对比，纵向与往年同月份对比。

对这项指标采取以下处理方式进行闭循环管理：

● 业务部先行去除客户原因后，再统计出订单准交率于每周五 9：00 前交财务部复核。

● 财务部于每周五 12：00 前完成复核后转交业务部，业务部于 14：30 前交 PMC 部分析未达成原因并明确责任部门、责任人，同时抄送稽核中心。

● PMC 部每周五 17：00 前将经过分析的订单准交率统计表交回业务部，同时抄送稽核中心，由业务部业务担当向责任人开出《稽核单》，每项未达成对责任人扣除考核分 10 分/次（如之前责任人有因生产计划、制程异常捐款的，不再重复扣分）。

● 业务部汇总后每月 5 日前交管理部及稽核中心。

为保证订单准交率一对一管理闭循环顺利落实，咨询团队与企业方董事长共同确定了具体的操作内容：

（1）业务部每天 16：00 点前针对 F、T、Y、S、K 等有 JIT 要求客户机种将第二天出货排程转发给 PMC 部出货生管。

（2）PMC 部出货生管每天下午 17：00 前根据业务部提供的出货排程编制第二天的《出货通知单》，交业务各担当在 17：30 之前签字确认。

（3）PMC 部出货生管在 18：30 前扫描签字确认后的电子档分发到五金部、塑胶部、仓储部、PMC 部、业务部、品保部。

（4）仓库在接到每日备货通知后需将备货库存状况及明细 2 小时内通知 PMC 部出货生管。

（5）PMC 部出货生管每天按业务担当签字确认的《出货通知单》在 9：00 前统计前一天的订单准交率，并于 12：00 前注明出货未达成的原因，12：30 前将数据发给工程课长，修模部课长进行责任人判定。

（6）工程课长、修模部课长于当天下午 15：00 前判定责任人并将数据返回 PMC 部出货生管。

（7）生管于 16：00 前将责任人的名单以 E-MAIL 的形式发送到各相关部门文员处，由各相关部门文员负责通知相关责任人于当天 20：00 前来 PMC 部进行签名确认。

（8）生管将责任人已签名确认的资料于第二天上午 11：00 交到业务部。

（9）业务部按照已经签字并确定的资料于 1 个工作日内开出《稽核单》，并于第 2 个工作日内完成扣分汇总（业务开出《稽核单》的同时，以 E-MAIL 的形式通知各相关部门的文员）。

（10）若有些产品之前已对相关责任人进行过追究，不需要重复追究，只需请判定人及 PMC 组长确认后签字，并将之前稽核单号备注即可。

（11）各相关责任人未在 1 个工作日内自觉来业务部签字确认的，由业务部直接转各相关人员经理签名后转稽核中心在绩效中双倍扣分。

（12）对每天订单准交率能够达到 100% 的车间给予双倍绩效分数奖励。

### 四、建立执行机制，一对一过程监督，一对一责任追究

针对以上动作，我们还制定了一对一的过程监督，一对一责任追究，确保执行到位。

为保证责任判定的公平性、准确性，初期由企业方董事长亲自坐镇判定责任，将可能出现的判定问题以文件形式形成判定标准，内容如下：

- 模具维修后正常开机 2 小时以上，造成出货有异常的（顶针断、卡死、司筒卡死，同一修模内容），制造部门承担责任，修模部开出《稽核单》给制造部门；若正常开机生产在 2 个小时以内造成出货有异常的（顶针断、卡死、司筒卡死，指同一修模内容），修模部承担责任，制造部门开《稽核单》给修模部。
- 模具不能满穴生产（排除模具确实无法维修）造成出货异常的，制造部门开《稽核单》给修模部。
- 牙套压坏造成出货异常的，修模部开《稽核单》给制造部门。

两周后转由工程课长、修模课长判定责任。一开始各部门管理人员难以接受，逐渐有人反抗，甚至以离职来威胁，也有人在找规定的漏洞，企业方董事长的态度非常鲜明，在出货责任这个问题上没有任何商量的余地。

从上述动作实施一开始就明确要求，所有的责任判定不能没有责任人，如果判定出来认定为不扣分的，由责任部门负责人提报企业方董事长书面签字取消，其他人取消无效。

在这种强势作风的带动下，有一小部分不能适应的人选择了离开，更多的选择了认真关注每天每个机种每次的出货数量，过程中出现的问题逐个主动解决、积极改善。

在经历了1个多月的阵痛之后，11月份比10月份订单纳期达成率提升了26.45%，并且在接下来的几个月里保持稳步增长，企业在当月没有再亏损，实现了微盈利。在当年12月份，企业因出货问题被扣款、内部报废的现象已经消失，被取消的采购订单80%被逐步找回。

在次年3月达到了95.2%，超出目标值0.2%。在次年4月以后，出货已经完全顺畅，经营上没有再出现亏损，企业实现了盈利目标。我们对所有涉及出货的扣除分数均进行了减半处理，奖励不变，扣分不是目的，最终是为了让大家去重视问题、解决问题。

**五、回顾，10个需要特别注意的地方**

在推动出货管理一对一闭循环、提升订单准交率、使企业扭亏为盈的过程中，各方承受的压力都是巨大的。回顾这个闭循环过程，有哪些方面是需要特别注意的呢？

有以下10个方面需要特别关注：

**（1）准确定义目标**

如上述案例中，在调研时，根据企业方提供的数据，订单交期达成率都在98%以上，但笔者就发现这个数据没有实际意义，因为客户要求出的货还是到处在欠，进一步分析发现，这个目标的计算方法有问题，它的计算方法为：

$$\frac{\text{当日、周、月实交数量}}{\text{当日、周、月应交数量}}\times 100\%$$

举例说明，A客户需求A1、A2两个机种每天需求出货各2000pcs，共计4000pcs，但企业生产出来A1机种4000pcs，A2机种因为模具问题没有生产出来产品，当天没有交货，业务担当为了交货把第2天要交的A1机种安排在当天备货了，那么按之前的计算方法：

$$\text{订单准交率}=\frac{\text{4000pcs（A1机种交货）}}{\text{4000pcs（A1 2000pcs + A2 2000pcs）}}\times 100\% = 100\%$$

实际客户今天只能生产 A1 机种。更改后的计算方法：

$$订单准交率 = \frac{1\text{批（A1 交货 4000pcs）}}{2\text{批（A1、A2）}} \times 100\% = 50\%$$

按照新的方法计算，1 月 – 6 月该公司订单纳期达成率平均值只有 38.58%，远低于 98%。业务部及企业方董事长认为，这个数据虽然难看，但确实接近没有经过各种协调、人为处理的交期达成状况。

管理闭循环首先应把目标定义清楚、准确，才不会脱离实际，使数据失去意义。

**（2）理顺表单关系**

目标定义清楚后，需要把与目标相关的表单名称、统计表列出来，明确填写要求，统计要求。如果填写人员不清楚，可以填写样板让其比对填写。

还要理清楚每个表单与目标的关系，每个表单的作用，各个表单产生什么数据，各个表单之间的相互关系，各个表单的流向关系。

**（3）确定各责任人**

第一，确定目标的被考核人，这个目标是考核到哪个岗位哪一个人。

第二，确定表单填写的责任人，明确每个表单由谁来填写，数据谁来统计。

第三，实施闭环的责任人，包括判定人、责任追究执行人。

第四，未达成目标的责任人，这个责任人必须明确，不能不了了之。

**（4）准确拟定动作**

针对目标展开的每一个环节列出具体的、可操作、可检查、环环相扣的动作，哪个岗位做什么动作，每个动作都要有具体的时间要求。在检查环节，是哪个岗位监督哪个岗位，监督什么内容。在责任环节，哪个动作没完成谁追究哪个责任人的什么责任。

**（5）考虑人的因素**

在推出出货管理闭循环时，大家几乎没有反对的声音，到了讨论操作内容的时候，大家开始有了争论，在具体到每个环节的责任时，争论达到了顶峰。到实际执行时，争论更是激烈，为了还原真相，有时争论判定长达 1 个小时。在整个过程中，从操作内容设计到讨论到实施，一定要时刻关注人的因素，注意在恰当的时机进行引导，多沟通，多培训。

**（6）合理判定责任**

责任判定是管理闭循环的重中之重，没有责任判定管理就无法闭环。合理判定责任的关键在于对企业以往事务的回顾、整理、讨论，形成管理人员认可的文件，对新出现的问题迅速判定处理，并补充到文件中。合理的责任判定是制度公平、公正的体现。

**（7）重视实施初期**

管理闭循环的实施初期非常关键，管理人员对新的管理方式将信将疑，对新的管理方式进行猜测，提出各种各样的困难来阻碍责任追究。一个好的做法就是初期由企业相对中立、有威望的高层管理人员判定一段时间之后再交给职能部门去判定。

**（8）不给闭环留空**

实施后有这种情况，大家说来说去都没有责任，或者把责任推到外部的供应商或其他人身上，这种情况就非常考验判定文件和判定人。这种情况就要多向前追溯，追溯过程控制，过程控制中的各种标准、各种流程、各种制度都要清清楚楚。

在上述案例中，在实施后就明确要求，所有的责任判定不能没有责任人，如果没有责任人就追究判定人的责任，这就是不给闭环留任何空间。如果判定人认定为不需扣分的，由责任部门负责人提报企业方董事长取消，其他人取消无效，这也是不给闭环留下任何授权空间。

**（9）心要善手要狠**

上述案例中，无论是咨询团队还是企业方总经理、稽核成员、业务担当都非常强势。在每次沟通的会议上，咨询团队多次提出：我们的管理动作是为了帮助企业走出困境、帮助别人，是为了提醒别人解决问题、改善问题，而不是把别人逼走，把关系搞僵。在这种强势作风的带动下，一定要把握好度，避免责任追究的扩大化。所有管理的都是为了解决问题，不是为了争权夺利，更不是为了人与人之间的斗争。

在推行管理闭循环期间，为了调动各级人员的工作积极性，企业配套举办了多种多样的文化活动，如生日晚会、拔河比赛、征文比赛、班次劳动竞赛、技术员评比、爬山、集体旅游等激励性企业文化活动来缓解矛盾和释放大家的压力。

在出货顺畅、指标稳定之后，咨询团队出台规定对绩效扣除分数进行减半，奖励金额不变，正是考虑了这一因素。

如果出现判定人欺软怕硬，高层就要去出面去纠正；如果出现不按规定执行，弄虚作假的也要当机立断，维护制度权威、组织权威。

**（10）坚持不懈抓下去**

这是指在看到效果之后，不能松懈。认为目标提升了，有了效果就不抓了，这肯定会出问题，会让效果逐步回到过去，甚至更糟。即使管理闭循环形成习惯之后，还是需要每天不停地循环，坚持不懈抓下去。

# 第四章

# 控制总成本直接项目

在咨询实践过程中，为了将总成本了解透彻，咨询团队会要求参与辅导的企业方财务部每月10日前提供一份上个月的财务分析报告（见附录二《月度财务分析报告模板》）。这份报告的主要内容与正常财务报表数据一致，不同之处在于分析报告更加细化，在于它不再是干巴巴的数据罗列，既有“数学”（指数据）又有“语文”（指文字描述），还有“美术”（指各种图，如柱状图、饼状图），让决策者和管理者对成本看得直观、看得清、看得懂。

企业在导入这份月度财务分析报告模板后，决策者们和管理者们纷纷表示，有了这份翔实的报告，知道了成本问题出在哪里，也知道了成本改善的方向，能够在日常管理中做到“对症下药”。

看到这里，有财务人员提出：“王老师，我们财务部也想做成这个样子，可是其他部门的报表不能准时上交，导致财务报表不能准时做出来，更抽不出时间分析了。”

类似的苦恼和疑问，笔者在企业里多次遇到，下面说明一下解决方法。

一是把各部门需要提供的数据表单列出，向前倒推出各种表单数据的完成时间节点，指定责任人处理，严格执行并列入考核，具体内容可以参考表4－1。

**表4－1　月底经营数据收集汇总表**

| 序号 | 责任部门 | 责任岗位 | 表单名称 | 时间节点及要求 | 责任人签名 | 部门负责人签名 |
|---|---|---|---|---|---|---|
| 1 | 供应链部 | 原材料仓组长 | 原材料出入库统计表 | 每月23日前全部录入系统 | | |
| 2 | 供应链部 | 原材料仓组长 | 原材料出库汇总表 | 每月25日前报送 | | |

续表

| 序号 | 责任部门 | 责任岗位 | 表单名称 | 时间节点及要求 | 责任人签名 | 部门负责人签名 |
|---|---|---|---|---|---|---|
| 3 | 供应链部 | 成品仓组长 | 产成品出/入库单 | 每月 26 日前全部录入系统 | | |
| 4 | 供应链部 | 各车间统计 | 产量报表 | 每月 26 日前报送 | | |
| 5 | 供应链部 | 各车间统计 | 半成品出/入库单 | 每月 26 日前全部录入系统 | | |
| 6 | 供应链部 | 物控员 | 原材料耗料考核表 | 每月 26 日前全部录入系统 | | |
| 7 | 供应链部 | 助理 | 审核车间及相关部门工资表 | 每月 27 日下午下班前报送行政人事部审核 | | |
| 8 | 供应链部 | 采购员 | 采购发票签字 | 每月 3 日前 | | |
| 9 | 品保部 | 检验员 | 检验报表 | 每月 25 日上午报送 | | |
| 10 | 业务部 | 销售内勤 | 销售收款及发票业务 | 每月月末前全部录入系统 | | |
| 11 | 业务部 | 销售内勤 | 销售报表 | 每月 2 日前报送 | | |
| 12 | 人力资源部 | 绩效专员 | 工资表及工资分析表 | 每月 3 日上午下班前报送财务部 | | |
| 13 | 财务部 | 总账会计 | 成本核算及出具财务报表 | 每月 5 日前 | | |

二是对完成数据表单的过程做出管理，如表单的格式规范与填写规范，对数据适当地使用 Excel 中的函数和公式，以减少工作量；岗位工作标准化，减少因人员的变动带来工作质量的变动。

运用电脑减少人力的手写和汇总是部门负责人的工作之一。如某大型企业每月仓库做海关账，产品数量多、出入库数据庞大，月底需要将所有的物料、半成品、成品出货数据从 ERP 系统中导出分别进行汇总，要求对每个产品型号分别汇总并且必须唯一。为了这项工作，仓库的两位文员月底需要连续 1

周，每天上班 16 个小时以上才能完成这项数据统计工作。笔者了解情况后用 Excel 中的“合并汇算”（新的软件版本叫“合并计算”），用时 10 分钟全部处理完成并且准确无误。

培训部门所属员工正确做事的工作方法，不断改进工作技巧也是部门负责人的工作之一。如某企业财务部每月裁切工资条成了一件难事，为了保证工资条足够窄，避免浪费纸张，财务人员需要不停地调整打印尺寸，不得不小心翼翼地用剪刀慢慢剪，一不小心就会剪到内容，只能重新来过。新上任的财务部经理决定改善这项费时费力的工作，他要求不能过分考虑工资条浪费的纸张，认为浪费掉的时间更宝贵。他请购了一台裁纸机，把原来狭窄的工资条改进为 A4 纸横向对折两次大小，看起来比以前的工资条宽了一些，方便裁切，平时用 8 个小时做的工作，现在只用半个小时就可以完成。

三是使用电脑的人员基本素质的要求，如基本的打字速度、制表能力等。电脑的配置同样不能忽视，它的反应需要跟得上人的操作速度。电脑硬件至少每年检视一遍，该升级的升级，该更换的更换，一年下来，浪费掉的等待成本远比省下的电脑硬件成本高。

四是形成每天统计数据的工作习惯。一些表单和数据每天都需要整理、汇总，每周做检查、小结。如果一个月下来，每个部门的表单和数据都堆积到月底进行突击，哪一个人也不容易在短时间内处理完，这些数据之间往往还存在着前后关联，最终使财务分析报告无法准时完成。

在月度财务分析报告中，涉及数据较多，堪称企业内部大数据。在使用这些大数据时，可以通过数据分析解决一部分成本问题，请看下一个方法——大数据分析。

## 第 29 法⊙大数据分析法——用大数据剖析成本

这里提到的“大数据”是企业管理中的数据，大数据在这里有两个基本含义：一个是数据量庞大；另一个是数据涉及面广。如现行的金税三期系统[①]中就采用了大数据，对企业的收入、成本、利润、存货、银行账户、应纳税金额与企业自身历史数据进行横向比对，同时用行业大数据中的这些项目与企业进行匹配。可以说，金税三期最大的威力在于运用大数据发现企业的税收违法嫌疑。

同理，企业也可以运用企业大数据提升经营管理的水平，请看下面的案例。

### 【案例 45】成本大数据剖析提升 6% 净利润率

2011 年 8 月，笔者带领咨询团队到某外资食品饮料企业进行调研诊断，该企业员工近 200 人，已成立 18 个年头，每年销售额在 1 个亿左右，部分产品在行业内名列前茅，有一定的品牌影响力，产品主要销往国内 KA 市场。

企业自身认为自己的经营管理存在有一些问题，应企业聘请，咨询团队进驻企业开始调研诊断，落实以经营为导向的组织变革活动。

经过 1 个月的诊断，企业在成长性、企业盈利能力、企业营运能力、资源控制能力、管理体制、管理运作体制、企业文化等诸多方面存在一定的问题，企业近 3 年整体经营无论是规模上（年销售额）还是利润上（净利润率）都在走下坡路，企业领导整天忙于救火，存

① 金税三期系统是我国税收管理信息系统工程的总称，围绕着“一个平台、两级处理、三个覆盖、四个系统”的总体目标而建立。

在成品库存过高、产销不协调、呆滞物料库存高、新客户开发少、退货较多、利润率较低等问题，调研还发现该企业净利润率远低于同行业水平。

**一、初步共识：现阶段利润需要从企业内部挖掘**

经与企业决策层多次讨论后，咨询团队内部讨论分析认为，在提升企业的利润上，提升企业的规模上存在较大难度。

一方面是国内的行业市场布局已梯队化，各企业都有自己的位置和地盘，短期内难以“蚕食鲸吞”发生大的变化，即使销量提升了，企业自身也会支付高额的成本并付出惨重的代价。

另一方面是企业在以往的发展过程中，过多地依赖业务人员的个人能力，各级业务人员是高收益的所得者，高收益使得各级业务人员求稳心态严重，没有开拓新市场的动力，引入新的业务人员难以留存，新产品开发缓慢，缺乏竞争力。

而外部的外资竞争对手开始涉入企业的主营产品，一些大型企业和有资金的民营企业不断地进入这个细分领域，企图瓜分一块“蛋糕”，出于营销防御目的，企业聘请了形象代言人，同时在竞争激烈的区域展开一系列的促销活动。

总之，现在不是提升销售规模的最佳时间，企业保证现有的销售区域不缩小、销售额不下滑就行。

与企业方决策层讨论，在这个问题上，**管理提升的主要方向是加快新产品开发，提升新产品投入市场的速度，理顺销售运作的各个流程，提升利润率的方向目前只能从企业内部挖掘**，在这个问题上双方达成了共识。

**二、首要问题是否是退货产生分歧**

接下来咨询团队提出的一个重要问题，企业方却认为这个问题并不重要，双方在处理问题的方向上存在较大分歧，双方的沟通一度陷入僵局。

咨询团队提出了企业关于产品退货的管理是目前存在最重要、亟待解决的问题，认为退货问题是提升利润的关键环节，退货严重增加了销售费用、制造费用，吞噬了企业的一部分利润，处理这个问题的同时解决内部效率问题、品质问题。

企业方认为退货问题并不严重:

• 主管生产的厂长认为，这个问题没有那么严重，内部品质管理上是有一些问题，但主要是产品送出去的是良品，临近过期产品、未销售的产品和其他公司的不良品有时也会一起退货，退货看起来有点儿多，跟出货数量对比根本不多。有时车间忙于生产，退货处理不及时，建议销售部门和各个客户沟通清楚不要把其他公司的产品夹杂着一起退回来，现在重点是生产效率有问题。

• 企业方营销总监也坚持认为这些退货问题很正常，产品没有卖掉只能退回来，客户的供应商数量多、仓库管理人员人数有限，各个厂商的货物太多有时分不了这么细，公司的不良产品也有退到别的厂家，只要总数量够了就行，这样的现象每天都能看到，同行也都是这样，这是司空见惯的事情，厂内还是把产品质量做好一些，重点应该放在生产效率的提升上。

• 企业负责内部整体管理的一位董事也表示，退货是有一些，但是没有严重到影响利润率的程度。

• 企业董事长也认为这是内部质量管理和销售部门与客户沟通的问题，并不是提升利润率的关键环节。

这时，咨询团队向企业方询问产品退货率是多少？他们的回答基本一致，凭经验估计应该在3%以内，最多不会超过5%。于是，咨询团队打开了最近3个年度每天的退货数据和每月退货分析（这些数据企业里大部分没有形成电子记录，只有原始《退货单》，诊断时安排管理人员补录入，咨询团队对这些数据进行了二次核对和深入分析）。

数据统计分析显示：最近3年每月平均退货率为8.79%，旺季的个别月份在15%以上，企业方参会人员有些诧异，这与他们估计的数据差距较大。接着咨询老师展示了产品不退货的处理流程和产品退货的处理流程，附上工序和主要工序处理费用，如下所示:

A：正常处理流程（5道工序）：生产入库→装车→运输→卸车→交客户仓库。

B：退货处理流程（24道工序，从通知退货算起）：生产入库→装车→运输→卸车→交客户仓库→通知退货→装车（人工费）→运输（运输费）→卸车（人工费）→入公司仓库（租赁费）→清点（人工费）→拆整箱包装（物料费+人工费）→撕掉单个饮料瓶标签（物料费+人工费）→倒掉饮料（物

料费 + 人工费）→清洗处理饮料瓶（水电费 + 人工费）→点收饮料瓶（人工费）→削瓶口入库（只有部分可以回收利用，物料费 + 人工费）→粉碎（电费 + 人工费 + 物料损耗）→吹瓶（水电费 + 人工费 + 物料成本 + 机器损耗 + 模具费用）→检验 + 包装（电费 + 人工费 + 物料损耗 + 机器损耗）→饮料生产（水电费 + 人工费 + 物料成本 + 其他制造费用）→消毒灌装（水电费 + 人工费 + 原材料 + 其他制造费用）→检验（检验费用）→灌装及包装（水电费 + 物料费 + 人工费）→生产入库（人工费）→装车（人工费）→运输（运输费）→卸车（人工费）→再次交客户仓库。

以上显示，退货处理流程比正常处理流程多了 19 道工序，产生了额外的大量物料成本、人工成本、运输费用及其他一系列费用。

### 三、针对退货问题开展动作

这些数据和资料展示后，笔者提出这项议题暂时搁置，请企业方会后收集这些数据并做分析然后再讨论 1 次，1 周后针对这个方向性的问题做最后决议。

1 周后召开了会议，会议一开始，企业董事长主动表示退货问题的确是目前最重要的经营问题，是提升利润率的主要环节，他已经要求业务部门与各客户沟通退货标准，希望通过修改部分合同条款约束退货，调整部分销售政策，从客户端减少退货。

针对内部品质管理问题，大家也达成了主要共识。

- 内部需要提升售后服务响应能力及速度。
- 从品质管理入手，完善品质控制体系，特别是生产环节，从建立品质标准开始。
- 规范新产品研发、试产、量产流程，未通过试产评审验证的不予量产等。

会后，外部的问题由企业董事长亲自带队与各大客户开始了谈判，修订合同并调整了相关销售政策，讨论并实施多种营销方式避免客户退货，如采取购买一定数量的产品赠送一定数量产品的方式等，同时内部也开展了一系列品质改善活动。

三个半月后，外部的谈判、重签合同工作全部完成，开始执行新的销售政策。

- 内部品质标准初步建立，品质控制体系基本形成。

- 对即将进入量产的产品进行标准化评审，减少重大品质异常。
- 售后服务响应能力及速度有所提升。
- 产品整体品质得到提升，受到客户好评，产品退货率降至0.3%以内。

经财务统计，此项减少退货活动直接提升净利润率6%以上。

企业董事长在总结这件事时表示，退货问题早就应该解决，大家都在说退货多，只是一种感觉，究竟是多少没有人告诉我，就是没有用数据说话、用数据分析、用数据决策；这次活动提升的净利润，假如是卖产品，公司需要卖多少产品才能有这个收益。数据分析真是好用，以后全公司都要学会用数据说话。

这个案例说明，用大数据分析、诊断，可以精准地判断、把握问题，通过数据分析透视全局，各部门合理分工、共同合作，能够提升企业的经营水平。

同时说明，企业管理是一套精密的系统，系统诊断、系统思考能够从系统角度，从“体”“面”处着眼，从“线”“点”处着手解决问题，而大数据就是系统的眼睛、解决问题的线索，企业管理的地图。

如果说大数据是企业管理的地图，那么目标就是地图中的GPS，目标成本就是成本管理中的GPS，请看下一个方法——目标成本法。

## 第 30 法⊙目标成本法——设定成本控制目标

目标管理是企业管理的出发点，是企业管理的基础。在总成本领先管理中，设定目标成本是成本管理的起点。

在案例 43 中，笔者在该案例中成功运用了闭循环避免企业扣款损失、丢单损失，取得了良好的效果。在直接面对成本问题时，笔者同样应用了闭循环，在各企业中应用也取得了一定的效果，经过多年的不断实践，总结形成了“成本闭环控制模型”，如图 4 –1 所示。

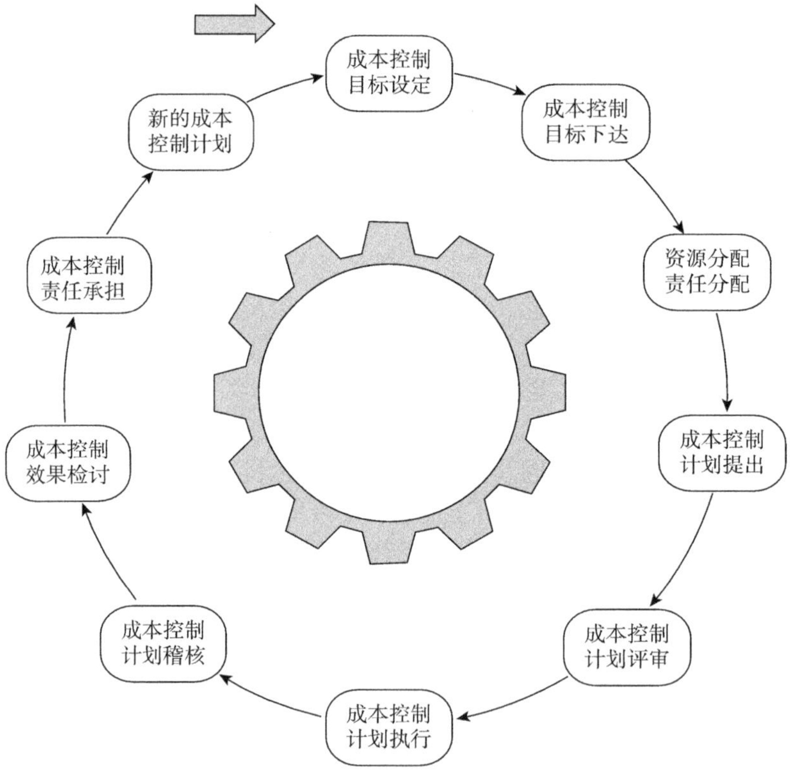


**图 4 –1　成本闭环控制模型**

在这个模型中，从成本控制目标设定开始。由于这个模型涉及综合因素、变动因素较多，主要用于处理复杂的综合性成本问题，本节不做赘述。也可以依据本模型的思路，处理一些相对简单的问题，下面以一个降低生产成本的案例来简要说明这个过程。

## 【案例 46】每周设定降低不良目标，直至为零

笔者参加的某企业生产部每周例行内部检讨会（这里的检讨指检查核对、总结研讨，非贬义）上，各工序组长轮流报告所负责的小组品质状况，其中一位工序组长报告自己负责的两个白班、夜班产品批量加工错误次数达 9 次（数据由品管部会前书面提供）。由于产品的特殊性，这种加工错误的产品只能选择报废。加工错误 9 批，意味着这 9 批产品需要全部从头开始生产，浪费了大量的物料成本、辅料成本、搬运成本、人工成本、品质成本等。

在会议上，笔者要求该工序组长现场承诺下周改善目标，工序组长考虑了许久，低声勉强回复，下周批不良争取降低到 6 次。笔者当场决议，如果下周批不良降低到 6 次，给予工序组长现金奖励 100 元，如果未达成目标暂不追究责任。

会后，笔者安排咨询老师关注该工序组长的品质改善进度。咨询老师了解到，工序组长反映，发现自己负责的 40 多台机器中，有几台机器的压轮可能产生了磨损，有时产品压不到位。把这几台机器的压轮换成新的就能避免一部分批量不良。咨询老师分别找到机修主管、生产经理、技术总工确认这件事，他们一致认可了这种说法和处理方式。在咨询老师的推动下，机修主管迅速安排人员更换了压轮。经验证，新换过压轮的机器没有再出现产品压不到位的现象。

在第 2 周的内部检讨会上，工序组长承诺的批不良降低到 6 次，获得了 100 元奖励，同时承诺第 3 周批不良降低目标到 3 次。如果达不到降低目标，他愿意接受 50 元捐款。当笔者问到降低不良的具体方法时，他回复了一个主要原因：工单上不同材质的线材，实物看起来都一样，肉眼难以分辨，标签也非常容易看错，一不小心就会误用。

他提出的改进措施是，机台操作工拿到工单后用颜色笔在线材的材质处画圆圈，并在线材外包装标签材质处画同样颜色的圆圈，由班组长检查操作工是

否按这样执行。

这种做法是典型的点检防错法，在工序组长提出上述措施的基础上，笔者指示生产经理会后马上联系 PMC 部和 ERP 工程师，将工单线材的材质处字号放大、字体加粗，使其明显区别于工单中的一般文字。同时要求稽核中心督促相关人员在 1 天内完成工单格式的修改，要求稽核专员每天定时检查该工序工单和标签的标识状况。

第 2 天，稽核专员反馈，工单格式修改完成，该工序按照组长提出的做法都在执行中，没有发现未做标记现象。

在第 3 周的内部检讨会上，工序组长承诺的批不良目标降低到 3 次再次达成，又一次获得了奖励。当需要承诺下一周批不良降低目标时，该工序组长认为每周 3 次批不良已经是极限。以前这件事情没有人关注，每周批量不良超过 9 次的时候非常多，以前最好的状况也就是每周 4 批。

在笔者的强烈要求下，生产经理和工序组长共同承诺 10 天内找出原因、找到方法使批不良降低到每周 0 次。

在咨询老师和品管部的协助下，生产经理和工序组长找到了另外导致批不良的一个重要因素。当每台机器更换型号时，操作工会事先将工单材质画好，如果使用的线材不是整卷、标签涂抹严重或者看不清时，特别容易用错材质。为此，工序组长要求操作工切换型号时请机台小组长和 IPQC（制程品管）共同书面确认，工序组长两小时抽查 1 次，生产经理每天巡查 1 次，稽核专员每天至少抽查 5 个机台。

在第 4 周的内部检讨会上，工序组长报出批量加工错误次数为 0 次时，全体参会人员给予了雷鸣般的掌声。

从此以后，这项指标以 0 次为目标，列入日常管理。

看到这里，也许有人会说，这个问题可以一次性全部解决掉，的确可以做到。笔者认为在重视目标的同时，也需要因地制宜、因时制宜，对辅导对象因材施教。

成本控制目标对成本控制的引导和控制威力毋庸置疑。一位办企业的朋友得知笔者整理出《月度财务分析报告模板》，遂索要 1 份，笔者在忙碌之中没有将模板中《经营指标卡》的百分比指标删除。朋友拿到公司后要求财务部经理按模板填写、分解、分析，并对各部门提出降低成本的要求，几个月下来成本整体降低不少，但是始终不达标。于是请笔者到企业辅导，在看到指标后，笔者才发现之前所给模板的指标是另一家企业的理想百分比，指标高于这家企业的实际情况。当看到成本数据时发现，这家企业的部分数据已经非常接近那些指标了。

一些企业的财务报表不适合、不愿意公开，也可以先设定经营类目标，再转化成管理类目标，最后进行分解、执行。

设定好成本控制目标，接下来就该控制成本的直接项目了，首先控制的是成本中的“大头”——物料成本。

# 第 31 法⊙降物料成本法——物料成本的降低

在前面一些案例中，关于物料成本、辅料成本的管理有所涉及，可以针对物料成本、辅料成本案例进行集中阅读，下面的案例讲述如何在工序中控制物料损耗。

## 【案例 47】工序控制降低物料损耗

某公司是一家以基本金属为主要材料的企业，金属材料价格随市场波动较大。该公司财务部采用对实际使用材料金额进行汇总，与标准成本材料金额（包含材料损耗）做比较的方法来计算物料成本。

查证财务报表分析得知：

2006 年 3 月 - 11 月，该企业共使用材料费用 31887 万元，标准成本材料费用为 31421 万元，材料成本超出标准损耗 466 万元，平均每月材料成本超出标准损耗 51. 78 万元。

2007 年 1 月 - 12 月，该企业共使用材料费用 47772 万元，标准成本材料费用为 47201 万元，材料成本超出标准损耗 571 万元，平均每月材料成本超出标准损耗 47. 58 万元。

2008 年 1 月 - 12 月，该企业共使用材料费用为 55260 万元，标准成本材料费用为 54545 万元，材料成本超出标准损耗 715 万元，平均每月材料成本超出标准损耗 59. 58 万元。

以上近 3 年的数据显示，该公司材料成本超出标准损耗 3 年共计 1752 万元。也就是说，该公司在近 3 年共损失可控净利润近 1752 万元，近 3 年每月平均损失 53. 09 万元。

2009 年 1 月，笔者主导该公司的经营变革。在调研阶段，从财务部提供的成本数据中“挖掘”到了上述问题。

财务部经理反映，公司一直提出对物料损耗率做考核，节约有奖超耗有罚，实际并没有运行，只是统计出数据拿来看，由于每月都超出损耗，没有办法与收入挂钩。

生产副总反映，财务部制定的考核方案主要内容基本合理，少部分内容属于“闭门造车”，脱离了生产实际情况，针对这个问题沟通过多次，财务部仍然“一意孤行”，目前是两套标准，财务部按一套标准核算损耗，生产各部按另一套标准统计损耗。

在财务部的分析中，仅生产三部每月的半成品物料损耗率就高达 2.72%，折算金额约为 30 万元，占了每月公司总物料损耗金额的一半。生产三部由于工艺原因，这些超耗的材料都无法二次回收，只能选择报废。财务经理称，生产三部的生产管理干部抵触情绪较大，认为财务部制定的考核方案过于苛刻，于是在 2008 年初自行制定了考核方案，结果 1 年下来，半成品报废率越来越高，物料超出标准损耗的金额也变得越来越大。

带着这些问题，笔者找到了生产三部经理和财务部经理。翻阅双方提供的原始记录及统计数据，把问题基本弄清楚了，财务部按物料超出损耗金额推算出的物料损耗率，生产三部用半成品报废数量来计算物料损耗率。生产三部不明白财务部的数据是如何计算出来的，而财务部也不认可生产三部按报废数量的算法。

向其他生产经理了解，生产各部不同程度上都存在这个问题。

问题找到了，首先解决的是生产三部的报废问题。笔者要求生产三部依据技术部提供的损耗率标准，按报废数量及产品统计到每一道工序、每一个班组，看是哪些工序、哪些班组超出损耗，在统计损耗的同时分析出损耗产生的主要原因，班组长先做原因分析，车间主任审核，生产经理最终确认。

一周统计下来，发现了不少问题：

- 有的工序是供应商来料存在问题产生的超耗。
- 有的工序是前工序的不良流入产生的超耗。
- 有的班组是没有按工艺作业产生的超耗。
- 有的班组是机器设备、模具存在故障产生的超耗。
- 有的班组是作业人员不认真操作产生的超耗。
- 针对这些问题，分别制定解决办法。
- 针对供应商来料问题，生产三部与品管部共同制定批量退货标准，工序组长有权提出批退。

- 针对前工序不良流入问题，后工序组长有权拒收。
- 针对工艺问题，请技术部做培训讲解。
- 针对机器设备、模具故障，由生产三部组织设备部、技术部对这些问题进行维修或改造。
- 针对生产管理问题，生产三部内部进行解决。

经过1个月的改善，生产三部整体超耗率下降了0.29%，折合金额约15万元。

在上述工作的基础上，笔者要求生产三部经理制定每一道工序、每一个班组的超耗目标，班组之间展开评比，对优胜班组进行表彰、奖励。同时要求财务部将现有半成品按单价分为A、B、C三类，书面告知车间管理人员，让他们在日常管理中特别关注价值较高、价值较大的物料损耗。

在这些动作落实以后，将物料超耗列入各班组的考核，责任到人，找到每一次物料超耗的每一个责任人，既做到责任彻底分清，也做到人人头上有指标。在这些动作执行的同时，也特别提醒品管部严格监督生产过程，车间在降低物料损耗的同时，一定要确保产品生产质量，不能为了节约产生“偷工减料”现象，节约不能以降低产品质量为代价，必须控制在工艺标准范围内。

经过两个多月的运行，生产三部的物料超耗率降低到了目标值以内。在实施的第3个月，实现物料节约26849元。企业方总经理看到这个数据表示“不可能”，生产三部一直都是物料超耗的“重灾区”，达标都有困难还会产生节约？要求财务部重新核算，财务部经理亲自到生产三部进行再次核算，核算结果与汇报数据一致。

在生产三部物料超耗受到控制以后，咨询团队指导企业方管理人员把上述动作推行到了其他生产各部。

经过1年的努力，5个生产部物料损耗率控制目标全部达标，没有再出现物料超耗现象，当年减少物料超耗损失600万元以上。

在讲完物料成本的降低后，该关注一下人工成本的降低了，请继续阅读下一个方法。

# 第32法⊙降人工成本法——人工成本的降低

人工成本降低是一个沉重的话题！

随着人工红利的消失、人员待遇的整体提高，人工成本在总成本占有的比例也越来越高。在所有的成本降低中，人工成本的降低往往是难度最大的。

一些企业由于历史原因、管理原因、“面子”问题、利益问题等迟迟难以下定降低人工成本的决心，那么企业就不得不去面对成本的压力、市场的压力、竞争对手的压力。一般来说，降低人工成本，决策者的决心是最重要的因素。

在咨询实践的过程中，作为第三方，力求在企业方、劳动者之间找到最佳平衡点，在平衡点上开展人工成本的降低工作，下面三个案例可供参考。

## 【案例48】电脑水平测试减少用人数量

笔者辅导的某企业，14个部门一共有文员35人，有的部门有3～4位文员，各部门仍在申请增加文员，有的部门已经超出编制，理由是工作内容太多做不过来。依各部门提出的文员岗位人数汇总来看，全公司还需要增加文员6人，咨询老师查看了各个部门提供工作内容分析，没发现有太多的出入，也没发现太多可以合并、取消、减少、简化的事务。

是继续增加文员人数来满足现有工作事务还是寻找其他解决方案，企业总经理给出了明确决策：现有的人工成本已经超出管制目标，企业无法承受，各部门新增文员均不予批准，由各部门自行协调解决。

这项决定下达后，各部门的数据开始出现迟交，有的报表开始延迟遭到客户严重投诉，看来这个问题需要尽快解决掉。咨询老师找到了企业总经理，建议开展一次文员电脑基础能力测试，以个体效率的提升来应对工作量的增加，同时检视文员日常工作量负荷，企业总经理表示同意。

于是，咨询老师安排人力资源部组织了这次活动。文员电脑基础能力测试分为两个部分，一部分是测试打字速度，另一部分是测试制表能力，测试题目一共设计了 6 套，在测试开始时随机发放。

这次测试设定了评分标准，统一采用百分制，其中打字、制表各占 50 分，标准测试时间为 60 分钟，每超时一分钟减 1 分，按时交卷奖励 2 分（总时长），每处错误减 1 分（字和标点符号），字体大小不一致不扣分，打印、布局不合理减 1 分，多用纸张减 2 分，每少一段话（打字）减 5 分，不限制操作系统及输入法。对测试及格且综合得分排名前 3 位的文员给予现金奖励。

开始测试之前，部分文员表现出无所谓的样子。测试开始后，马上变得不一样了，参与监考的各部门负责人发现，有的文员打字如行云流水，指尖在键盘上不停跳动，有的文员则慢吞吞地边打字边思考，有的文员制表 10 多分钟就完成了，有的文员还不清楚表格该怎么画线。交卷时，有的文员 50 分钟就交卷了，有的文员 140 分钟才交卷。

测试完成之后，由人力资源部对文员们的试卷进行了评分，最高得分为 91 分，最低得分为 0 分，排名最后的一位文员仅打字部分就用了 65 分钟，表格部分不清楚是不会制作还是有其他原因，自称是忘记保存了直接交的白卷，交上来的打字部分错误多、掉字多，有时还会少打一段话，需要扣减分数的地方过多，最终依据评分规则评定为 0 分。

测试成绩出来后的第 2 天，召开了总结会议，由所有的文员和各部门负责人参加，企业总经理参与，对前 3 名一共 4 人（第 3 名并列）进行了奖励，并请参与监考的部门负责人、得到奖励文员所在部门的负责人、测试得分不及格文员所在部门的负责人发言。

参与监考的部门负责人感慨良多，他们表示：

（1）依打字为例，有的文员打字速度为 20 字/分，有的文员打字速度为 120 字/分，效率相差 6 倍。

（2）制表也是一样，有的文员 25 分钟可以顺利制作一份中等难度的表格，而相同的任务有的文员 60 分钟还没有完成。

（3）打印也能看出水平，有的文员根本不预览直接点打印，一下子打印出很多页浪费纸张，有的文员不会调整页边距。

有文员得到奖励的部门负责人发言慷慨激昂，认为自己管理的文员做事就是有效率有水准，认为自己选人有水平，同时也为自己部门的人员感到骄傲；测试得分排名靠后的部门负责人发言有些不好意思，自我检讨用人失察，后续将严格把关。

会议结束前是企业总经理做总结发言，他提出了一些要求，给予不及格人员在下个月一次补考的机会，如果补考仍然不合格，由人力资源部对试用期内的文员进行劝退，对已过试用期的文员进行调岗，不得从事重要数据表单的统计工作，后续招聘的文员入职前必须进行电脑打字、制表基本水平的测试。

会后，人力资源部把这次测试的成绩对全公司进行了公示，不及格的文员中排名靠后的 7 位文员主动选择了辞职。企业对留下的文员进行跨部门调整，设置了专门处理数据和报表的统计组，将各部门（财务部除外）的文员工作统一到这个小组，也增加了部分文员的工资待遇。调整后，对辞职的文员不再补充，新申请增加的文员也没有增加，事后证明这些文职类工作效率和质量反而提高了。

普通管理者用人时只重“量”不重“质”，优秀管理者用人时先重“质”后重“量”。企业需要使用“精兵”而非“人海战术”，“精兵”才能“简政”。

## 【案例 49】耐心与员工沟通减少人力

笔者主导某企业的经营变革，咨询过程中发现企业的产品制造工艺里面，最后一道工序用人严重超过标准用人数量，依据标准工时两人即可满足出货需要，实际用工 8 人还不能满足出货要求，管理人员已经向公司提出申请继续招工以增加人力。

检查作业指导书后发现，本应由前一道工序处理的工作，前工序作业人员没有完全加工到位，半成品一直流动到最后。为了出货，生产部不得不安排大量人力、浪费大量物料在最后一道工序进行大批量处理。

带着这个问题，咨询老师找到了车间管理人员。车间管理人员称，这个问题我们知道，这是公司多年的老大难问题，跟前工序的工人说过了，前面的工人一直说忙不过来，所以产品处理不到位。车间曾经加派人手到前一道工序，结果最后一道工序还是需要那么多人。

咨询老师找到了现场正在作业的前工序作业人员，员工称，工作量太大，品质要求又高，产品需要处理的产品位置太多，根本做不过来。就现场来看，作业人员的动作幅度、作业速度确实是快节奏状态。询问员工怎样才能把这道工序做到位？作业人员回复，就是需要增加人手，增加人手参与工序计件又会导致人均收入降低，而公司领导坚决不同意调整计件单价，所以只能是现在这样。

咨询老师接着找到了现场正在作业的最后一道工序作业人员，员工指着产品的一些具体位置称，这些位置都应该是上一道工序加工完成，现在这些位置有的根本没有加工，有的只加工了一半，这些造成后工序处理困难，浪费大量的物料和辅料，费人费力，前面工序只要稍微注意一下多加工一点点儿，后面就不会有这么多处理工作了，也不需要用这么多人力了。

针对这个问题，咨询老师又找到了技术部经理，他回复，对前工序的各项要求符合工艺，这些是基本要求，前工序给出的标准工时也充足，前工序加工的问题不应该全部放在最后一道工序来处理，由于是手工作业，技术上基本没有太大改进的空间，关键是车间管理不到位才会造成这样的局面。

看起来大家说的都有道理，问题是谁也改变不了谁，到最后结果还是没有改变。

3 天后，咨询老师组织召开了第 1 次前工序全体作业人员会议，管理人员不用参加。作业人员主要反馈的信息仍然是工作量大、人手不够，计件单价低，咨询老师希望他们把前工序需要做的工作做到位，对加工到位的人员给予奖励，大家表示可以试试看。

1 周后到现场察看，最后一道工序的作业人员向咨询老师反映，这一周维修的产品的后处理工作有所减少；管理人员也反馈，前加工产品质量有提高，后处理的工作量有所减少。

在此期间，咨询老师多次到现场与前工序作业人员沟通，有员工反映，努力一下产品是可以加工到位，只是大家不太愿意这样做，原因不明。

接下来，咨询老师要求管理人员安排 1 名最后一道工序作业员到前一道工序去支援，以计时工资待遇计算，原有前工序计件工资不变。几天后，最后一道工序的员工反映，前加工产品质量又有一些进步，不过还是加工得不彻底。

1 周后，咨询老师组织召开了第 2 次前工序全体作业人员会议，管理人员同样不用参加。在这次会议上，一部分员工说出了大家的心声：同样是在一个车间工作，待遇基本相同，为什么最后一道工序的人员常常可以提前 1 个小时下班，而前面工序的员工迟迟不能下班，所以要留一些工作给最后一道工序的人员去处理。

原来如此，“不患寡而患不均”。原因找出来了，解决起来并不复杂。咨询老师指示相关管理人员将最后一道工序的人员再分出 3 人，共 4 人合并到前一道工序，不参与工序计件，将产品加工到位。同时要求车间管理人员列出书面通告，通知最后一道工序人员不得提前下班，有空余时间无条件支援前一道工序。

试行 3 周后，效果明显，最后一道工序的处理内容减少了 90%，一些产品开始进入不需要后处理也可以出货的状态。

第 4 周开始，最后一道工序保留两人，再次安排两人进入前一道工序，开始参与计件，要求将产品彻底加工到位。第 2 天，负责前一道工序的组长找到车间主任，称员工愿意将产品全部加工到位，要求增加的 6 人从这一道工序中调离。

当天该工序加工的产品全部加工到位，最后一道工序两人轻松完成，工作完成后没有下班，到前一道工序进行工序支援。这样做的结果是，节约了一部分人工成本，也节约了一大部分物料成本。

经过一周的验证，前一道工序都做到了加工到位，最后一道工序轻松处理。管理人员将调整后空余的 6 人安排到其他需要人力的岗位，最后一道工序只保留两人。

### 【案例 50】后工序转外包降低人工成本

2015 年，笔者主导某企业的经营变革。该企业产品有一定特殊性，后工序主要以手工作业为主，需要对成品进行最后加工、全检、称重、分小包装、贴内标签，再到整箱称重、贴外标签，最后经品管员检验后入库，属于典型的个性化、简单、重复手工劳动。

每年的第 4 季度，是这家企业的旺季，对前面的工序来讲，多开动一些机器就行。对后工序来说，意味着缺少大量人手。而在这个阶段，特别是临近春节前的一段时间里，每家企业都在赶货，招聘新员工的可能性几乎不存在。

当年 12 月，企业再次遇到这个棘手的问题，后工序是交货的瓶颈，缺少作业员 20 人。由于在年中总结时，对此项事务已经提前有所准备，当接到人员增补的决定时，人力资源部经理便迅速联系了 3 家劳务派遣公司，请这些公司补充临时工到厂工作。

经过一番讨价还价，人力资源部最终敲定了两家劳务派遣公司合作，劳务派遣公司在 1 周后将人员顺利补充到位。

劳务派遣人员到岗的第 3 天，发生了一件意想不到的事情。

上午刚一上班，厂长就跑过来告诉咨询老师，现在后工序增人反而减产。从出货来看，每天都有产品卡在后工序不能包装、入不了库，欠交货数量比原来还多；从效率来看，每天的包装总数量比劳务派遣工人来之前还少；加班反而越来越晚，加工工时越来越多。

咨询老师和厂长一起到后工序产品包装区查看，发现包装区被产品围得水泄不通，已经没有了通道，人员进出都要小心翼翼，一不小心就会踩到产品。负责包装的组长称，现在的产品比以前复杂，新员工需要时间培训，需要更多的全检时间，客户包装要求也比以前高，所以待包装产品堆积较多。

她说的是真的吗？咨询老师和厂长走出后工序生产区发出了共同的疑问，并立即找到 PMC 部拿到工单清单，厂长仔细查看后表示，这些产品和之前的基本相同，只有个别产品有复杂的要求，对整体产出影响不大。至于新员工培训，厂长表示新员工开始做的都是称重、包装工作，培训 1 天就足够了。

到底是出了什么问题呢？

咨询老师和厂长单独找了后工序的负责人、包装组长、全检组长、4 位员工。在单独的沟通中，员工和组长都表达出了后工序员工的心声。主要是员工有情绪，原因是劳务派遣工是按固定小时工资方式计算工资，假如是 15 元/小时，每天上班 8 小时晚上加班两小时，每天的收入是 150 元；本公司的员工是按固定计时加上加班费的方式计算工资，同样上班 10 小时，每月工资没有劳务派遣工的总收入高。

厂长对此进行了解释，劳务派遣工不是由本公司提供社保，福利没有本公司员工多，他们自己派驻管理人员进行管理，这些费用统统包含在固定小时工资里面了。

后来，厂长召开了后工序员工的座谈会，讲述了两种收入产生差异的原因。

大部分的后工序作业人员年龄偏大、工龄不足半年，有相当一部分是当地的村民。她们表示，主要还是考虑总收入高一些，其他的福利并不太在意；如果这个问题不解决，大家工作没有积极性，有些人可能会辞工。厂长在会议上表示，会后一定会给大家一个满意的答复。

问题就这样再次传递到了笔者和企业董事长那里，经过讨论，我们给出了问题的解决方案。

（1）要求人力资源部与劳务派遣公司签订不少于 3 年的长期合作协议，保障劳务派遣工小时工资收入，要求劳务派遣工在 1 周后按小时进行加工数量计件（即每小时 15 元需要完成多少产量），每小时工序产量由技术部提供。

（2）针对内部员工，公司按劳务派遣工小时工资标准扣除相关福利，同样要求按小时进行计件。

（3）公司鼓励后工序人员对部分工段进行承包，员工社保及相关福利由承包人负责，承包期不少于 3 年。

（4）由公司出面联络劳务派遣公司，对福利需求不高的员工安排劳动外包，收入按劳务派遣工标准计算，如果因工龄产生的费用由公司承担。

（5）以上政策由员工自行选择，过渡期为两个月。

这些方案出台后，劳务派遣公司、内部员工的热情空前高涨，后工序堆积的产品快速变少，迅速突破了交货瓶颈。一位组长主导与一部分员工合作变成了承包方，签订了 3 年的合作协议，一部分人员申请去了劳务派遣公司；还有个别人员考虑自己的福利留在了企业，企业为了管理的需要，将这少部分人员安排到前工序工作。

经企业统计，在这次后工序人力转外包过程中，每月节省作业员 11 名、节约管理人员 3 名，同时解决了一些长期存在后工序的不稳定因素，为企业集中注意力发展核心优势业务打下了基础。

在这个案例中，标准化程度低对人手要求不高的后工序，原本增加劳务派遣工帮忙是好事，中间却演变成了坏事，经过市场化引导，经过总成本分配调整，重新变成一件利人利己利成本的好事。

在总生产成本中，还有一项不太引人注目的费用，那就是制造费用，也有企业把辅料成本放到制造费用里面去（每家企业和每个行业划分方式稍有不同，这一点可以不用纠结，理解实质即可），制造费用一般包括辅助生产的间接人员工资、折旧费、水电费、机物料等。这里重点阐述机物料的管理，有的企业做到把机物料的费用摊分、细化到每一个产品中去，但是在统计出该项费用超出损耗之后，没有太好的办法去降低它，下面就依据两个实际的案例来说明如何降低这部分的费用。

# 第 33 法⊙降制造费用法——制造费用的降低

## 【案例 51】控制机物料领用降低制造费用

在某企业刚开始实施的月度经营分析会上，财务部展示的上个月财务分析报告显示，制造费用超出管制目标，多损耗 100 多万元，主要受机物料领用超额影响，使当月净利润不达标。

生产一部、生产二部参会两位生产经理面面相觑，不清楚上个月到底发生了什么事情，两人表示会后一定查清楚。

会后，两位生产经理找到财务部，拿到了上个月领用机物料的清单和机物料产生的费用清单，随后立即召开了会议。

### 一、生产一部的问题，物料“小金库”

生产一部机物料超出损耗的主要原因是更换了 4 条注塑机螺杆，实际却请购并领用了 15 条螺杆，注塑车间主任称“多领的留在车间备用”。在生产经理及财务部耐心解释下，车间主任把多领的螺杆退回了仓库。

在了解这件事的过程中还发现，车间对注塑机螺杆是否正常损坏或非正常损坏、是否找到了责任人、螺杆正常使用寿命是多久、损坏小的螺杆是否可再加工利用等细节问题都没有进行管理，仅凭车间调机技术员一句话就可以更换新螺杆。

在生产一部各车间巡查中发现，各车间都有自己的“小金库”，不止是螺杆，其他机物料也有多领用现象。

生产一部经理在咨询老师的协助下，对生产一部的机物料做出了相关管理。

第一，要求现有的机物料盘点登账，良品全部退回仓库。

第二，制定常用机物料的安全库存，严格控制机物料请购，不允许跨月请购。

第三，按单价对机物料进行划分，对贵重机物料的损坏判定、更换判定、后续处理做出明确规定，批准权限从车间主任提升到生产副总。

第四，对机物料的使用人员进行技术培训，采用固定时间保养的方式来减少机器的损坏与维修。

**二、生产二部的问题，设备缺保养**

生产二部超出损耗的原因比较简单，主要是叉车、铲车、各机台维修和保养产生的各项费用，生产二部经理看到费用清单后，对超耗问题有了一定的了解。一方面是上个月的维修、保养比较集中造成的超耗；另一方面主要原因是管理粗放。

以叉车、铲车为例，平常疏于管理，上个月仅补胎就有 6 次。特别是其中一台叉车和一台铲车，实在跑不动了，车间才写单报修。公司内部没有人能维修这种故障，只能找厂商来厂大修，涉及的主要配件几乎全部换新，厂商的技工花了 1 天时间才修好。修理完成后，厂商技工临走时告知采购部负责人："贵公司好歹也做一下日常保养，有些部位的磨损太不像话，如果不做日常保养，下一次别再找我们维修了，直接买台新的吧。"

据了解，车间的机台也存在上述类似情况。

生产二部经理和咨询老师巡查还发现，大部分的叉车和铲车的后视镜都不完整，有的车辆只有一个后视镜，有的车辆完全没有后视镜。叉车和铲车在厂区行驶速度过快，目测行驶速度超过 30km/h，这些都存在较大的安全隐患。

情况了解清楚后，生产二部经理在咨询老师的指导下提出了一系列管理措施：

（1）所有的叉车和铲车配齐后视镜，列出管理责任人，后续如果出现损坏照价赔偿。

（2）列出叉车和铲车在厂区不同路况下的限速并沿途安装指示牌。

（3）所有叉车司机、铲车司机进行安全培训及日常车辆保养培训。

（4）列出叉车和铲车的保养里程、保养方法、保养人，并将此项任务列入相关管理人员的绩效考核中。

（5）针对车间机台开展保养工作，1 周内做出样板机台，之后各班组水平展开。

（6）将机物料每月产生的费用与产值的比例和车间主任绩效考核挂钩。

经过生产一部经理、生产二部经理的改善后，在次月的财务分析报告中，制造费用低于管制目标20多万元，月度利润目标顺利达成。

## 【案例52】点检统计降低维修费用27.63%

2011年初，在某中型企业的经营变革中，咨询团队发现企业的制造费用居高不下，一度高达17.5%，影响了企业的利润率。其中，维修管理更是严重失控：机器设备台账不完整，各种维修记录不全，保养记录敷衍了事，配件更换履历不完整，人员超过编制，人浮于事，电工及机修工作散漫，经常在需要维修时找不到人，机器维修工时严重影响生产效率的提升。据相关管理人员反映，长期以来，维修部门已经形成了自己"小圈子"，一些维修人员达成共识，如果有人去严格地管理他们，他们将会集体辞职。

果不其然，在公司刚推出新的组织架构、新的部门职能、新的部门考核指标时，维修部的负责人便提出了辞职，辞职原因是辞职书中最常见的"家中有事"，并私下告诉其他人，自己已经找好了工作。

维修部负责人在企业里公认技术过硬，这个部门在他的管理下没有形成第二梯队，没有人能快速承接他的工作，他的辞职书是批准还是不批准呢？

如果批准，企业会有哪些损失？部门工作谁来承接？如果不批准，接下来的工作该如何开展？这个部门的管理如何推行？谁来主导这个部门的工作？

带着这些问题，咨询团队与企业方董事长进行了深入讨论，企业方董事长明确表示维修部负责人的辞职立即批准，他的工作状况、工作状态、工作结果、若干利益纠纷早就令公司高层严重不满，所谓的技术过硬只是一种假象，公司的各种维修大部分都是更换配件工作，真正的维修技术掌握在机器设备制造厂里，他只是入职时间相对长一些、对公司的各种机种设备比其他人更熟悉一些罢了，他的离职对企业来说没有大的损失。

对于下一任维修负责人的人选，企业方董事长认可咨询团队提出的内部竞聘的建议。

这次讨论后，人力资源部组织了维修部负责人的内部竞聘活动，共有4人参加竞聘。经过两轮竞聘，依据各部门负责人及公司高层评价结果，选择了一位做事积极主动、喜欢动脑筋、技术水平中等的年轻机修出任维修部负责人。

有了新的维修负责人后，根据实际状况，咨询团队指导他推出了一系列的改善动作。

**第一阶段推出对《维修单》的管理。**

（1）要求每一位机修、电工每天准确记录工作内容、工作时间，内容上由各车间签字确认，时间上精确到分钟。

（2）安排每一位机修、电工分区分车间分机台主动进行点检，以减少维修时间。

（3）每天统计上述内容并在生产协调会上公布。

（4）每天分析上述内容的统计表，不断评估各机修、各电工的工作量、工作态度、技术水平。

实施一个半月后，有两位机修、1 位电工主动提出了辞职并离开。

**第二阶段推出对维修费用的管理。**

（1）完善机器设备维修台账。

（2）准确记录主要配件、贵重配件、易损件的使用寿命，在这些配件出现问题前主动更换。

（3）每天精确记录每一个维修配件的用量、用处、材料费用、旧件去向，上述内容每天统计汇总并在生产协调会上公布。

**第三阶段设定维修费用目标值开始管制。**

（1）统计两个月后，针对维修费用设定阶段性管制目标，每周分析统计并做相关改善。

（2）超出维修费用管制目标时，扣除一定绩效考核分数，低于维修费用管制目标时，按节约总金额的50%发放奖金。

（3）这项措施还带动了生产部、维修部门对机器设备的主动保养。

这些改善动作全部落地后，财务部核实了 11 个月的维修费用统计，维修费用由改善前每万元产值耗用 121. 16 元下降到改善后每万元产值耗用 87. 68 元，每万元产值维修费用下降 33. 48 元，下降比例为 27. 63%，维修费用的下降带动制造费用下降了 1. 6%，为公司的总成本领先做出了一定的贡献。

在生产总成本、制造费用得到控制后，我们再来看管理费用如何降低。

# 第 34 法⊙降管理费用法——管理费用的降低

在管理实践中，企业主动管理费用降低的措施较多，如一部分企业提出双面打印、二手纸回收利用等，以节约办公费用中的纸张；也有企业对公司用车、维修保养做出详细规定，减少车辆台数及车辆管理支出，节省了一部分管理费用；还有企业对报销进行约束和规范，也减少了一部分管理费用。

在咨询实践过程中，笔者发现企业在降低管理费用中，在配置合理的管理人员这个问题上出现了两个极端。

一个极端是把本应该有的管理人员极力压缩，将工作分配到 1 个或几个人的工作中，1 人身兼多岗，如某企业的跟单员，主要负责跟单工作，又要负责行政管理工作，还要负责采购工作，车间的部分机器调试、设备参数调整、确定产品限度样板等工作也要他负责。这样的管理方式看起来管理人员费用较低，实际会造成权力的过分集中可能产生“腐败”，也会造成人员的不可替代性，一旦人员离职将会给企业带来重大影响，这样的管理方式只能是小微企业或企业临时过渡使用。如果让这种管理方式长期存在，那只能说明企业只考虑短期利益，这是一种极端短视行为。

另一个极端是过分强调工作细分、工作量，不考虑管理人员费用，部分管理人员片面地认为人员越多越好，对管理人员数量不加限制地进行使用和配置，经过日积月累，人员越来越多，机构越来越庞大，组织越来越臃肿，企业不堪重负。由于利益交织、碍于情面、决心不强，人员过多造成管理费用过高的问题在一些企业中积重难返，一时难以处理。

下面的案例讲述的是如何通过优化管理岗位从而降低管理费用，来看案例。

## 【案例 53】多管齐下优化管理岗位

市场竞争是残酷的，某大型企业成立 20 多年来，在 2016 年度出现了持续亏损，迫于经营压力，企业开始了一场组织变革。

经过7个月的共同努力，在企业方的支持下，在咨询老师的推动下，完成组织变革的目标，实现了企业的盈利。在这个过程中，不得不提的是管理岗位的优化。

调研中就发现，该企业平均每月的管理费用高达15%以上，远高于行业竞争对手8.5%以内的平均水平，在管理费用上缺乏竞争力，最终使产品报价明显高出竞争对手，失去了一部分市场机会。

咨询实施阶段，在完成组织架构优化、对一般的管理费用如车辆管理费用、办公费用之类费用优化后，管理费用仍然居高不下，企业方和咨询老师都不得去面对这项不愿意面对但又不得不处理的工作——管理人员岗位的优化。

**第一，给出管理费用控制总额。**

要求财务部按8.5%列出公司整体管理费用总额，列出前12个月各部门管理费用明细。由人力资源部主导，企业总经理参与，与各部门负责人进行一对一沟通、确认各部门管理费用控制目标。在这个阶段，各部门负责人需要提出初步的管理费用改善办法及实施日期。

在收到提交的改善办法后，人力资源部、总经理、咨询老师共同评议改善办法的可行性，对可以实施的改善办法要求部门按期落实，人力资源部负责监督落实。

这个过程中，各部门负责人提出的改善办法使管理岗位或人员数量有所减少，并且类似的活动企业自身也有做过，经过一轮实施下来，与控制目标对比还有较大差距。

**第二，简化工作流程，减少审批环节。**

组织各级人员，咨询老师协助、各部门负责人参与，对公司主要工作流程进行检视，综合评估、慎重决定流程取舍，减少不必要的审批环节，为“精兵简政”打下基础。

**第三，对各部门进行定岗定编。**

由人力资源部主导，按管理费用控制目标划分到部门。同时由人力资源部主导、各部门协助，对各管理岗位进行工作分析，细化到每天、每周、每旬、每月、每季度、每年需要完成的工作，精确到完成每一项工作所需要的时间。

在上述两点的基础上，由人力资源部与总经理一起，根据销售整体情况对各部门进行定岗定编。人力资源部根据工作分析情况对各部门各岗位进行集中核查，明确出必须保留的岗位、不需要的岗位、可合并的岗位、需异动的岗位。

**第四，对各部门进行人力盘点。**

重点看人力“质量”，在这个过程中完成人员筛选。按岗位对人员进行匹配性分析，其中学历占 10%、经验占 20%、技能占 30%、态度占 10%、绩效考核成绩占 30%。这 5 个维度中除了态度由被评价人员所在的部门负责人主观评分外，其他都是客观数据指标。在匹配性完成后组织各部门负责人集体评审，每次评价某一位管理人员，所有部门负责人都需要发表意见。

最终按匹配率进行处理：

- 匹配率在 90% 的人员考虑晋升。
- 匹配率在 75% ~89% 的人员考虑留任。
- 匹配率在 60% ~74% 的人员考虑培育。
- 匹配率在 59% 以下淘汰。

**第五，在企业里推出管理人员岗位工作流程 SOP（作业指导书）。**

作业人员岗位有 SOP，管理人员岗位同样有 SOP。

在咨询过程中，针对一部分深度合作的企业，咨询团队会协助企业方对公司的所有工作岗位形成工作流程 SOP，如前台文员的岗位工作流程 SOP，如前台接待、电话转接等，具体到细节流程及注意事项等。这些岗位工作流程 SOP 是企业宝贵的财富，即使有人离开了企业，这些经验、标准、表单、注意事项没有随之流失。从做事的层面来看，一定程度来说，这才是企业“铁打的营盘”。

岗位工作流程 SOP 的格式如表 4 -2 所示。

无独有偶，2018 年笔者辅导的某大型企业，企业董事长从某国际一流知名商学院总裁班脱产学习归来，第一件事就是推行岗位 SOP，亲自在企业内主导推行各个岗位的 SOP 并保持随时更新。

**第六，执行人力数量减少，适度提升管理人员待遇。**

按照人力盘点匹配率评价结果，对不合适人员交由人力资源部进行处理。考虑管理人员的减少会增加在职人员的部分工作量，对部分岗位管理人员进行适度调薪。

最后一项措施，充分利用软件功能，减少管理人员工作量，从而减少人力。充分利用 ERP、OA（办公自动化）、模块化软件、其他智能软件减少管理

表 4－2 前台文员岗位工作流程 SOP

| 序号 | 任务名称 | 内容 | 工作流程 | 注意事项 | 表单 | 时限 | 输入岗位 | 输出岗位 | 备注 |
|---|---|---|---|---|---|---|---|---|---|
| 1 | 前台接待 | 对来访客人做好接待、登记、引导，安排洽谈地点，及时通知被访人员 | ●迎接：<br>当客户或来访者进门，应立即停止手上的工作，主动起立致以问候<br>单个人标准问候语："您好！欢迎来到××公司。"<br>来者是两人，标准问候语："二位先生/小姐好"或"先生、小姐，你们好"<br>来者是 3 人以上，标准问候语："各位早上/下午好"<br>已知客户或来访者姓名的，尽量称呼其姓氏，以显得更亲切 | 即使是在打电话也要对来客点头示意，但不必与来客握手<br>打招呼时，应轻轻点头、面带微笑，并要表示出热情友好和愿意提供服务的态度。同时使用礼貌用语<br>单个人标准问候语："您好！欢迎来到××公司。"<br>来者是两人，标准问候语："二位先生/小姐好"或"先生、小姐，你们好"<br>来者是 3 人以上，标准问候语："各位早上/下午好"<br>已知客户或来访者姓名的，尽量称呼其姓氏，以显得更亲切 | 来访回执单 | 即时 | 保安 | — | |
| | | | ●探询：<br>陌生客人光临时，务必问清对方姓名、单位及来访目的。通常可问"请问先生/小姐贵姓？""请问先生/小姐贵公司是？有什么可以帮您？"<br>若来客说明已有预约，谨慎起见，应告知对方稍等片刻，同时打电话通知被访者："您好，我是前台××，有位××公司的×先生/小姐与××约定今日下午×点见面，现已在前台等候。"确定情况是否属实 | 对于无预约造访的客人，不要直接回答要找的人在或不在，而要告诉对方："请让我问问他是否在公司。"<br>同时婉转询问对方来意，尽量从客人的回答中充分判断能否让他与被访者见面，如果客人找的是公司领导，就更应该谨慎处理<br>未经同意任何来访者不得进入办公区、生产区 | — | 客人到前台时 | — | — | |

人员工作量：

- 如绩效考核中的考核指标由 ERP 系统自行运算并评分，大大减轻了绩效考核人员的工作量。
- 运用外挂进行自动排产，减少了计划员的工作量。
- 用 OA 减少各项事务性“跑腿儿”工作。
- 用 MES（制造执行系统）实时采集整体生产数据，减少管理人力。

在这些措施充分执行到位后，这家企业的管理费用终于达到控制目标。

当然，决策者也不能一味地考虑减少管理人员，在一些新产品较少、研发能力弱的企业，对研发人才反而需要增加人数。

在人员稳定时，可以考虑让各管理人员主动积极地为企业做出其他方面的贡献，比如准确把握各种国家政策、行业政策，找到适合企业的一些项目进行申报，获取一定的奖励和补贴；企业认定为高新技术企业后，在税收方面、研发费用扣除方面有一定的优惠。虽然这些收入在财务上不能抵消管理费用，但可以在总体收支上产生一定的平衡。

接下来谈一下销售费用的降低，请看案例。

# 第 35 法⊙降销售费用法——销售费用的降低

## 【案例 54】调整提成结构降低销售费用

2013 年 8 月，笔者主导华中地区某商品混凝土企业的经营变革。调研发现，在多年的发展过程中，企业的销售额不断增加，近 3 年却停滞不前，这 3 年中企业利润持续下滑，低于行业一般利润水平。

在经营变革的过程中，咨询团队相继控制了物料成本、人工成本、制造费用等，取得了一定的效果。

为了提升销售额，在销售部门推行了组织架构优化、提成改革、报价时效提升、销售能力培训等一系列工作，销售额有了明显提高。企业方董事长对上述效果表示认可，同时也提出了一项建议，他从几家竞争对手那里了解到，目前销售部的各项费用严重高于同行业的水平，影响对外报价和公司利润，需要进行合理控制。

带着这个问题，咨询团队相继对财务经理、销售经理、部分业务员进行了一对一的访谈。访谈结束后，对销售费用的管理有了清晰的认识。目前销售人员有明确的底薪加提成制度，严格按照制度执行。企业里也有明确的报销管理制度，对招待费、差旅费、加油费、车辆补贴等业务开支做出规定，费用报销主要靠公司领导在审批，这份制度在一些方面规定不够具体，如招待费用，在销售合同形成前可以报销，销售合同形成后是否可以报销没有明确规定，存在模棱两可的现象，业务员在车辆“私车公用”补贴方面也存在报销标准模糊现象。

参与访谈的 4 位业务员对上述现象表示不满，认为最近 3 年销售额停滞不前与销售费用的管理有关。其中 1 位业务人员坦言，业务员的底薪和提成是相同的，可是有的业务员销售额不高报销的销售费用却很高，而有的业务员销售额高报销的销售费用反而低，把提成加上统计为综合收入就会发现，销售额高低无所谓，只要和负责审批报销的领导关系处理好销售费用照样可以报销，综合收入一样不会低。时间一长，就没有多少业务员太在意销售额的高低了，公司提出再多的激励措施都会收效甚微，这样的销售费用管理方式影响了业务员接订单的积极性。

在了解清楚这些事项之后，咨询团队询问了负责审批销售费用的销售经理、副总经理，两人均表示，整体上销售费用的报销都是按制度执行的，偶尔会有审批不仔细的现象。

一方提供的信息是销售费用审批人情化，另一方提供的信息是销售费用审批制度化，到底哪一方说的是真的呢？

带着这个疑惑，咨询团队对所有的业务员展开了一对一的访谈，访谈结果表示，60% 以上的业务员认为销售费用审批存在人情化。

咨询团队找到了企业方董事长沟通这件事，他表示销售费用审批自己无暇顾及，都是委托副总经理代为批准，这件事可能有，也可能没有。

问题更加模糊了！

该怎么办呢？

用数据说话！

在咨询团队的指导下，企业方财务部提供了各业务人员（含销售经理）上一年度至今每人每月的销售额、招待费、差旅费、加油费、车辆补贴明细及汇总。经过分析发现，正如业务员所说，销售费用存在人情化审批现象。

如业务员甲每月销售额为 200 万元，其除提成外每月个人销售费用率为 0.74%。业务员乙每月销售额为 400 万元，其除提成外每月个人销售费用率仅为 0.16%，两人每年销售费用相差 10 万元以上。以燃油费报销为例，业务员丙年销售额 1450 万元，业务员丁年度销售额 1500 万元，两人销售区域相差不大，业务员丙报销的燃油费是业务员丁的 10 倍以上。

由此看来，影响业务员积极性的也是“不患寡而患不均”。

真相找出来了，咨询团队与企业方董事长沟通后达成共识，立即对销售费用报销进行调整，将销售费用按固定比例增加到销售提成中，公司不再承担销售费用，端午、中秋、春节等节日往来由公司统一安排。

这项措施实施后，业务员有了更高的积极性，销售额开始有了攀升。业务员有了固定的销售费用，不会去随意浪费，因为省下来的费用都是自己的，而公司层面由于总销售费用受控，销售费用总体下降了 1.5%。

在讲完降低销售费用的案例后，再来看一下“三费”中的最后一项费用，财务费用该如何降低，来看下一个方法。

## 第 36 法⊙降财务费用法——财务费用的降低

在辅导企业的过程中，提及财务费用降低，有的企业董事长回复“没办法”，有的企业董事长回复“方法较少”，而一家企业的董事长则回复“财务不出错就等于降低财务费用”。

据了解，这家企业在 2008 年，曾经因为财务在一起出口退税的工作中，监督不力、盖章错误导致出口退税失败（返回重填已过截止日期，主管部门规定截止日期后该行业产品不再享受出口退税政策），直接损失 40 多万元，董事长称之前由于类似问题企业也损失了 100 多万元。

在降低财务费用实践中，一些企业通过集中支付的办法减少财务费用，有的企业依据自身综合实力，通过“贷比三家”，选择合适的贷款利率与合适的贷款期限，在贷款规划上减少财务费用支出，也有企业选择提前还贷的办法减少利息支出。

有一家企业，根据企业的实际情况，在对流动资金进行规划后，找到了一个降低财务费用的方法，请看案例。

### 【案例 55】合理运用资金降低财务费用

该企业是一家大型企业，公司已经成立 20 多年，有一定的行业地位，企业自有土地、自有厂房，综合实力相对较强，贷款不多，银行信用良好。

2017 年，企业在经营业绩上，准确地说是利润上出现了明显下滑，接近亏损边缘。企业为此引入经营变革。

在经营变革中，经过几次总成本管理培训，咨询老师要求各部门提出部门内降低成本、节约费用的具体措施。

在提到财务费用降低时，财务总监回复称，目前银行提供的贷款利率已经够低了，其他方面没有降低财务费用的空间。

咨询老师提示他将每年企业的整体资金运用情况列出明细表进行分析，特别关注应收应付状况，看看是否存在财务费用降低的空间。

财务总监将上一年度的应收款、应付款进行了统计，并进行了初步分析。以公司其中一个事业部为例：

应付款方面，上一年度应付主要物料的款项将近5000万元，这些物料中只有200多万元铜材付款需要现金结算，其他各种物料总体现金支付比例却高达58.74%，其余物料结算方式全部为月结30天。

应收款方面，客户最短的付款时间为月结60天，最长付款时间达月结120天，大部分客户付款时间为月结90天。也就是说，这个事业部有60天以上的货款积压，给公司的流动资金带来了压力。

财务总监建议先从这个事业部开始，对现金支付的货款改用承兑汇票的方式进行付款，每年至少可以节约15万元，如果每个事业部都改变，按应付款金额计算，公司每年至少可以节约60万元。

咨询老师提醒他，轻易改变付款方式可能会导致供应商流失，影响正常生产。即使供应商接受了延期付款，也会在后续报价中体现出来，供应商会将这些费用计入单价。

为此，咨询老师与事业部总经理一起，召开了关于改变供应商付款方式的会议。会议上，财务总监对应收款、应付款的分析情况进行了说明，同时征求采购部的意见。

采购经理表示，这项工作对公司有重大影响，能够缓解资金压力，采购部完全支持这项工作，会安排采购员和各个现金支付的供应商进行详细沟通并形成书面文件。采购经理同时表示，公司的付款条件在行业里有比较优势，供应商普遍愿意和公司合作，现有的大部分供应商已经合作超过10年，公司在行业里也有一定的话语权，并且承兑汇票供应商也可以支付给自己的供应商，采购部有把握在不调整单价、不改变供应质量的基础上实现这次转变。

经过1个月的谈判，在采购部的努力下，所有的现金结算供应商同意了这次调整，接受用承兑汇票代替现金支付。

在完成这个事业部的调整后，财务部主导对另外的事业部也陆续进行了调整。这一轮调整每年为企业释放了大量的流动资金，节约财务费用60多万元。

在一些流动资金紧张的企业里，可以参考这个案例。如果企业自身实力不够强大，**财务部应该更多地考虑资金规划、设置资金预警、督促销售部门将应收款及时回收、减少贷款支出**等方法来降低财务费用。

有人看到这里，肯定会提出一个问题，应收款没有那么容易回收，有没有好的方法呢？的确，应收款管理是企业经营中的一个难点，也是一个痛点，下面就来谈一下应收款的管理。

# 第 37 法⊙降应收款法——应收款的管理

应收款管理，在大多数制造型企业里都存在这样或那样的问题。随着市场竞争的加剧，一些以出口为主的制造型企业也遇到了应收款问题。

对小企业来说，应收款管理关系着企业生存，稍有不慎，可能会把自己断送掉。在 2018 年年底某涂料行业会议上，一些企业老板吐槽，行业内有不少企业当年因为一些客户的应收款没有收回而倒闭。

值得庆幸的是，随着营商环境不断改善，法律体系越来越健全，市场上淘汰了一批批信誉不良的企业和个人，一些行业和企业也摸索出了属于自己企业的催款办法，如机械厂在机器设备出厂前设定有使用期限的密码，到了付款期没有付款机器设备会被锁定无法启动，促使购买者按期支付货款。

外部环境是事物变化发展的外因，是企业发展的外部条件，对企业有一定帮助，内因才是事物变化发展的根本原因，是第一位的原因。那么，在内部管理上，企业应该怎么管理应收款呢？来看一个企业的案例。

## 【案例 56】坚持每周核对，应收账款减少 55.1%

2007 年，笔者参与了某大型企业的组织变革，在调研中发现，企业应收账款接近 1 亿元，应收账款周转天数变得越来越长，每月应收账款回收率不足 80%，企业资金压力明显增大。

经过 7 个月的调整，在咨询老师的指导下，在企业各部门的努力下，该企业每月应收账款同比减少 55.1%，应收账款回收率平均达到 97.53%，大幅度缓解了资金压力，为企业的进一步发展打下良好的基础。

回顾这个改善过程，主要做到了以下内容。

### 一、基础准备工作

不管是当年应收账款还是往年应收账款，要求营销中心与财务部将订单编号、订单总金额、欠款总金额、应回款时间、最后交易时间、最后回款时间、最后回款金额、责任业务员等基本内容双方核对确认无误，同时将这些内容形成《账龄分析表》。

接下来由总经理召集会议，针对所有应收账款逐条了解情况。在这个过程中我们发现，不管是营销中心负责人，还是责任业务员，对应收账款的实际情况没有做到了如指掌，一些人员平时只是回复应收账款难回收，或者仅仅关注了一些应收账款金额较高的客户，个别业务员甚至不清楚当月需要回款多少金额、下月需要回款多少金额，应收账款管理没有做到全部跟催、经常跟催，基本上是领导催促一下才去追踪一次。

在这个会议上，由各责任业务员回复应收账款存在的问题、追踪情况及下一步将采取的行动，并且回复可回收金额、收款时间，由财务部货款管理人员形成书面记录，每周按回款情况进行更新。

**二、每周每笔应收账款的核对**

财务部货款管理人员每周六编制下周《客户回款明细表》，详细列明本周到期货款明细及到期时间、超期货款明细及超期天数、呆滞账明细等详细内容，在下周一上午下班前经财务部经理审核后交公司总经理或指定代理人批准，由营销中心经理分发各业务人员。

业务人员根据《客户回款明细表》与客户进行沟通、跟催，按时完成本周货款回收计划，并在每周六下班前完成与财务部货款管理人员的核对工作。

如果客户无法按销售订单按时付款，需要提出明确的延期时间，由业务人员提供书面申请，如延时 7 天内，报营销中心经理批准，如延时超过 7 天，必须报公司总经理批准。

客户货款超期 7 天以上，业务人员必须提供书面说明交营销中心经理审核后报总经理，并要求客户每增加延时 1 天缴纳超期货款总额的 2% 作为滞纳金。如客户货款超期 30 天以上，财务部书面向相关业务人员提出货款风险预警，业务人员接到预警后 3 天内制定相应的追款计划报营销中心经理批准执行。

财务货款管理人员每月结束后 2 个工作日内清理超期货款情况，列出《超期货款明细表》经财务部经理审核后交公司总经理批准，由营销中心经理分发各业务人员，《超期货款明细表》需有详细的客户名称、账龄等信息。

业务人员收到《超期货款明细表》后 3 个工作日内与客户进行沟通、跟催，列出详细的回款计划。

对账龄超过 2 个月且金额在 10 万元以上的货款，必须制定详细的追款计划表报营销中心经理批准执行。

对账龄超过 3 个月的货款，销售人员必须提交详细书面说明经营销中心经理审核后交公司总经理批准，由公司总经理决定是否采取法律行动。

**三、对新接订单的应收账款进行管控**

在加大力度回收现有应收账款的同时，对于新接订单的应收账款也进行了管控。

依据客户月平均销量、信用水平及客户在当地的影响力，结合产品类别、客户性质、服务内容、资信等级等多项综合指标对客户进行内部评估，将客户分为 A、B、C 三类，仅限 A 类客户享有一定的延期付款额度。

**四、从销售订单形成开始控制**

各业务员与客户签订销售订单时必须明确规定货款回收时间，一般情况下，回款日期为该批订单出货后的 3 天内，如客户结算周期不能满足公司回款要求，销售人员在签订合同前必须向营销中心经理提供书面申请；回款周期在 15 天内，营销中心经理批准后即可执行；如客户要求付款日期超过 15 天，则需经过营销中心经理审核后由总经理批准。

**五、从出货前进行管制**

要求营销中心在《出货通知单》（备货使用）发出前交财务部审核，针对超出信用额度、未按销售订单进度付款、不符合上述规定手续不全要求出货的产品，财务部有权不予签字下发，例外情况由总经理批准。

在总结、回顾应收账款改善的过程时，营销中心经理称，公司业务员人数较多、关系复杂，变革难能可贵的是，应收账款改善从整体上考虑，各项措施没有触动业务人员原有的提成，却产生了明显的效果。

这些方法看似平淡无奇，但是每周核对 1 次比每月提醒 1 次频率高多了，有帮助、有提醒、有要求、有表单，货款回收目标清楚，问题也变得透明，业务员对问题也逐渐重视起来，时间长了自然有效，每周核对必须长期坚持。

财务部经理坦言，以前财务部对应收账款的了解不够，只是知道一个大概，每周核对应收账款后，财务部对每一单货款都清楚，刚开始每周核对觉得非常麻烦，坚持核对两个月后就顺利了，慢慢地看到应收账款在减少，资金压力也有所缓解，对财务部的工作也是一种帮助。

讲完了应收账款的管理，在本章最后一节来讲如何降低库存金额。

## 第38法⊙降库存法——库存金额的降低

有人说，库存是万恶之源。高喊的“零库存”，大部分企业也只能在局部实现。企业销售额越来越高，仓库面积越来越大，仓库数量越来越多，现金流越来越紧张。有的企业到年终盘点时才发现，企业一年的盈利都在仓库里面，变成了一堆物料、一堆半成品、一堆产品。

如何在经营中有效降低库存金额，合理释放资金、缓解资金压力是企业需要面对的重大问题。请看以下案例。

**【案例57】多管齐下降低库存700万元**

笔者辅导的某公司2008年10月销售额近3000万元，公司总体存货（指公司所有原材料、半成品、成品）金额达4700多万元，加上主要原材料价格暴跌，导致该公司上个月向银行贷款的5000万元几乎全部变成了存货，给企业经营带来巨大压力。

现场可以看到，制造大楼一楼成品仓库被成品围得水泄不通，原材料的各个仓库没有了通道到处被堆满物料，纸箱仓库发料时仓管员只能站在纸箱上跳来跳去地寻找物料。需要的物料没有库存，不需要的物料一大堆。呆滞品堆积严重无人处理，每个仓库都存有2001年、2002年的呆滞物料，供应商每天仍有大车的货物送到工厂，刚租的新厂区也几乎被堆满了半成品。其中，制造大楼生产二部车间二楼楼面已接近或达到最大的设计承压能力，生产部主管频频报警，称如果再不给出空间解决产品摆放问题，生产出来的成品可能会把二楼压塌，车间工人在生产时也都在担心这个问题。

随之而来的还有供应商货款支付问题，一些供应商开始试探性提出不结清上一周期货款暂不发货的要求，这对本来欠料严重的生产管理来说更是雪上加霜，对客户产品的交期只能是一拖再拖。

经充分调查完各种实际情况后，笔者主导制定了降低库存的各种措施，具体如下：

（1）依据销售额及资金状况设定所有物料安全库存量（下限）、所有物料最高库存量（上限）。

（2）每周专人查核物料最高库存量并提报超限原因。

（3）计划员在每次制作物料需求计划时，必须严格按照订单数量请购，胶壳类损耗备品不得多于 2%，其他损耗备品类不得多于 1%，特殊规格损耗备品多于 2% 请生产部书面确认备查。

（4）采购部严格按照物料需求计划数量下单，要求计划员在《采购单》上确认物料采购数量并签名。

（5）由生管部主导对仓库、车间库存物料做配套分析，将欠料较少的物料合并为产品，并将可以合并的产品明细告知营销中心，营销中心优先推广销售。

（6）不能配套的库存物料逐一进行现场判定处理，如变卖、向供应商处回收、报废等；经判定需要搁置的，判定人需要签字说明原因，技术部和营销中心部门负责人必须签字确认，需要搁置的库存物料由保管单位确定明确的保护措施及明细，交总经理备案。

（7）各仓管员严格按照《采购单》交货数量、日期进行收货，无论是否是通用物料均不接受超单收料，由收货人员把关。多收物料一律不得办理入库手续，由各仓管员把关。个别特殊渠道供应物料超过 5% 报生管部长签字确认处理，超过 10% 报副总经理签字确认处理，财务部对未按本条规定执行的收货单不予支付货款。

（8）每周对各仓库进行 5S 评比，重点检查物料分类、分区摆放及物料标识，结合账物卡准确率对仓管员的仓库管理情况进行打分，以提高账物卡准确率。

（9）仓库统一在次日 9：00 前上交前一个工作日的《收货日报表》，以邮件形式分发生管部、采购部、各中心副总、财务总监、总经理及咨询老师处。

（10）仓库及车间使用新的《套料单》备料、领料。

（11）呆滞品经品质部、技术部共同判定可以继续使用的，车间必须投入生产中使用。

（12）呆滞品经判定不能使用的，进行下一步处理，如变卖、向供应商处回收、报废、二次加工、搁置等，要求责任部门给出处理时限。

改变以库存金额（即原材料库存金额 + 半成品库存金额 + 成品库存金额）来设定考核目标值的方式，采用销售额：库存总金额的方式设定考核目标，关注两者动态变化，以动制动。以销售额与成品库存金额之间的比值对营销中心进行考核，以销售额与原材料和半成品库存金额之间的比值对生管部、生产部进行考核。

上述动作经过两个多月的实施，产生了一系列变化。

关注库存、库存数据的人员及部门明显变多了：

• 由物料最高库存量引发企业对车间各工序半成品库存的讨论、设定、考核。

• 收货得到管控，乱收、多收情况已经杜绝。

• 仓管员反映仓库货物明显减少，仓库空间明显变大，开始有了通道。

• 采购员反映因按物料需求计划下《订购单》，有的物料订购数量太少，供应商开始有一些抱怨。

财务报表统计显示，主要材料从两个月前的平均库存量 2300 吨下降到本月的 1886 吨，下降了 414 吨，降低了 18%，当月公司总体存货金额为 2707.56 万元，除去市场降价因素外，上述管理方法的控制使库存下降约 700 万元，使企业资金压力大大减轻。

# 第五章

## 总成本领先追根溯源
## ——人员的转变

**一、三种不同的总成本观念**

在总成本方面，企业经营管理者往往有着三种不同的思维，总成本观念不同，经营方式和经营结果自然不同。

**第一种总成本观念是总成本 + 利润 = 售价。**

这是计划经济时代的观念，属于典型的成本主义，主要考虑“我的成本是多少”。当然，在那个时代，也有一部分企业可以在产品生产时不考虑总成本，把产品生产出来的总成本加上利润就是售价，考虑经营问题以“我”为中心，因为“皇帝的女儿不愁嫁”。

目前在少部分企业中还存留那个时代的印痕。

一家技术出身的企业总经理在提及企业发展缓慢的原因时称，他企业的产品用的是行业内最好的材料，加上合理的利润就是售价，企业主要是因为缺少资金，所以没有发展壮大。看到这家企业产品后发现，企业生产的产品定位过高，产品配置过高，一些功能设计多余，主要物料选型过剩，主要材料品质要求过剩，高昂的售价让客户望而却步，而经营者不肯对此做出改变。于是，企业发展在埋怨客户“不认货”的声音中“原地踏步”，经常“入不敷出”。

**第二种总成本观念是售价 - 总成本 = 利润。**

这是市场经济时代的观念，属于典型的售价主义，主要是考虑“我的售价是多少，才能够保证利润”。随着市场竞争的出现，企业不得不考虑行业竞争对手的售价，仔细计算成本，考虑经营问题仍然以“我”为中心，同时关注了市场上的“他”，因为过高的售价会使企业在市场竞争中处于不利地位。

**第三种总成本观念是售价 - 利润 = 总成本。**

这是精益思想时代的观念，属于典型的利润主义，主要是考虑“为保证企业的利润，总成本控制在多少”。随着市场竞争进一步加剧，竞争对手的增多，新进入者、替代者层出不穷，企业面临着巨大的竞争压力、生存压力、发展压力，考虑经营问题不得不以“客户”为中心、以“利他”为基准。为了保证企业利润，向内部挖潜力，向管理要效益，优秀的企业甚至出现了“赤字接单、黑字出货”现象。

在这 3 种总成本观念中，最终都指向了企业的利润。在提升企业利润上，有两个方面可以操作：一方面是增加营收即开源，通过提升销量或提高售价来实现；另一方面是降低总成本即节流，通过强化管理来实现。

一般来说，企业要增长同样的利润，总成本降低的杠杆比营收的杠杆更有力，表 5 - 1 是一家企业的成本结构对比。

**表 5 - 1　一家企业的成本结构对比**

| 项目 | 原始成本结构 | 营收增加 30% | 总成本降低 3% |
|---|---|---|---|
| 营收总额 | 1 亿元 | 1.30 亿元 | 1 亿元 |
| 总成本 | 9000 万元 | 1.17 亿元 | 8700 万元 |
| 利润 | 1000 万元 | 1300 万元 | 1300 万元 |
| 推论：总成本降低 1% = 营收增加 10%，两者比例受企业利润率波动的影响。 | | | |

对多数企业来说，面对企业经营，一般选择第 3 种总成本观念。但是决策者也应该理解，这 3 种总成本观念中没有绝对的先进与落后，也没有绝对的正确与错误，对企业来说，只有适合、不适合。选择哪一种总成本观念进行经营，与企业定位有关，与企业自身的综合实力有关。

良好的总成本观念是否一定能够降低总成本呢？答案是不一定！原因如下所述。

## 二、从成本动作开始改变

在企业里，不同层次人员对总成本的认识不同。高层管理者对总成本有整体的认识，高度关注；中基层管理对总成本有局部的认知，关注一般；一线员工对总成本的某些片段有了解，关注较少。

在企业里，不同年龄的人员对成本的认识也有所不同。年长的人员对成本反应相对敏感，中年人对成本反应相对一般，青年人对成本反应相对缓慢。

有的企业人员来自五湖四海，不同地区的人员对成本也有不同的认识。不同的人员有着不同的经历，有着不同的世界观、人生观、价值观。

面对这些个体差异，企业在管理中该如何去统一并改变人员的成本观念呢？

我们先来探究一下成本管理观念、成本管理方法、成本管理动作之间的关系。假设成本管理观念对实际的帮助是 100 倍，成本管理方法对实际的帮助是 10 倍，成本管理动作对实际的帮助是 1 倍。

请问，在成本管理中，这三者中哪一个最重要？

笔者在多次培训中也问到这个问题，大多数学员的回答是成本管理观念最重要，因为成本管理观念决定了成本管理方法，成本管理方法决定了成本管理动作。这个答案真的正确吗？

作为一名资深管理咨询师，笔者有必要帮助企业经营决策者把这个问题理解透彻。

我们来看一下企业管理中的常见的几个观念："认真""快""负责任"，有了这些观念（有人戏称为"放之四海而皆准"的大道理）之后，扪心自问一下，企业里的事情真的做好了吗？充其量只是解决了"脑袋"的问题。

我们举一个生活中的例子来说明这个问题。假如我们现在位于深圳世界之窗要到北京故宫去旅游，我们"想"（观念）这件事只需要几秒，去北京故宫的交通方式（方法）至少有 3 种以上。假设选择了乘飞机这种交通方式，实际从深圳世界之窗到北京故宫，需要完成订机票、乘坐交通工具到机场、乘机、乘坐交通工具到故宫这些具体的事务（"做"动作）。

请问：最终是什么让我们从深圳世界之窗到达了北京故宫？

答案是动作，是那些一连串的动作让我们产生了变化。

所以，想和做不是一回事儿，想到和做到更不是一回事儿！

成本管理也是如此，使企业总成本领先的是一个又一个的成本管理动作。

**解决了“脑袋”的问题未必能够解决“手”和“脚”的问题，有了正确的成本观念未必能把成本管理做到位。**

我们回头来看一下前面的问题：三者哪个最重要？从实际效果来看，成本管理动作最重要，因为它直接导致了结果的产生。

当然，这里主要针对决策者往往过于重视成本管理观念，忽视成本管理动作，旨在强调决策者需要重点关注成本管理动作，并不意味着成本管理观念和成本管理方法不重要，在具体的问题上还应当具体分析。

在成本管理上，决策者往往喜欢从成本观念入手进行改变，认为成本观念变了人就会改变；在成本管理中，我们常常从成本管理动作入手进行改变，通过改变成本管理动作实现成本管理结果的改变，由成本管理结果的改变带动人员成本观念的转变。

“知所先后，则近道矣。”有人说：“所谓愚昧，就是用同样的方法做同样的事，却期待不一样的结果。”如果成本管理的动作不变，那么成本管理的结果难以改变。

由以上内容可以得出两个结论：一个是人员的成本管理活动可以统一在成本管理动作上，成本管理动作可以改变人员的成本观念；另一个是成本管理活动可以统一在成本管理方法上，成本管理方法也可以改变人员的成本观念。

合理化建议就是提升成本意识、改变成本观念的一个重要方法。

# 第 39 法⊙合理化建议法——全员合理化建议活动

合理化建议是发动全员进行成本思考最主要的方法，它将观念、方法、动作三者相结合，让决策者在成本降低问题上，除了关注中高层管理者提出的各种措施，还要考虑基层管理者和一线员工的各种建议，从而为总成本领先提供最广泛的群众支持。

下面来看一家企业实施合理化建议的过程。

## 【案例 58】合理化建议让成本降低动起来

2016 年，笔者主导某企业的经营变革，在成本降低的过程中，把合理化建议作为一项重要事务来推动，取得了不错的效果。

### 一、制定《合理化建议管理制度》

明确合理化建议提案范围、程序，最主要的是就合理化建议奖励的幅度与管理人员和企业最高决策者达成一致。

接下来，组织了第 1 次合理化建议活动，先从高层、中层、基层管理者开始，要求这些人员限期提出 5 条以上关于成本降低方面的合理化建议活动。

具体要求以公告形式全公司张贴，要求各部门负责人将《合理化建议管理制度》对部门成员进行宣导，人力资源部同时进行宣传，宣传的范围和效果决定了收到合理化建议的数量和质量。这家企业经过宣传，共收到 127 条合理化建议。

### 二、汇集合理化建议，并进行评议

收到合理化建议以后，先进行统计、汇总。然后由人力资源部组织了一场大型合理化建议评议活动，邀请一线员工参会。第 1 次合理化建议采用了分组展示、个人讲述的方式，由公司领导和咨询老师担任评委，除依据《合理化建议管理制度》进行奖励外，还对合理化建议提出数量最多的小组、合理化建议被采纳数量最多的小组、合理化建议价值最大的提出者进行额外奖励。

会后由人力资源部对合理化建议评议的活动过程以文章、图片的形式向全公司宣传，让大家看到提出合理化建议的管理过程和奖励。

对通过评议的合理化建议进行分解，分解到部门、个人、时间节点、完成时间，由人力资源部负责监督合理化建议实施情况。

已采纳的合理化建议动作实施一个月后，对产生的经济效益进行统计核算。经核算，第 1 批实施的合理化建议共降低成本 74482.6 元。由人力资源部召开员工大会，依据《合理化建议管理制度》进行奖励、表彰，会后在全公司宣传。

**三、根据操作结果，再推行 1 次**

最后，由人力资源部主导，在一线员工中再推行 1 次，操作步骤同上。

在这一系列活动完成后，为了保证合理化建议落实的持续性，增加了一些对合理化建议的要求。规定参与月度、年度“优秀员工”的入围条件是：必须提出一定数量的合理化建议，没有达到数量的不予评优；规定管理人员每年提出的合理化建议数量与年终奖金挂钩；所有人员升职、调薪（例行调整除外），必须考核合理化建议提出数量，同等条件下优先考虑合理化建议提出数量更多、质量更高者。

在年度总结表彰大会上，对全年提案数量前 3 名、降低成本前 3 名合理化建议提出者再次给予奖励，由企业总经理亲自宣读表彰，为获奖者颁奖并合影留念。

经核算，该企业当年提出实施的合理化建议中，产生直接经济效益超过 60 万元。

**四、经济效益之外，还有巨大的精神价值**

除了直接经济效益，合理化建议带来企业的精神价值也是巨大的。

针对成本降低，要求员工提出合理化建议。这个要求提出来后，员工不再去考虑要不要做成本降低，成本降低做不做得到，而是去考虑怎么做成本降低，把员工的思想统一在成本降低上，统一了管理目标。

要求提出成本降低合理化建议，会引发一线员工的思考，员工会思考到底怎样才能降低成本，自己提出的建议会不会被采纳，采纳后会不会得到奖励，领导会不会看重自己，这是不是一个表现的机会等。即使有的员工要应付这项工作，也得动脑筋“凑”够合理化建议数量（我们推行时通常会要求每人提出的合理化建议不少于 3 条）。

有些善于观察、乐于思考、动作娴熟的一线员工会提出有价值的建设，这些有效动作平时管理人员不容易观察到，大部分管理人员没有身体力行的操作，一些动作的体悟、现场的智慧，坐在办公室里根本感受不到，而员工的合理化建议恰恰能够弥补这些不足。在本书的案例中，一些控制成本的案例就来自于一线员工的合理化建议。

员工提出的合理化建议有利于执行。员工群体提出合理化建议被采纳，推动起来执行更加顺利，同时员工在执行管理人员的方案时能学习到一些新的内容，能够站在管理者的角度考虑这些问题，对管理措施的执行具有促进作用。

合理化建议的真正意义不在于员工提出多少条有价值的建议，而是这件事背后的重大教育意义。一线员工提出的建议如“听从领导、安全生产”“节约一切辅料的开支”“节约用电”“机器做到人走断电”“对于模具的清理保养，去除灰尘、涂上油”“保持场地卫生”“人离开岗位关灯”“干活儿快点儿，节约用气”……这些建议可能是写在一片有些脏污的纸片上，写在报表背面的纸张上，字迹可能歪歪扭扭，语句不通甚至有错别字，也可能根本没有实际的经济价值。可是这些建议无形的教育意义超过了那些有形有价值的动作，这远比一堂正式的成本培训课重要得多、深刻得多。

在提出成本降低合理化建议的过程中，人性积极向善的一面被激发出来了，成本意识的种子深深地埋在了员工的心田。这个方法是本书的另一枚彩蛋。

## 第 40 法⊙激励评比法——降低成本的激励与评比

只强调事情的控制会使管理僵化，激励在管理中有提升人员积极性、激发人员潜力、促进人员充分发挥才能和智慧的作用，是对单纯强调控制的有益补充。可以说，控制和激励是管理的一体两面。

在激励的方法中，评比就是一个激发人员潜力、促进人员发挥主观能动性的好方法。把激励和评比结合起来运用，能够解决一些棘手的人员管理问题。比如企业里的技工，就存在批评不得、严管不得的状况，有些管理工作处理不当还会造成技工离职，而离职后技工很容易找到工作，这些成了一些企业的老大难问题。

下面这个案例就是一家企业技工激励与评比的经过。

**【案例 59】激励使技术员每月主动节约原料 13 万元**

2010 年，笔者辅导某注塑企业的经营变革，在咨询实施过程中，同样遇到了注塑技术人员的管理问题。主要表现有：注塑技术员只负责调机，对品质、交期、成本均不负责，对调机时间、调机产品数量均没有按规定执行，调机产生的废胶块、废胶头、废产品随处可见。试模组技术员的操作更加“任性”，除了上述问题外，试模后机台常常是无人清理、一片狼藉，剩余原料也经常不知去向。

注塑事业部各生产经理对注塑技术员的行为采取“睁一只眼闭一只眼”的管理方式，只有在企业董事长看到问题、指出问题的时候才会要求技术员进行改善。各生产经理称，他们也清楚这些问题，管理太松，问题多多，管理太严，人员流失，目前注塑事业部还缺几位技术员。

企业方董事长称，生产主要原料是 POM①、PA②、LCP③ 等进口工程塑料，各车间对原料漠不关心，生产严重浪费原料，技术员产生了大量废胶块和废胶头，多产生的浪费，技术员根本没有责任，这些问题增加了企业的物料成本。他的态度鲜明，认定技术员是关键岗位，对他们的日常管理不能放松，必须从严控制，逐步淘汰那些不按要求做事的人员。

这位历来作风强势的董事长认为，人是有惰性的，人性也是不喜欢负责任的，所以需要以控制为主，严格追究责任。他一再表示，公司一直是这种文化。笔者对企业方董事长认定技术是关键岗位的说法表示赞同，与企业方董事长严格控制技术员的管理方式产生了不同的意见。为此，笔者为他讲述了一则小故事。

有一天，风和太阳遇到一起，都认为自己的本领比对方大。

他们正在争论时，旁边过来了一个人。太阳说："谁能脱下那个人的外套，就算谁的本领大。"风说："同意，这个简单，看我的……"说着就"呼呼"地吹起风来，谁知那个人将外套穿得更紧了。

太阳对风说："看我的吧。"说着便发出更多的光和热。那个人觉得太热了，就把外套脱了下来。

董事长认真地听完这个故事，点起一支烟，沉默良久，缓缓地说："现在的管理对象变了，也许是应该思考一下以前的管理方式了。"

笔者告诉他，严格的控制和必要的激励都不可少，可以用评比的方式对技术进行激励，第一步先激活技术员的管理意识，第二步再考虑成本递减。

在以往的咨询实践中，比、学、赶、帮、超在每家企业都有推动，也取得

① Polyformaldehyde，简称 POM，热塑性结晶聚合物，又称聚氧亚甲基，被誉为"赛钢"或者"超钢"。

② Polyamide，简称 PA，聚酰胺，又称尼龙。

③ Liquid Crystal Polymer，简称 LCP，工业化液晶聚合物。

了良好的效果。比是第一步，比的内容有多种，如技能大比武，涵盖焊接、车工、铣工、磨工、钳工、仓管、电工、叉车工等，内容包括电脑操作、加工操作、故障排除等。

董事长听得津津有味，对技术员的“两步走”评比表示赞同并充满期待。

接下来，在咨询老师的指导下，注塑事业部开展了所有技术员的评比工作。在实施前，召集所有的技术员召开了一次启动会议，事业部总经理在会议上表述了技术员的关键岗位作用，肯定了技术员的工作价值，回顾了过去一些技术员突出的工作业绩和贡献。

接着由一位生产经理宣布了评比方案的主要内容。主要内容有：先将每位技术员负责的机台、班次、区域、工作内容界定清楚，然后对生产计划达成率、制程批次合格率、客诉次数、区域 5S 管理这 4 个项目进行明确定义并进行评比，每天公布数据，每周汇总评比数据，每周召开技术员会议进行总结和奖励。

经过两个月的运行，大多数注塑技术员进入了管理角色，分解了一部分管理工作，在品质提升、效率提升、环境提升方面取得了一定的效果，一些技术员获得了奖励。

接下来，注塑事业部制定了机台用料评比方案，除了规定碎料房按照物控提供的发料计划数量进行加料、明确车间补料的手续外，特别对报废胶块、报废胶头进行评比。

根据机台的熔胶量、机台特性和产品技术难度定义每台机每班全驾动产生废胶头、废胶块目标，由全公司公认的技术水平最高的一位注塑课长对各技术员的控制目标分别进行设定，最终目标计算方法为每位技术员负责每个机台的废胶头、废胶块目标乘以实际驾动率。

在评比实施的第 1 周技术员会议上，统计数据显示，24 位注塑技术员全部超出目标，一部分技术员认为目标设定太高，根本做不到。这时，负责制定目标的那位课长说：“目标刻在钢板上，计划写在沙滩上，不是目标有问题，是管理上和技术上有问题。”他表示，会后会指导各技术员的工作。

实施第 2 周，有 3 位技术员低于控制目标，获得了奖励，在技术员会议上发奖励并做经验分享。

排名第一的获奖技术员分享了自己的成功经验。

他在操作上特别注意废胶头、废胶块可能产生的环节，按照生产计划，调机时提前看好品质要求、关键尺寸和各种参数，提前准备几套调机方案，提前预判可能出现的问题，如果技术上有盲点提前向高手请教。

不让注塑机在调机射出多余胶料，射出的胶块刚从炮筒里出来时尽快用工具摊薄，这样胶块可以再次回收利用，不会造成报废。

同时，增加巡查机台的次数和时间，及时教育并纠正操作员工的操作方法，减少报废的产生。

他的分享赢得了参会人员的阵阵掌声。

实施第3周，有14位技术员低于控制目标，依排名规则给予前10名的技术员奖励，试模组开始出现试模后主动清理机台、主动退余料到仓库的现象。

实施第4周，只有1位技术员仍处于超标状态，试模组技术员和其他人员全部达标。

第2个月实施后第1周数据显示，技术员共节约原料730.64公斤，试模组少产生各类废料135.2公斤。

到第2个月月底，经财务核算，每月节约的原料总金额超过13万元。

这个案例说明，用心去激励人是解决问题的根本，在激励中进行评比可以将管人和理事完美结合，在激励人员的同时推动事情的解决。

强化企业各级人员责任，从而推动成本降低，是人员转变过程中必不可少的一个环节，来看看这个方法。

# 第41法⊙强化责任法——强化责任降低成本

责任对管理的作用毋庸置疑，没有责任就没有管理，责权利三者密不可分，他们是企业实施管理的三个基本要素。在一次开放性的讨论会上，在“究竟如何才能把企业管理好”这个问题上，大部分企业的董事长认为，找到“一群负责任的人”即可。

责任对成本降低同样有着不可替代的推动作用，下面以一家企业的案例来说明成本降低过程中如何强化各级人员的责任。

**【案例60】从上到下的成本责任**

2014年6月，笔者主导某企业的经营变革，企业在经营上出现了亏损，亟须找出主要问题并尽快解决。

**一、职责缺失带来的问题**

经过调研，发现了大量的责任缺失带来的问题，主要表现在以下几个方面：

（1）部门职能混乱、重叠，在一些事情处理上找不到明确的责任部门；各部门考核目标不明确；曾经实施的考核由于数据问题被搁浅。

（2）岗位职责不清晰，没有定义岗位工作标准，大部分岗位本身需要完成的工作没有做到位，出现问题难以找到责任人。

（3）从报价到收款的主要管理环节，部门和岗位出现问题均不承担责任，除非总经理要求追责。总经理追责往往也是以罚代管，不考虑事件影响及长期改善措施，失去了责任追究的正常作用，长期来看对企业发展不利。

（4）在员工民意调查中，有58.4%的员工认为其他部门的同事责任心不强，只有19.1%的员工认为公司各层级人员的责任明确，很少出现推诿现象。

（5）企业总成本过高，产品不能准时交货，客户投诉不断，部门各自为政，内耗严重，管理人员忙于“救火”，各部门、各岗位的工作仅靠行政领导的检查及领导的责任心推动，干部和员工不愿意承担责任，整个企业不堪重负。

（6）中高层管理者责任意识不够，缺乏以身作则的责任文化。如《会议室规范》第 1 条规定："开会时不得抽烟，吃槟榔、零食等""开会不得迟到""会场不得接打电话"，但就咨询老师调研期间参加的会议来看，有干部在开会时吃东西；确定的会议时间到了，参会人员才三三两两地走过来，会场随便接打电话。有人反映，有公司高层领导参加的会议秩序就会好很多。

咨询老师在调研时参加过几次管理会议，常常是一个多小时的会议却没有形成一项会议决议，就更不用说针对每项会议决议确定完成时间、完成效果、责任人及未完成会议决议的责任，出现了问题只能抓到一个算一个。公司无法保证会议决议的事情能够被执行，因为即使责任人没有完成也无须承担任何责任。

这些责任问题使企业的竞争力越来越弱，导致企业在激烈的市场竞争中步履维艰。

调研完成后，笔者与企业方总经理确定了以"重塑责任、降低成本"为主基调，以提升各级管理人员成本责任的运作方式来推动企业的改变。

在这种紧张又复杂的情况下，企业的经营变革正式拉开序幕。

**二、强化责任的措施**

（1）明确责任。通过多次培训，强化责任意识。调整组织架构，明确部门职能，选择合适的管理人员担任部门负责人；明确各岗位的职责，选拔合适的人担任重要岗位。

（2）分解公司责任。制定公司总成本目标、管理目标，分解到每一个部门，要求部门负责人向公司全体人员郑重承诺并宣誓，试运行两个月后进行绩效考核。

（3）分解部门责任。将部门承担的成本目标、管理目标分解到部门岗位，试运行两个月后进行绩效考核。

（4）成立监督部门。成立稽核中心，负责公司各项事务、各主要环节的检查和监督。

（5）监督高层管理人员责任落实，主要是指决策者的决策责任。比如企业方总经理干预了品管部的 1 次品质判定，由于决策错误造成客户扣款。事情发生后，总经理亲自手写一份检讨书在全公司张贴，表达了自己的歉意，并从自己的工资中取款向员工福利基金捐款1万元（员工福利基金属另开账户，主要用于员工福利支出、员工救助，账目公开，接受员工的监督）。这位总经理勇于承认错误、勇于承担责任的勇气和精神值得学习。决策者承认错误，这在企业的历史上是第一次，这次责任的落实，激活了管理人员尘封已久的责任意识，深深地带动了管理人员的责任心。

（6）监督中层管理人员责任落实，是指通过具体事情传递责任，主要是指部门负责人的管理责任。比如企业需要控制加班，要求各部门负责人在不增加人力的基础上，将间接人员每月加班控制在66个小时以内。各部门负责人在这个问题的处理上，积极与部门人员沟通，培训相关人员的工作流程、工作方法，想方设法提高人员工作效率，从而保证了这项目标的达成。

公司产品重量出现了超重问题。流程规定了各部门的职责，产品重量标准由技术部制定，由生产部按标准执行，由品管部门监督标准执行情况。如果产品重量标准制定出现问题由技术部承担责任，如果生产部没有按重量标准生产由生产部承担责任，如果品管部在首件确认、巡检、出厂检查中没有发现重量问题由品管部承担责任。如果各部门都没有发现超重问题，或有的部门发现了问题未指出，由稽核中心进行“拉闸”管理，三个部门都要承担相应的责任。

在这个过程中，曾有管理人员“善意提醒”：追究责任会使人员工作积极性下降。笔者告诉他，企业在这种经营状况下，从上到下必须负起责任，没有讨价还价的空间，追究责任的过程也是强化责任心的过程，企业靠责任生存。

（7）推动基层人员、一线人员提升责任意识。如对基层人员进行培训，推动“优秀员工”“优秀品管员”评比，推动全员合理化建议，推动能源消耗降低，推动交货困难产品攻关，推动库存降低，推动交货闭循环，推动品质提升，推动每天每个车间所有员工的品质排名、效率排名等。

经过各级人员半年的努力，企业各级人员责任意识、责任心增强，企业经营摆脱困境，实现了盈利。企业方总经理决定，在公司原有的经营理念中增加“责任”二字。

# 第 42 法⊙成本考核法——各项成本的考核

对各项成本进行考核是成本管理中的必要措施，按年度、月度进行成本考核，比较适合公司对各项成本已经进行了降低、削减，成本管理达到了一定水平，达到了控制目标，只需要保持成本现状并适度递减的企业。

可以肯定的是，年度、月度考核对成本降低的作用巨大，但是由于月度考核跨度时间长，对每月的成本产生过程和细节关注较少，容易形成“唯结果论”，对一些成本较高的企业并不能立即产生良好的作用，对各级人员的改变有限。为此，在咨询实践中，笔者根据企业的实际情况对月度成本考核进行了补充，如点对点的成本考核、专项成本考核、每日成本考核、每周成本考核，通过关注成本降低的过程和细节，改变各级人员的成本观念、成本意识，从而形成企业的成本文化。

下面以一家企业成本降低的过程来说明每周成本考核在成本降低中的各种作用。

## 【案例 61】每周成本考核让成本意识常在

2018 年，笔者调研某企业时发现，企业总成本高于行业竞争对手，企业利润低于行业竞争对手，严重影响了企业的发展和市场竞争。用企业各项成本和费用与竞争对手进行对比，可以看出该企业大多数成本和费用明显高于行业水平，说明该企业总成本降低有较大的空间。

笔者同时发现，该企业人员管理基础薄弱，各部门普遍缺乏基本的管理目标，在成本降低实施过程中必须面对这个事实，这种局面会影响成本降低的进程和效果。为此，笔者主导制定了“两条腿走路”的策略，一边抓基础管理，一边抓成本降低。

在完成组织架构调整、部门职能、岗位职责、成本考核目标后，咨询团队开始关注企业的基础管理建设，通过周例会的形式对企业整体进行团队建设。

周例会包括公司级的周例会和部门级周例会，通过周例会可以把冷冰冰的考核目标与人员管理完美结合。

公司级的周例会大部分企业都有召开，这里就不再赘述，这里重点讲述部门周例会，讲述它在团队建设中的作用、部门周例会的召开形式，以及如何与成本考核目标结合。

无论是高层管理者还是部门负责人，都必须重视团队建设，无论是在口头上还是行动上，因为你的工作要靠团队去执行，公司目标、部门目标要靠团队来实现。可是在实际操作中看到，部门的团队建设除了聚餐、唱卡拉 OK，最多加上拓展训练，似乎没有太多的方法。在一些企业里，部门的团队建设甚至成了聚餐、唱卡拉 OK 的代名词。经实践证明，召开部门周例会可以视为团队建设的一个妙招，它能够大幅度提升部门团队建设水平。这个方法是本书最后一枚彩蛋。

**一、部门周例会的作用**

只有认真去执行，才能深刻体会并理解。

（1）部门周例会具有向下管理、树立权威的作用。在部分中小企业里，部门负责人并不是都能够管得住、管得好部门下属成员的，周例会就可以通过会议树立部门负责人的权威，权威有了，事情也就容易推动了。周例会也可以看看部门下属成员到底在做些什么，有什么成果和不足，存在什么需求和困难，最重要的是看出下属各方面的工作能力并做出适当培训，每个下属的能力增强了，部门实力自然就增强了。

（2）部门周例会具有统一目标、达成共识的作用。“统一思想”在有 80 后、90 后成员组成的团队往往是比较困难的，而“团”拆开来看就是口和才，“队”拆开来看就是人在耳朵旁说话，团队就是一个有口才的人在众人耳朵旁说话。周例会就是在做团队建设，它可以把部门的目标、成员的目标统一起来，促进部门内达成共识，从而实现同频共振、统一行动，实现团队凝聚力提升、执行力提升。

（3）部门周例会具有宣导作用。每个公司为了适应内外部的变化，都会不停地调整对企业有利的策略、政策，这些需要全体员工的配合。而部门周例会就搭建了这个平台，让部门负责人有时间详细宣导公司政令，让每个人理解组织。比如公司及部门的成本和费用降低目标、公司降低成本的政策都可以在周例会上进行详细宣导。

（4）部门周例会具有共同检讨作用。都说“众人拾柴火焰高”“千金重担众人挑，人人头上有指标”，可是实际操作难落地，每月 1 次的考核能把部门绩效、成员绩效检讨到位吗？除了绩效，每人每周做得怎么样？好还是差？达标了没有？到月底可能大家都已经忘记了。周例会可以形成共同检讨，让大家针对一个或几个岗位、一个或几个问题来探讨改善措施，分阶段对问题进行解决，防患于未然，用过程保障团队的结果。

**二、部门周例要怎么开**

部门周例会的会议形式和内容与公司周例会有较大的区别。在会议前，部门负责人需要确定参会人员，有些部门可以全员参加，如财务部门，有些部门就不能这样操作，如生产部，可以让班组长参加。确定好人员，还要确定时间、地点、会议议程、会议记录人，准备相关资料、相关数据、相关产品、相关设施等。

在会议中，部门负责必须把握聚焦一个中心：检讨本部门的问题和行动。这里有一个误区，有些企业也实施了周例会，检讨的却是其他部门和公司的问题，会议演变成为“申冤会”“控诉会”，直到有一天部门负责人实在召开不下去，来了一句“这个会议没用”，致使周例会不了了之。

在会议议程上：

• 首先是人员的签到或点到。

• 回顾上一次会议决议完成情况，这一点是周例会的重点之一。回顾上一阶段目标的达成情况，如目标值、实际值、未达成原因、拿出解决办法，即行动计划等。

• 参会人员陆续发言讲述上周工作总结、本周工作计划及工作建议、所需支援的事项（这一项可以包括其他部门及公司），这个环节的内容最好由部门负责人统一制定格式，将主要内容固定下来，避免把开会变成拉家常，参会人员想到哪儿就说到哪儿，成了另一种“唠嗑儿”。

• 部门负责人宣导、协调、上周工作点评。

• 宣读会议决议。

会议后，部门负责人还应当做到：

• 推动周例会会议决议落实。

• 对会议上未处理的事项进行解决与回复。

• 督促部门内行动计划的落实。

• 修正部门的工作计划。

• 落实流程、制度、表单的修订。

• 根据会议表现，帮助、支持、关怀下属。

• 对一些跨部门的事务进行沟通协调。

• 一些需要向公司层面提报的问题准备。

当然，、也可以根据企业的实际情况因地制宜做一些微调，使这个方法更容易落地。

### 三、在部门周例会中导入周成本考核内容

在各部门周例会召开 1 个月后，各部门对成本考核目标有了一定的认识后，咨询团队在企业各部门周例会中导入了周成本考核内容。

以供应链部门为例，主要内容包括：

• 每周原材料领用情况，领用超耗数据、补料数据，与成本考核目标进行对比。

• 每周辅料领用情况统计、核对辅料用量，与成本考核目标进行对比。

• 每周统计采购降价、涨价情况，做到每一单降价、涨价“了了分明”，与考核目标进行对比。

• 每周机修电工耗用机物料费用，与考核目标进行对比。

• 每周各级人员的出勤情况、计件计时工资、加班情况，与考核目标进行对比。

• 每周企业整体用电、用水、用气等能源消耗情况，与考核目标进行对比。

• 每周呆滞物料消耗、替代用料消耗，与考核目标进行对比。

• 每周内部物流运输产生的费用，与考核目标进行对比。

在导入周成本考核内容后可以看到，每周都有节约的金额产生，并且一直持续下去。让大家看到考核目标的同时也看到改变后的成绩，最重要的是让成本意识一直存在。

这些成本考核目标中，一部分目标在后面的改善中每周都能达标，可以把他们的管理方式转变成为每周检视数据，列为月度成本考核，没有达标的数据仍然执行每周考核。

### 四、初有成果，不要急于修改考核目标

这里也有一个值得注意的误区，一些企业决策者看到成本数据降低了，与

另一些企业决策者看到计件工人工资升高立即降低计件单价一样，马上修改了成本考核目标。这些决策者并不理解“成就感”对于执行者的重要性。根据马斯洛需求层次理论，人最高层次的需求层次是“自我实现”，而“成就感”就是“自我实现”重要的表现形式。

如班组长看到班组在自己的管理下辅料实现了前所未有的节约而被表彰，采购员看到经过自己的努力实现了大幅度的降价而被表彰，这种工作带来的“成就感”远超过给他们“加工资”，“成就感”与“改善效果”相辅相成。马上调整成本考核目标无疑是一盆冷水，会浇灭改善者的热情。决策者必须明白，如果“成就感”消失了，就基本失去了内在的改善动力。

恰当的做法是，成本考核目标如果没有出现较大的偏差，短期内不必修订，可以在半年度、下一年度进行修订。

该企业经过一系列的调整，每周对成本进行考核和检视，使成本意识在企业中生根发芽，改变了管理人员的成本思维，转变了各级人员的成本观念，有力地推动了公司各项成本、费用的降低，实现了企业的利润目标，整体达到了行业的总成本水平，超越了部分竞争对手的总成本水平。

# 附录一　品质成本综合报表模板

**品质成本综合报表**

公司名称：　　　　　　　　年　　月　　　　　　　　单位：元

| 项目 | 三级科目 | 管制目标 | 本期计划 | 本期实际 | 比较 | | 本年计划累计 | 本年实际累计 | 比较 | |
|---|---|---|---|---|---|---|---|---|---|---|
| | | | | | 与基期差额 | 与计划差额 | | | 与目标差额 | 与计划差额 |
| 预防成本 | 质量培训费 | | | | | | | | | |
| | 质量管理活动费 | | | | | | | | | |
| | 质量改进措施费 | | | | | | | | | |
| | 质量评审费 | | | | | | | | | |
| | 工资及福利基金 | | | | | | | | | |
| | 小计 | | | | | | | | | |
| 鉴定成本 | 检验试验费 | | | | | | | | | |
| | 质量检验部门办公费 | | | | | | | | | |
| | 工资及福利基金 | | | | | | | | | |
| | 检测设备维修折旧费 | | | | | | | | | |
| | 小计 | | | | | | | | | |
| 内部损失成本 | 报废损失费 | | | | | | | | | |
| | 返工费 | | | | | | | | | |
| | 降级损失费 | | | | | | | | | |
| | 停工损失费 | | | | | | | | | |
| | 产品质量事故处理费 | | | | | | | | | |
| | 小计 | | | | | | | | | |

续表

| 项目 | 三级科目 | 管制目标 | 本期计划 | 本期实际 | 比较 | | 本年计划累计 | 本年实际累计 | 比较 | |
|---|---|---|---|---|---|---|---|---|---|---|
| | | | | | 与基期差额 | 与计划差额 | | | 与目标差额 | 与计划差额 |
| 外部损失成本 | 索赔费 | | | | | | | | | |
| | 退货损失费 | | | | | | | | | |
| | 折价损失费 | | | | | | | | | |
| | 保修费 | | | | | | | | | |
| | 小计 | | | | | | | | | |
| 合计 | | | | | | | | | | |
| 产值总额 | | | | | | | | | | |
| 销售收入总额 | | | | | | | | | | |
| 预防成本率 | | | | | | | | | | |
| 鉴定成本率 | | | | | | | | | | |
| 内部损失成本率 | | | | | | | | | | |
| 外部损失成本率 | | | | | | | | | | |
| 质量成本损失率 | | | | | | | | | | |
| 百元产值不良质量成本损失率 | | | | | | | | | | |
| 百元产值内部成本损失率 | | | | | | | | | | |
| 百元销售额外部损失率 | | | | | | | | | | |
| 百元销售额不良质量成本损失率 | | | | | | | | | | |
| 分析： | | | | | | | | | | |

核准：　　　　审核：　　　　制表：　　　　日期：

# 2019 年 4 月财务分析报告

统计时段：3 月 25 日 –4 月 25 日

报告人：财务部 × × ×

## 目录

- 月度经营分析
- 销售与应收款分析
- 生产成本分析
- 三项费用分析
- 各项存货分析

## 基本要求

- 详细说明本期经营数据
- 与设定目标进行对比，说明差异原因
- 与上期比较、与同期比较，说明变化原因
- 用数字、百分比、趋势图、图片、饼状图等展示
- 报告中的金额及百分比均保留小数点后两位数
- 用文字说明数据反映出来的各种情况，提醒决策层注意
- 有差异或要特别提醒注意之处，可加粗也可用颜色突出显示

# 附录二　月度财务分析报告模板

**2019 年各项经营指标卡**

| 指标项目 | 年度指标 | 年度金额 | 月度指标 | 月度金额 | 备注 |
|---|---|---|---|---|---|
| 销售额 | | | | | 不含运费 |
| 本年度回款率 | | | | | |
| 过往年度回款率 | | | | | 按进度考核 |
| 管理费用率 | | | | | |
| 销售费用率 | | | | | |
| 财务费用率 | | | | | |
| 生产成本（料工费） | | | | | |

## 一、月度经营分析

### 1. 月度经营综述

**综述要点：**

- 简明扼要地说明本月的主要经营状况
- 销售额、回款率
- 各项成本、费用
- 利润率、现金流
- 以上情况的变动与达标情况
- 控制或改善的方向与建议

## 一、月度经营分析

### 2. 月度经营成果分析

**数据包括：**

- 本月总收入、总支出、净利润率
- 本月销售额、年度累计、目标达成率
- 本月成本、各项费用、与目标的对比
- 本月综合毛利润率、各项产品的毛利率

**分析包括：**

- 以上情况的年度、月度变动情况
- 以上各种指标的达标情况说明
- 经营控制的方向与建议

## 一、月度经营分析

### 3. 月度经营管理能力分析

**数据包括：**

- 应收账款周转率、应收账款周转天数
- 存货周转率、存货周转天数
- 本月总收入、总支出、净利润率

**分析包括：**

- 以上情况的各月度变动情况
- 以上各种指标的达标情况说明
- 经营控制的方向与建议

## 二、销售与应收款分析

### 1. 销售状况分析

分析包括：

- 销售收入组成
- 产品销售比例
- 整体变动情况
- 销售收入前十大客户
- 改善的建议

## 二、销售与应收款分析

### 2. 销售本年度应收款分析

分析包括：

- 销售金额
- 月度回款率
- 达标情况
- 本年过期应收账款
- 下个月应收款项提醒
- 回款要求

# 二、销售与应收款分析

## 3. 过往应收款回款分析

分析包括：

- 金额
- 达标情况
- 累计应收账款、比例
- 下个月过往应收款项提醒
- 回款要求

# 三、生产成本分析

## 1. 主料成本分析

分析包括：

- 各项主料用料金额、比例
- 变动情况
- 超支、节约
- 异常用量指出
- 改善的建议

## 三、生产成本分析

### 2. 辅料成本分析

**分析包括：**

- 各项辅料用料金额、比例
- 变动情况
- 超支、节约
- 金额排名前 20 位的清单、比例
- 异常用量指出
- 改善的建议

## 三、生产成本分析

### 3. 机物料成本分析

**分析包括：**（机器 + 设备 + 模具维修保养用料）

- 各项辅料用料金额、比例
- 变动情况
- 超支、节约
- 金额排名前 10 位的清单、比例
- 异常用量
- 改善的建议

## 三、生产成本分析

### 4. 生产直接人工成本分析

**分析包括：**（指一线操作工人）

- 总金额
- 占销售额的比例
- 计件工资金额、比例
- 非计件工资金额、比例
- 单人月平均工资、单人日平均工资
- 上述两项工资水平的变动情况
- 排名最高工资 3～10 人、名单、原因（排除异常出勤人员）
- 排名最低工资 3～10 人、名单、原因（排除异常出勤人员）
- 控制的建议

## 三、生产成本分析

### 5. 生产间接人工成本分析

**分析包括：**（指非一线操作工人）

- 总金额
- 占销售额的比例
- 单人月平均工资、单人日平均工资
- 上述两项工资水平的变动情况
- 工资外的各项成本金额（如申请补贴等）
- 控制的建议

## 三、生产成本分析

### 6. 制造费用分析

**分析包括：**（指非 1 ~5 点的费用）

- 总金额
- 费用排名
- 占销售额的比例
- 变动情况
- 异常费用
- 控制的建议

## 四、三项费用分析

### 1. 管理费用分析

**分析包括：**

- 总金额
- 费用金额排名
- 占销售额的比例
- 变动情况
- 异常费用
- 控制的建议

# 四、三项费用分析

## 2. 销售费用分析

分析包括：

- 总金额
- 占销售额的比例
- 运输费用总金额及占销售额的比例
- 前 3 位变动情况
- 异常费用
- 控制的建议

四、三项费用分析

## 3. 财务费用分析

分析包括：

- 总金额
- 占销售额的比例
- 变动情况
- 异常费用
- 改善的建议

## 五、各项存货分析

### 1. 原材料库存分析

分析包括：

- 总金额
- 控制目标及对比
- 库存金额排名及比例
- 呆滞料金额、比例
- 报废金额
- 账物卡准确率
- 控制的建议

## 五、各项存货分析

### 2. 半成品库存分析

分析包括：

- 总金额
- 库存金额排名及比例
- 呆滞品金额、比例
- 异常半成品数量、金额
- 控制的建议

# 五、各项存货分析

## 3. 成品库存分析

**分析包括：**

- 总数量
- 总金额
- 控制目标及对比
- 次品管金额、比例
- 呆滞品数量、金额、比例
- 控制的建议

# 后记

## 成本是第一竞争力

计划写一本成本管理书的想法多年前就有，也陆续写过一部分文字存放在电脑里，由于种种原因，一直未能整理。

在近两年的工作中，一些事情改变了我的想法，促使我下决心尽快将书稿完成。

一件事情是企业的成本压力越来越大，我看到了一些办企业的朋友在经营上夜以继日、身心疲惫的辛劳，也看到了其他企业发生过的成本问题在一家又一家企业重现，而其中的问题我们解决过，也取得了一定的效果，这些成功经验企业完全可以拿来借鉴。

而另一些优秀的企业，由于获得了总成本领先战略优势，在竞争中实现了共赢，赢得了股东、客户、员工、供应商及社会各方的好评。

还有一件事情，当我把咨询过程中的案例进行分析和总结、在培训课堂进行讲解时，一部分学习能力强的企业经过适当转化，在企业里推动了与咨询案例类似的管理活动并取得了良好的成效。

在大量调研企业及与企业老板沟通的过程中，我们发现大多数企业的成本管理停留在初级阶段，缺少整体规划和系统思维，企业的成本管理水平没有与企业规模同步提高。

本书也是我十多年咨询工作的一次总结。回头看来，感慨良多，需要感谢的是每一位合作的客户，使我在帮助企业的同时有所收获。

在本书的编写过程中，得到了亲朋好友的支持和鼓励，他们是：潘奇盛、曾玲生、张亚飞、袁庆球、马志芬、周东海、段旭峰等，在此向他们表示由衷的感谢！

由于工作原因，对家庭照顾不多，常常感到愧疚！本书在写作过程中，得到了家人的理解和支持，我必须感谢我的家人，他们是：苗珊珊、王开谦、王开熙。

在本书的成书过程中，博瑞森图书贺君编辑提出了一些宝贵的意见，在此表示感谢！

感谢您的阅读，欢迎您与我交流，我的电话是：139－2586－8287，谢谢！

王天江

2020 年 3 月 13 日于天津

| 老板·创业 | | | |
|---|---|---|---|
| **一、经理人** | | | |
| **书名** | **内容** | **书名** | **内容** |
| **老总有想法，高层有干法**<br>王清华　著 | 企业将、帅之间的定位问题、角色问题、方法问题、思维问题、管理问题等 | **历史深处的管理智慧1：组织建设与用人之道**<br>刘文瑞　著 | 通过历史鉴照当今企业选人用人、二代接班人、创业团队管理等问题 |
| **历史深处的管理智慧2：战略决策与经营运作**<br>刘文瑞　著 | 通过历史鉴照当今企业决策、战略规划、战略冒进、决策监督等问题 | **历史深处的管理智慧3：领导修炼与文化素养**<br>刘文瑞　著 | 通过历史鉴照当今企业的领导修养、用权、管理风格等问题 |
| **老板经理人双赢之道**<br>陈　明　著 | 经理人怎养选平台、怎么开局，老板怎样选/育/用/留 | | |
| **二、用人** | | | |
| **用好骨干员工**<br>王　敏　著 | 系统化分享关键人才打造与激励方法 | **领导这样点燃你的下属**<br>孟广桥　著 | 领导者如何才能让员工积极主动地工作 |
| **让用人回归简单**<br>宋新宇　著 | 帮助管理者抓住用人的要害，让用人变得简单 | | |
| **三、转型·创业** | | | |
| **创业要过哪些坎**<br>董　坤　著 | 15年创业咨询经验总结的创业遇到的问题及办法 | **高潜牛人**<br>董　坤　著 | 创业和事业发展中如何找到牛人 |
| **成为下一个SaaS独角兽**<br>崔牛会　主编 | 19位SaaS领专家，7个不同的视角总结SaaS行业实践 | **创模式：23个行业创新案例**<br>段传敏　著 | CEO社群23位企业家的思考与实践分享。 |
| **重生——中国企业的战略转型**<br>施　炜　著 | 本书对中国企业战略转型的方向、路径及策略性举措提出了建议和意见。 | **7个转变，让公司3年胜出**<br>李　蓓　著 | 企业估值、业务模式、营销、生产制造、客户服务、用户黏性到组织管理7个转变 |
| **企业二次创业成功路线图**<br>夏惊鸣　著 | 五步骤给出了一幅企业二次创业经营突破、管理提升的成功路线图 | **跟老板“偷师”学创业**<br>吴江萍　余晓雷　著 | 如何通过“偷师”学习与积累当老板的阅历 |
| **公司由小到大要过哪些坎**<br>卢　强　著 | 企业成长路线图，现在我在哪，未来还要走哪些路，都清楚了 | **跳出同质思维，从跟随到领先**<br>郭　剑　著 | 66个精彩案例剖析，帮助老板突破行业长期思维惯性 |
| **企业经营** | | | |
| **经营打造你的盈利系统**<br>高可为　著 | 选择最有效的经营策略，打造属于自己的商业模式 | **中国企业的觉醒**<br>王　涛　著 | 企业告别自私、野蛮，转向善良、爱，才会赢得消费者 |
| **成为敏感而体贴的公司**<br>王　涛　著 | 未来有竞争力的企业，一定是那些敏感而体贴的公司！ | **有意识的思考**<br>王　涛　著 | 对头脑中固有观念保持觉察，从而超越它们的局限 |
| **简单思考**<br>孔祥云　著 | 著名咨询公司（AMT）CEO创业历程中的经验与思考 | **写给企业家的公司与家庭财务规划**<br>周荣辉　著 | 以企业的发展周期为主线，写各阶段企业与企业主家庭的财务规划 |

续表

| 书名 | 内容 | 书名 | 内容 |
|---|---|---|---|
| 从 10 亿到 100 亿的企业顶层设计<br>刘建兆　著 | 重新定义企业成长方式，有效益、有效率、有效能、有效果、有品质的良性成长。 | 活系统：跟任正非学当老板<br>孙行健　尹　贤　著 | 造活系统，使系统活，靠系统活，活得系统。 |
| 宗：一位制造业企业家的思考<br>刘建兆　著 | 发展 20 年营业额近亿元制造业企业家的思考与心得 | 使命：驱动企业成长<br>高可为　著 | 用大企业发展轨迹及企业家的心路历程，揭示企业成长的基因，做事的逻辑 |
| 让经营回归简单<br>宋新宇　著 | 战略、客户、产品、员工、成长、经营者的经营法则 | 边干边学做老板<br>黄中强　著 | 86 个案例讲述中小公司成长过程遇到的问题和方法 |
| 盈利原本就这么简单<br>高可为　著 | 跨越业务与财务边界，为企业提高盈利水平提供方法。 | | |
| 综合管理 | | | |
| 一、企业管理 | | | |
| 让管理回归简单<br>宋新宇　著 | 从目标、组织、决策、授权、人才、老板自己等提供方案 | 管理的尺度<br>刘文瑞　著 | 西医式的体检化验，又要施加中医式的望闻问切 |
| 管理：以规则驾驭人性<br>王春强　著 | 人性驾驭角度权度运筹安排的可兑现性，管理有效性 | 看电影，学管理<br>刘文瑞　著 | 十六部电影的解读，揭示电影内含的管理之道 |
| 好管理　靠修行<br>曾　伟　著 | 从佛法、道法思想中寻找管理智慧 | 公司大了，怎么管<br>全国华　著 | 成长型企业发展中的共性问题，通过案例实录解开 |
| 低效会议怎么改<br>王玉荣　葛新红　著 | 从梳理公司会议体系的层面改变低效会议的现状 | 年初订计划年尾有结果<br>郭　晓　著 | 总结七步落地方案让战略计划切实落地实现 |
| 分股合心<br>段　磊　周　剑　著 | 围绕股权激励，详细介绍相关知识和实行方法 | 员工心理学超级漫画版<br>邢　磊　著 | 漫画形式对组织中个体心理的全面介绍和深入探讨 |
| 让投诉客户满意离开<br>孟广桥　著 | 投诉法律法规，应对各种投诉技巧等提升客诉能力 | | |
| 二、管理思想 | | | |
| 管理学的奠基者<br>刘文瑞　著 | 近代以来的管理思想发展揭示管理思想的演化奥秘 | 巴纳德组织理论研读<br>郭　威　著 | 深度研读巴纳德《经理人员的职能》，帮你理解和看懂 |
| 管理学在中国<br>刘文瑞　著 | 科学看待管理学流入中国，对继承发展进行深入阐述 | 德鲁克管理学<br>张远凤　著 | 以德鲁克管理思想发展为线展示 20 世纪管理学发展 |
| 德鲁克与他的论敌们<br>罗　珉　著 | 德鲁克与马斯洛、戴明等诸多管理大师论战的故事 | 德鲁克管理思想解读<br>罗　珉　著 | 作为德鲁克学生全面解构其思想的精髓与实践价值 |
| 治论：中国古代管理思想<br>张再林　著 | 深入分析中国古代哲学基本精神的基础上，梳理分析了儒法墨三家的管理思想 | | |

续表

| 营销·销售 | | | |
|---|---|---|---|
| 一、企业销售 | | | |
| 书名 | 内容 | 书名 | 内容 |
| **大客户销售这样说这样做**<br>陆和平　著 | 大客户销售活动的十大模块，68个典型销售场景 | **向高层销售**<br>贺兵一　著 | 销售人员与客户高层打交道需要重点掌握的知识、技巧 |
| **资深大客户经理**<br>叶敦明　著 | 将大客户经理必须具备的规划、策略、执行三种能力连通自如 | **成为资深的销售经理**<br>陆和平　著 | 让销售经理成功把握销售管理6个关键点，并提供工具 |
| **销售是个专业活**<br>陆和平　著 | 据客户采购流程拆分销售过程10阶段，讲解方法技巧 | **学话术　卖产品**<br>张小虎　著 | 手机、电动车、家电、食品等消费品的一线销售话术 |
| 二、企业营销 | | | |
| **新营销组织力**<br>迪智成　著 | 适应最新数字化外部环境，系统化协同组织能力建设 | **营销按钮**<br>老　苗　著 | 讲述存在于人性以及各个营销环节中的"按钮" |
| **精品营销战略**<br>杜建君　著 | "精品营销战略"核心逻辑与营销组合策略 | **360°谈营销**<br>王清华　古怀亮　著 | 营销是立体的，从不同角度观察不同企业的营销精髓 |
| **互联网精准营销**<br>蒋　军　著 | 互联网时代整3体策划、包装品牌和产品 | **招招见销量的营销常识**<br>刘文新　著 | 做好基本的营销动作都可以提高销量、减低成本 |
| **用数字解放营销人**<br>黄润霖　著 | 用数字说话覆盖营销工作的方方面面 | **用营销计划锁定胜局**<br>黄润霖　著 | 让营销计划落地，营销人员只需解决两个问题：基数与概率 |
| **我们的营销真案例**<br>联纵智达研究院　著 | 五芳斋粽子、诺贝尔瓷砖、利豪家具、保健品、娃哈哈 | **中国营销战实录**<br>联纵智达研究院　著 | 51个案例，46家企业，46万字，18年积淀 |
| **弱势品牌如何做营销**<br>李政权　著 | 产品与物流通道、服务通道、促销互动通路提供方法 | **解决方案营销实战案例**<br>刘祖轲　著 | 十大工业品作者实操案例解码解决方案营销 |
| **升级你的营销组织**<br>程绍珊　吴越舟　著 | 根据企业实际情况建立有机性营销组织 | **变局下的营销模式升级**<br>程绍珊　叶　宁　著 | 十年大量案例归纳三种核心驱动要素，三种升级方向 |
| **老板如何管营销**<br>史贤龙　著 | 以十六个招式，理论与案例相结合，高段位营销方法 | **孙子兵法营销战**<br>刘文新　著 | 理解《孙子兵法》原意的同时，还可体悟到营销之用 |
| 三、品牌 | | | |
| **中国品牌营销十三战法**<br>朱玉童　著 | 深度演绎最符合企业品牌营销策划的十三套实战战法 | **中小企业如何打造区域强势品牌**<br>吴　之　著 | 如何建立强势品牌的角度解析扩张难题 |
| 四、营销策划 | | | |
| **这样写文案，就没有卖不动的产品**<br>秦　剑　刘安丽　著 | 术、法、道三个层面由浅至深培养商业文案创作能力 | **洞察人性的营销战术**<br>沈　坤　著 | 介绍了28个匪夷所思的营销怪招，大部分甚至可以直接运用 |

续表

| 书名 | 内容 | 书名 | 内容 |
|---|---|---|---|
| **双剑破局：沈坤营销策划案例集**<br>沈　坤　著 | 双剑公司8年来的实操案例，每个项目诞生过程、策划角度和方法 | | |
| **企业案例** | | | |
| **鲁花：一粒花生撬动的粮油帝国**<br>余　盛　著 | 鲁花如何成长为优秀的带动农业产业发展的品牌，鲁花你一定学得会 | **金龙鱼背后的粮油帝国**<br>余　盛　著 | 以金龙鱼为脉的一部中国粮油行业的史诗 |
| **你不知道的加多宝**<br>曲宗恺　牛玮娜　著 | 以时间为轴线，详细叙述了加多宝品牌的发展历程 | **静水流深**<br>黄治国　著 | 作者在美的十五年对何享健近内部讲话资料的整理 |
| **娃哈哈区域标杆**<br>罗宏文　快车君<br>赵晓萌　寇尚伟 | 讲娃哈哈豫北市场如何成为娃哈哈全国第一大市场、全国增量第一的市场 | **借力咨询：德邦成长背后的秘密**<br>官同良　王祥伍　著 | 德邦将自己积累的与咨询公司发展共赢的合作逻辑和盘托出 |
| **六个核桃凭什么从0过100亿**<br>张学军　著 | 全视角深度解读养元企业的裂变成长，复盘十年蜕变轨迹 | **像六个核桃一样**<br>王　超　著 | 六个核桃为什么卖得这么好，产品畅销的6大要义36条简明法则 |
| **中国首家未来超市**<br>IBMG 集团　著 | 对乐城超市的掌门人及内部员工的采访详细阐释了乐城的经验 | **三四线城市超市如何快速成长：解密甘雨亭**<br>IBMG 集团　著 | 甘雨亭的许多关键经营指标均高于行业标准，学习其成功的方法 |
| **集团化企业阿米巴实战案例**<br>初勇钢　著 | 作者在某酒厂推行阿米巴经营模式的心得 | | |
| **经销商** | | | |
| **新经销：新零售时代教你做大商**<br>黄润霖　著 | 探访近100位经销商在传统营销手法上的创新，传统营销微创新和新营销本地化 | **商用车经销商运营实战**<br>杜建君　王朝阳<br>章晓青　著 | 对商用车经销商的经营与管理、4S店运营做了全方面的系统总结 |
| **跟行业老手学经销商开发与管理**<br>黄润霖　著 | 从管理耐用消费品经销商角度提炼了48个代表性问题并给出解决办法 | **快消品经销商如何快速做大**<br>黄润霖　著 | 经销商如何通过经营实现规模，通过管理实现规模效益 |
| **建材家居经销商实战42章经**<br>王庆云　著 | 经营管理的心法和战法，帮助经销商成为“业务妙手”和“管理能手” | **成为最赚钱的家具建材经销商**<br>李治江　著 | 针对建材家居行业的经销商，从销售模式、产品、门店、市场等方面给出方法 |
| **白酒经销商的第一本书**<br>唐江华　著 | 经销商如何选择厂家、合作、运营品牌等问题给建议 | **快消品招商的第一本书**<br>刘　雷　著 | 从招商理论到招商动作进行系列化分解，化繁为简 |
| **中小企业** | | | |
| **中小企业如何打造区域强势品牌**<br>吴　之　著 | 如何建立强势品牌的角度解析扩张难题 | **用流程解放管理者**<br>张国祥　著 | 8个板块构成，共66篇文章，14幅流程管理图 |
| **用流程解放管理者2**<br>张国祥　著 | 对中小企业规范化流程管理进行系统的阐述 | **弱势品牌如何做营销**<br>李政权　著 | 产品与物流通道、服务通道、促销互动通路提供方法 |

续表

| 书名 | 内容 | 书名 | 内容 |
| --- | --- | --- | --- |
| 本土化人力资源管理8大思维<br>周　剑　著 | 用最贴近中国中小企业现实管理情境的案例去讲述周围人的“家事” | 中小农业企业品牌战法<br>韩　旭　著 | 农业企业需要全产业链视野，更需要品牌实战方法 |
| 门店销售冠军复制系统<br>王吉坤　著 | 门店型企业如何打造可复制的销售冠军系统，凡是门店型企业都可以使用 | 新零售动作分解与实操：建材·家居·家具<br>盛斌子　著 | 对泛家居行业趋势、店面管理、团队管理、促销推广、五感营销等提供策略 |
| 家具建材促销与引流<br>薛　亮　李永锋　著 | 对泛家居营销执行模式和工具、关键环节等进行汇总 | 建材家居门店6力爆破<br>贾同领　著 | 产品力、导购力、形象力、推广力、服务力、组织力 |
| 家具行业操盘手<br>王献永　著 | 总结家具终端门店发展的现状及问题并给出策略 | 手把手教你做专业督导<br>熊亚柱　著 | 系统梳理督导的核心技能，岗位职责、工作流程及技能 |
| 手把手帮建材家居导购业绩倍增<br>熊亚柱　著 | 针对建材家居门店的业务人员，案例故事还原场景教你成为好导购 | 10步成为最棒的建材家居门店店长<br>徐伟泽　著 | 梳理店长管理的核心工作职责，店面管理规范和帮助销售人员成长 |
| 建材家居门店销量提升<br>贾同领　著 | 9个板块讲述建材门店一个单店如何做到经营的良性循环 | 总部有多强大，门店就能走多远<br>IBMG集团　著 | 五大方向综合阐述连锁零售企业总部如何提升管理能力 |
| 赚不赚钱靠店长，从懂管理到会经营<br>孙彩军　著 | 注重专卖店的经营思路拓展，门店管理细节方面能力提升 | 新医改了，药店就要这样开<br>尚　锋　著 | 从药店定位的思考，内部和会员管理等几个方面探讨中小型药店发展方向 |
| **门店管理** | | | |
| 电商来了，实体药店如何突围<br>尚　锋　著 | 新时代药店经营三驾马车：药学专业服务、会员贴心服务和精准定向促销 | 引爆药店成交率1：店员导购实战<br>范月明　著 | 药店人的零售工作怎样接待顾客，完善销售技巧 |
| 引爆药店成交率2：药店经营实战<br>范月明　著 | 从药店经营角度如何建立改善门店现状的实用标准 | 引爆药店成交率：专业化销售解决方案<br>范月明　著 | 从简单的拿药服务到提供多角度的专业解决方案 |
| **互联网** | | | |
| **一、互联网转型** | | | |
| 画出公司的互联网进化路线图<br>李　蓓　著 | 18个“可以……吗”的问题作为你产品、客户和价值方面的指引牌 | 7个转变，让公司3年胜出<br>李　蓓　著 | 企业估值、业务模式、营销、生产制造、客户服务、用户黏性到组织管理7个转变 |
| 重生战略移动互联网和大数据时代的转型法则<br>沈　拓　著 | 四个重生战略对应四个法则告知传统企业的转型重生之路 | 创造增量市场：传统企业互联网转型之道<br>刘红明　著 | 为读者提供了寻找这些互联网的切入点和接触点的具体方法，带来增量市场 |
| 互联网+变与不变<br>本土管理实践与创新论坛　著 | 61篇精华文章，聚焦传统行业如何互联网+时代转型 | 今后这样做品牌<br>蒋　军　著 | 顶层设计、营销创新、产品战略、渠道变革、品牌策略 |
| 移动互联新玩法<br>史贤龙　著 | 立足现实，剖析新时代背景下的移动互联趋势与热点 | 互联网时代的成本观<br>程　翔　著 | 多维组合成本的互联网精神和大数据特征及应用 |

续表

| 书名 | 内容 | 书名 | 内容 |
| --- | --- | --- | --- |
| **正在发生的转型升级实践**<br>本土管理实践与创新论坛　著 | 100多位本土管理专家当年对最新一年的思考和实践 | **1000铁杆女粉丝**<br>张兵武　著 | 如何让普通女性成为忠实追随的铁杆粉丝，磁力点、情感结、甜蜜区、信任圈 |
| **混沌与秩序Ⅰ：变革时代企业领先之道**<br>彭剑锋　施　炜<br>苗兆光　王祥伍<br>孙　波　夏惊鸣 | 新环境下企业面临变革应如何应对，作为企业家又应当如何坚守并与企业共同成长提出了深度思考 | **混沌与秩序Ⅱ：变革时代管理新思维**<br>彭剑锋　施　炜<br>苗兆光　王祥伍<br>孙　波　夏惊鸣 | 对处于时代变革下的企业管理新机制、人力资源管理新思维，组织与人的新型关系，结合案例提出优化建议 |
| **消费升级：实践·研究**<br>本土管理实践与创新论坛　著 | 从经营、管理、行业三个方面记录消费升级下的实践 | **互联网精准营销**<br>蒋　军　著 | 互联网时代整体策划、包装品牌和产品 |
| **二、抖音、微信微商、电商** | | | |
| **抖音营销系统**<br>刘大贺　著 | 抖音系统的实战营销知识，上百个从0做大的案例 | **金牌微商团队长**<br>罗晓慧　著 | 微商团队长创业实操的指导工具书 |
| **微商生意经：真实再现33个成功案例操作全程**<br>伏泓霖　罗晓慧　著 | 精心挑选的33个微商成功案例，阐述具体操作过程 | **快速见效的企业微信营销方法**<br>孙　巍　著 | 站在微信生态的立体高度系统讲述企业微信快营销方法论 |
| **阿里巴巴实战运营：14招玩转诚信通**<br>聂志新　著 | 产品定位、阿里巴巴排名因素、数据分析，标题优化等如何做好阿里巴巴 | **阿里巴巴实战运营2：诚信通热卖技巧**<br>聂志新　著 | 打开诚信通运营的金钥匙，10大具体运营技巧 |
| **三、行业新营销** | | | |
| **餐饮新营销**<br>杨　勇　程绍珊　著 | 聚焦餐饮企业转型，系统的餐饮企业营销管理体系 | **新零售进化路径**<br>李政权　著 | 预先复盘新零售及商业的未来，找到方向 |
| **珠宝黄金新营销**<br>崔德乾　著 | 珠宝业新营销/新品牌/新产品/新零售/新连接/新场景/新服务/新传播/新管理 | **新经销：新零售时代教你做大商**<br>黄润霖　著 | 探访近100位经销商在传统营销手法上的创新，传统营销微创新和新营销本地化 |
| **新零售动作分解与实操：建材·家居·家具**<br>盛斌子　著 | 对泛家居行业趋势、店面管理、团队管理、促销推广、五感营销等提供策略 | **新营销**<br>刘春雄　著 | 让品牌商和渠道商掌握获得独立流量的能力，能够与平台商博弈 |
| **快速见效的企业网络营销方法　B2B　大宗B2C**<br>张　进　著 | 数据和案例90%来自作者服务的中小企业，快速全面地学习企业网络营销方法 | **移动互联下的超市升级**<br>联商网专栏　著 | 超市未来的发展趋势，对社区超市、生鲜、全渠道建设、O2O等提出观点 |
| **百货零售全渠道营销策略**<br>陈继展　著 | 零售行业的竞争重点、行业本质，战略转型、未来趋势、经验和案例 | **互联网时代的银行转型**<br>韩友斌　著 | 银行业在互联网金融变革浪潮中所做的积极应对和转型布局 |
| **触发需求：互联网新营销样本·水产**<br>何足奇　著 | 通过鲜誉案例解读阐述水产行业如何进行互联网转型 | **新农资如何弯道超车**<br>刘祖轲　著 | 从农业产业化、互联网转型、行业营销与经营突破四个方面阐述农资企业转型 |

续表

| 书名 | 内容 | 书名 | 内容 |
|---|---|---|---|
| **新零售　新终端**<br>迪智成　著 | 将新零售系统打法做梳理并落地在新终端建设上 | | |
| **医药医疗** | | | |
| **一、药店** | | | |
| **新医改了，药店就要这样开**<br>尚　锋　著 | 从药店定位的思考，内部和会员管理等几个方面探讨中小型药店发展方向 | **电商来了，实体药店如何突围**<br>尚　锋　著 | 新时代药店经营三驾马车：药学专业服务、会员贴心服务和精准定向促销 |
| **引爆药店成交率1：店员导购实战**<br>范月明　著 | 药店人的零售工作怎样接待顾客，完善销售技巧 | **引爆药店成交率2：药店经营实战**<br>范月明　著 | 从药店经营角度如何建立改善门店现状的实用标准 |
| **引爆药店成交率：专业化销售解决方案**<br>范月明　著 | 从简单的拿药服务到提供多角度的专业解决方案 | | |
| **二、药品销售** | | | |
| **医药第三终端：从控销到动销　诊所　基层医疗**<br>王祥君　张芳文　著 | 用大量案例来梳理药企落地动销的策略、方法和技战术 | **医药营销：诊所开发维护与动销**<br>张江民　著 | 从六个方面系统阐述基层诊所市场营销攻略 |
| **处方药合规推广实战宝典**<br>赵佳震　著 | 对处方药推广体系搭建、推广人员岗位内容等六个方面进行阐述 | **医药代理商经营全指导**<br>戴文杰　著 | 从产品选择、价格体系设计、路径管理等维度描述代理商产品操作的基本策略 |
| **处方药零售这样做**<br>田　军　著 | 处方药零售的重要性及做市场的具体措施和方法 | **OTC医药代表药店开发与维护**<br>鄢圣安　著 | 一位从初级OTC医药销售代表成长起来的销售经理的经验分享 |
| **OTC医药代表药店销售36计**<br>鄢圣安　著 | 以《三十六计》为线，写OTC医药代表向药店销售的一些技巧与策略 | | |
| **三、药企转型** | | | |
| **药企战略·运营与医药产业重构**<br>杜　臣　著 | 对医药产业的深度认知与发展趋势结合，战略思考与经营操作相统一 | **医药行业大洗牌与药企创新**<br>林延君　沈　斌　著 | 围绕着创新介绍医药行业，介绍近百家医药企业创新实践案例 |
| **医药新营销**<br>史立臣　著 | 从药企最关心的八个方面阐述制药企业、医药商业企业营销模式转型 | **医药企业转型升级战略**<br>史立臣　著 | 商业模式转型、管理转型、定位转型、运营模式转型和跨界转型五方面阐述转型 |
| **新医改下的医药营销与团队管理**<br>史立臣　著 | 立足新医改相关政策的解读，为中小医药企业出谋划策 | **在中国，医药营销这样做**<br>段继东　著 | 时代方略在医药营销领域思想、方法文章的精选合集 |
| **四、新医疗** | | | |
| **成为医疗器械领军者**<br>王　强　著 | 中小型医疗器械生产企业和代理商怎样转型 | **新型诊所经营与创新**<br>动脉网　著 | 对新型诊所从标准化管理、经营方式、团队建设、连锁模式四个方面进行解读 |

续表

| 书名 | 内容 | 书名 | 内容 |
|---|---|---|---|
| **医美新风口：颜值经济下的亿万市场**<br>动脉网　**著** | 详细介绍中国医疗美容行业的发展趋势，现状以及医美产业链等 | **互联网医院：正在发生的医疗新变革**<br>动脉网　**著** | 介绍互联网医院的建设与运营、管理，发展模式和市场布局，以及发展规律 |
| **快消品** | | | |
| **一、快消案例** | | | |
| **中国快消品营销这些年**<br>史贤龙　**著** | 一本书浓缩快消品营销15年的实战历程与前沿思考 | **这样打造大单品**<br>迪智成　**著** | 通过13个大案例帮助企业梳理打造大单品的路径 |
| **你不知道的加多宝**<br>曲宗恺　牛玮娜　**著** | 以时间为轴线，详细叙述了加多宝品牌的发展历程 | **娃哈哈区域标杆**<br>罗宏文　快车君<br>赵晓萌　寇尚伟 | 讲娃哈哈豫北市场如何成为娃哈哈全国第一大市场、全国增量第一的市场 |
| **六个核桃凭什么从0过100亿**<br>张学军　**著** | 全视角深度解读养元企业的裂变成长，复盘十年蜕变轨迹 | **像六个核桃一样**<br>王　超　**著** | 六个核桃为什么卖得这么好，产品畅销的6大要义36条简明法则 |
| **5小时读懂快消品营销**<br>陈海超　**著** | 20年快速消品市场风云洞察解码，丰富的案例解析 | | |
| **二、快消品区域经理** | | | |
| **快消品营销团队管理**<br>刘　雷　伯建新　**著** | 快消品团队管理相关的20余个工具＋20余个案例 | **这样打造快消品区域标杆**<br>罗宏文　牛玉龙　**著** | 分为两篇解决如何成功打造标杆市场和进行持续增量管理两大问题 |
| **成为优秀的快消品区域经理（升级版）**<br>伯建新　**著** | 作为区域经理的“速成催化器”，升级版增加11篇内容 | **快消老手都在这样做：区域经理操盘锦囊**<br>方　刚　**著** | 一线成长起来的资深快消品营销人“压箱底”绝活亲囊而授 |
| **快消品营销人的第一本书**<br>刘雷　伯建新　**著** | 针对一线厂家业务员工作中常遇到的问题给予建议 | **销售轨迹：一位快消品营销总监的拼搏之路**<br>秦国伟　**著** | 一个普通营销人的故事，16年背井离乡的职场拼搏之路 |
| **快消品营销：一位销售经理的工作心得2**<br>蒋　军　**著** | 从市场操作、团队管理、传播推广、营销的具体策略和战略等方面提供方法 | | |
| **三、快消品动销** | | | |
| **动销：产品是如何畅销起来的**<br>余晓雷　**著** | 怎么被消费者买走和竞争对手是谁这两个原点解决动销问题 | **动销操盘：节奏掌控与社群时代新战法**<br>朱志明　**著** | 用七个章节阐述关于动销操盘的要诀，节点、节奏、主次、条件匹配性等问题 |
| **动销四维：全程辅导与新品上市**<br>高继中　**著** | 从产品、渠道、促销和新品上市四个方面详细讲解提高动销的具体方法 | | |
| **四、快消品渠道** | | | |
| **深度分销**<br>施　炜　**著** | 流道价值链、模式选择、渠道策略与管理、零售经销商管理、最佳实践、团队建设 | **通路精耕操作全解周俊**<br>陈小龙　**著** | 对康师傅制胜法宝通路精耕进行系统介绍与说明，图表和完善入微的操作方法 |

续表

| 书名 | 内容 | 书名 | 内容 |
| --- | --- | --- | --- |
| **酒水饮料快消品餐饮渠道营销手册**<br>朱伟杰　著 | 对餐饮渠道深入挖掘，建立适合餐饮渠道发展的服务模式和组织保障措施 | **快消品经销商如何快速做大**<br>杨永华　著 | 经销商如何通过经营实现规模，通过管理实现规模效益 |
| **快消品营销与渠道管理**<br>谭长春　著 | 解决日常涉及的渠道管理、市场、产品等营销事务 | **快消品招商的第一本书**<br>刘　雷　著 | 从招商理论到招商动作进行系列化分解，化繁为简 |
| **采纳方法：化解渠道冲突**<br>朱玉童　著 | 21个最新的渠道冲突案例立体地介绍渠道冲突的现象和方法 | | |
| **五、快消品企业战略** | | | |
| **重构：快消品企业重生之道**<br>杨永华　著 | 从战略，品牌，市场，产品，营销，系统，管理7个方面进行重构 | **变局下的快消品实战策略**<br>杨永华　著 | 从5个角度针对快消品企业如何应对行业变局给出答案 |
| **新营销**<br>刘春雄　著 | 让品牌商和渠道商掌握获得独立流量的能力，能够与平台商博弈 | **采纳方法：破解本土营销8大难题**<br>朱玉童　著 | 破解困扰营销人的八大难题变给出解决方法 |
| **白酒营销培训宝典：复制高业绩**<br>刘孝鞅　著 | 总结白酒营销人员系统运作市场的要点，转化为易学可复制的动作和工具表单 | **酒水饮料快消品餐饮渠道营销手册**<br>朱伟杰　著 | 对餐饮渠道深入挖掘，建立适合餐饮渠道发展的服务模式和组织保障措施 |
| **白酒营销的第一本书**<br>唐江华　著 | 多角度阐释白酒一线市场操作的最新模式和方法 | **白酒经销商的第一本书**<br>唐江华　著 | 经销商如何选择厂家、合作、运营品牌等问题给建议 |
| **白酒到底如何卖**<br>赵海永　著 | 多角度地阐释了白酒一线市场操作的最新模式和方法 | **白酒到底如何卖2：从市场培育到动销**<br>赵海永　著 | 系统化、标准化、模式化的促成动销的实战操作方式和方法 |
| **变局下的白酒企业重构**<br>杨永华　著 | 白酒企业重构期的营销战略与实操策略6大方法 | **酒业转型大时代**<br>微　酒　著 | 酒水营销、新闻资讯及行业分析、预测的知识宝典 |
| **区域型白酒企业营销必胜法则**<br>朱志明　著 | 以36条法则从战略、营销、推广、产品线、品牌、市场、战术、等方面提供方法 | **10步成功运作白酒区域市场**<br>朱志明　著 | 从市场攻守、产品攻略、新品上市、占领渠道、促销等十个层面阐述 |
| **茶·调味品·油·乳业** | | | |
| **营销中国茶：2小时读懂茶叶营销**<br>史贤龙　著 | 中国茶营销的“困局”“破局”和“创举” | **中国茶叶营销第一书**<br>柏　龑　著 | 纵览中国茶叶市场的全局，并且有针对性地提出问题并阐述解决方法 |
| **调味品营销第一书**<br>陈小龙　著 | 15年监控中国市场50个中外著名调味品品牌市场运作、管理等得到的经验总结 | **调味品企业八大必胜法则**<br>张　戟　著 | 提炼了调味品企业八大规律性的关键成功要素 |
| **食用油营销的第一本书**<br>余　盛　著 | 从小包装油行业概述到产品的基本知识，从基本执行动作到品牌整体策划等 | **鲁花：一粒花生撬动的粮油帝国**<br>余　盛　著 | 鲁花如何成长为优秀的带动农业产业发展的品牌，鲁花你一定学得会 |

续表

| 书名 | 内容 | 书名 | 内容 |
| --- | --- | --- | --- |
| **金龙鱼背后的粮油帝国**<br>余　盛　著 | 以金龙鱼为脉的一部中国粮油行业的史诗 | **乳业营销的第一本书**<br>侯军伟　著 | 区域型乳品企业如何才能够稳健的发展 |
| **工业品** | | | |
| **一、工业品销售** | | | |
| **大客户销售这样说这样做**<br>陆和平　著 | 大客户销售活动的十大模块，68个典型销售场景 | **销售是个专业活　B2B**<br>陆和平　著 | 据客户采购流程拆分销售过程10阶段，讲解方法技巧 |
| **成为资深的销售经理：B2B　工业品**<br>陆和平　著 | 让销售经理成功把握销售管理6个关键点，并提供工具 | **一切为了订单：订单驱动下的工业品营销实践**<br>唐道明　著 | 以订单流程的三个环节为主线讲述工业品营销管理新思路 |
| **二、工业品营销** | | | |
| **工业品营销管理实务(第4版)**<br>李洪道　著 | 是信任导向工业品营销体系的深化版、工业品营销管理体系优化咨询升级版 | **工业品企业如何做品牌**<br>张东利　著 | 为当下中国制造的品牌化转型提供经过实践证明的理念、方法和体系 |
| **工业品市场部实战全指导**<br>杜　忠　著 | 解决职能不清、市场部五大职能如何运作、职业发展路径等具体问题 | **解决方案营销实战案例**<br>刘祖轲　著 | 十大工业品作者实操案例解码解决方案营销 |
| **资深大客户经理：策略准　执行狠**<br>叶敦明　著 | 将大客户经理必须具备的规划、策略、执行三种能力连通自如 | | |
| **三、工业品企业** | | | |
| **变局下的工业品企业7大机遇**<br>叶敦明　著 | 探索工业品企业成长的新机会，7大战略与战术性机会 | **两化融合管理体系贯标流程与方法**<br>戴　勇　著 | 融合五十多家企业在两化融合贯标过程的经验，总结重点与举措 |
| **丁兴良讲工业4.0**<br>丁兴良　著 | 多角度阐述中国在工业4.0的机遇和挑战 | | |
| **建材家居** | | | |
| **一、建材家居门店** | | | |
| **家居建材促销与引流**<br>薛　亮　李永锋　著 | 对泛家居营销执行模式和工具、关键环节等进行汇总 | **新零售动作分解与实操：建材·家居·家具**<br>盛斌子　著 | 对泛家居行业趋势、店面管理、团队管理、促销推广、五感营销等提供策略 |
| **家具行业操盘手**<br>王献永　著 | 总结家具终端门店发展的现状及问题并给出策略 | **手把手教你做专业督导**<br>熊亚柱　著 | 系统梳理督导的核心技能，岗位职责、工作流程及技能 |
| **手把手帮建材家居导购业绩倍增**<br>熊亚柱　著 | 针对建材家居门店的业务人员，案例故事还原场景教你成为好导购 | **10步成为最棒的建材家居门店店长**<br>徐伟泽　著 | 梳理店长管理的核心工作职责，店面管理规范和帮助销售人员成长 |
| **建材家居门店销量提升**<br>贾同领　著 | 9个板块讲述建材一个单店如何做到经营的良性循环 | **建材家居门店6力爆破**<br>贾同领　著 | 产品力、导购力、形象力、推广力、服务力、组织力 |
| **二、建材家居经销商** | | | |
| **新经销：新零售时代教你做大商**<br>黄润霖　著 | 探访近100位经销商在传统营销手法上的创新，传统营销微创新和新营销本地化 | **建材家居经销商42章经**<br>王庆云　著 | 经营管理的心法和战法，帮助经销商成为“业务妙手”和“管理能手” |

续表

| 书名 | 内容 | 书名 | 内容 |
|---|---|---|---|
| **成为最赚钱的家具建材经销商**<br>李治江　著 | 针对建材家居行业的经销商，从销售模式、产品、门店、市场等方面给出方法 | | |
| **三、建材家居企业** | | | |
| **定制家居黄金十年**<br>韩　锋　翁长华　著 | 对中国定制家居行业 20 年发展历程深度、系统、专业的解读 | **建材家居营销：除了促销还能做什么**<br>孙嘉晖　著 | 探索家居建材行业营销的革命，回顾和思考来发现行业“营销天花板”的突破口 |
| **建材家居营销实务：新环境、新战法**<br>程绍珊　杨鸿贵　著 | 针对建材家居市场特点提出以客户价值为基础的整体营销价值链 | | |
| **零货·超市·百货** | | | |
| **新零售进化路径**<br>李政权　著 | 预先复盘新零售及商业的未来，找到方向 | **新零售　新终端**<br>迪智成　著 | 将新零售系统打法做梳理并落地在新终端建设上 |
| **移动互联下的超市升级**<br>联商网　著 | 超市未来的发展趋势，对社区超市、生鲜、全渠道建设、O2O 等提出观点 | **百货零售全渠道营销策略**<br>陈继展　著 | 零售行业的竞争重点、行业本质，战略转型、未来趋势、经验和案例 |
| **超市卖场定价策略与品类管理**<br>IBMG 集团　著 | 零售企业的市场拓展与商品定位、商品结构与商品陈列、毛利分析与库存分析 | **连锁零售企业招聘与培训破解之道**<br>IBMG 集团　著 | 围绕零售企业组织架构、培训体系建设等内容进行深刻探讨 |
| **总部有多强大，门店就能走多元**<br>IBMG 集团　著 | 五大方向综合阐述连锁零售企业总部如何提升管理能力 | **三四线城市超市如何快速成长：解密甘雨亭**<br>IBMG 集团　著 | 甘雨亭的许多关键经营指标均高于行业标准，学习其成功的方法 |
| **中国首家未来超市：解密安徽乐城**<br>IBMG 集团　著 | 对乐城超市的掌门人及内部员工的采访详细阐释了乐城的经验 | **零售：把客流变成购买力**<br>丁　昀　著 | 通过大量的实际案例对中国零售业态的升级转型之路提出思考 |
| **餐饮·服装·影院** | | | |
| **餐饮新营销**<br>杨　勇　程绍珊　著 | 聚焦餐饮企业转型，系统的餐饮企业营销管理体系 | **电影院的下一个黄金十年**<br>李保煜　著 | 介绍了中国电影产业的运作模式以及电影院的开发、设计思路 |
| **餐饮企业经营策略第一书**<br>吴　坚　著 | 阐述餐饮企业产品之道、市场之道、顾客之道及盈利之道 | **赚不赚钱靠店长，从懂管理到会经营**<br>孙彩军　著 | 注重专卖店的经营思路拓展，门店管理细节方面能力提升 |
| **农牧业** | | | |
| **一、农资** | | | |
| **饲料营销有方法**<br>陈石平　著 | 饲料营销的 7 大核心命题 | **农资营销实战全指导**<br>张　博　著 | 深度营销在农资市场行之有效的营销策略和工具 |
| **新农资如何弯道超车**<br>刘祖轲　著 | 从农业产业化、互联网转型、行业营销与经营突破 | | |

续表

| 书名 | 内容 | 书名 | 内容 |
|---|---|---|---|
| 二、农牧企业 | | | |
| 中国牧场管理实战<br>黄剑黎　著 | 牧场管理标准、管理制度、操作规程做出剖析和指引 | 中小农业企业品牌战法<br>韩　旭　著 | 农业企业需要全产业链视野，更需要品牌实战方法 |
| 变局下的农牧企业9大成长策略<br>彭志雄　著 | 为农牧企业量身打造了9个立足现在、展望未来的成长策略 | 农产品营销实战第一书<br>胡浪球　著 | 针对33个农产品营销的核心问题提供具体招数 |
| 地产·汽车 | | | |
| 一、地产 | | | |
| 中国城市群房地产投资策略<br>吕俊博　刘　宏　著 | 挖掘主要城市群的现状特征、发展因子、演化趋势、竞争关系等，给出分析建议 | 产业园区/产业地产：规划、招商、实战运营<br>阎立忠　著 | 认知、规划、招商、运营四方面系统解读产业园区的建设精要和运营技巧 |
| 人文商业地产策划<br>戴欣明　著 | “全球化视野（创意）”+“人文+”思维 | | |
| 二、汽车 | | | |
| 商用车经销商运营实战<br>杜建君　著 | 对商用车经销商的经营与管理、4S店运营做了全方面的系统总结 | 汽车配件这样卖<br>俞士耀　著 | 适合轮胎、机油、维修、快保、美容、洗车等汽车服务业态销售实操办法 |
| 润滑油销售：这样说，这样做更有效<br>张金荣　著 | 总结润滑油销售面对三大客户常遇到的200余个营销问题解决方法 | | |
| 投资理财·收购资本 | | | |
| 交易心理分析<br>马克·道格拉斯<br>【美】　著 | 一语道破赢家的思考方式，并提供了具体的训练方法 | 财报背后的投资机会<br>蒋　豹　著 | 零基础轻松掌握财务报表的相关知识，快速入门 |
| 写给企业家的公司与家庭财务规划<br>周荣辉　著 | 以企业的发展周期为主线，写各阶段企业与企业主家庭的财务规划 | 分股合心<br>段　磊　周　剑　著 | 围绕股权激励，详细介绍相关知识和实行方法 |
| 成功并购300问<br>浩德并购军师联盟　著 | 系统学习资本运作和企业并购知识的金融工具书 | 并购名著阅读指南<br>叶兴平　著 | 全球5000多本并购图书中精选200本并进行评价 |
| 阿米巴 | | | |
| 阿米巴经营的中国模式<br>李志华　著 | 基于阿米巴经典理念提出了适合中国本土的员工自主经营的“1532”模型 | 集团化企业阿米巴实战案例<br>初勇钢　著 | 作者在某酒厂推行阿米巴经营模式的心得 |
| 中国式阿米巴落地实践之激活组织<br>胡八一　著 | 划分原则、裂变与整合、组织管控、重新定位、巴长竞聘和组阁 | 中国式阿米巴落地实践之从交付到交易<br>胡八一　著 | 从6个方面阐述经营会计，从交付到交易是成功实施阿米巴的标志 |
| 中国式阿米巴落地实践之持续盈利<br>胡八一　著 | 企业做平台、平台做成阿米巴、阿米巴做成合伙制 | | |

续表

| 人力资源管理 | | | |
|---|---|---|---|
| **一、绩效·薪酬** | | | |
| 书名 | 内容 | 书名 | 内容 |
| **回归本源看绩效**<br>孙　波　著 | 从目的和概念帮助企业梳理绩效管理与经营的关系 | **走出薪酬管理误区**<br>全怀周　著 | 7个常见薪酬误区入手为企业提供一套系统解决方法 |
| **曹子祥教你做绩效管理**<br>曹子祥　著 | 作者核心授课课程的还原，掌握绩效管理的核心内容 | **曹子祥教你做激励性薪酬设计**<br>曹子祥　著 | 作者28年咨询经验总结，如何进行科学的薪酬体系设计 |
| **二、招聘·面试·培训** | | | |
| **把招聘做到极致**<br>远　鸣　著 | 多年人力资源资深招聘经理多年工作心得提炼 | **把面试做到极致**<br>孟广桥　著 | 一套实用的确定岗位招聘标准、提升面试官技能方法 |
| **人才评价中心漫画版**<br>邢　雷　著 | 用漫画形式写成的人才测评专业书籍 | **世界500强资深培训经理人教你做培训管理**<br>陈　锐　著 | 从构建培训体系、培训组织、培训文化、开发培训资源教你做培训管理 |
| **三、HR高管·劳动法** | | | |
| **经营型HRD**<br>黄渊明　著 | 总结企业HRD如何支撑企业经营成功抓好七件关键事情 | **人才供应链：实现高绩效均衡的人才管理模式**<br>许　锋　著 | 打造人才供应链的四大支柱，十项修炼的完整体系 |
| **新任HR高管如何从0到1**<br>新　海　著 | 到互联网创业型企业担任HRVP，从0到1建立较完善的HR体系 | **人力资源体系与e－HR信息化建设**<br>刘书生　陈　莹<br>王美佳　著 | 6大框架、28个关注点、5大目标、6大优势、166个交付物咨询体系和盘托出 |
| **集团化人力资源管理实践**<br>李小勇　著 | 针对集团型企业人力资源管理急问题，提出科学建议 | **我的人力资源管理笔记**<br>张　伟　著 | 第三方咨询视角跳出“技术方法”看人力资源管理 |
| **人力资源的5分钟劳动法**<br>李皓楠　著 | 入职管理、在职管理、离职管理中遇到的劳动法问题及应对 | | |
| **四、HRBP** | | | |
| **HRBP是这样炼成的之菜鸟起飞**<br>黄渊明　著 | 作者在初步转型HRBP两年时间里摸索实践的亲身经历与总结 | **HRBP是这样炼成的之中级修炼**<br>黄渊明　著 | 结合作者亲身从事HRBP的工作经历，总结HRBP的作战故事 |
| **HRBP高级修炼**<br>黄渊明　著 | 故事方式，HRD角度深度呈现运用HRBP的思维、方法 | | |
| **企业文化** | | | |
| **企业文化落地本土实践**<br>王祥伍　著 | 华夏基石“知信行”模型描绘企业文化落地路线图 | **企业文化的逻辑**<br>王祥伍　著 | 从文化起源深刻剖析文化、效率、企业、企业文化联系 |
| **企业文化定位·落地一本通**<br>王明胤　著 | 企业文化理念传播和落地聚焦的17种方法，解读了近100个实战案例 | **36个拿来就用的企业文化建设工具**<br>海融心胜　著 | 汇集整理了36个通用的企业文化实践工具 |

续表

| 书名 | 内容 | 书名 | 内容 |
|---|---|---|---|
| **企业文化激活沟通**<br>宋杼宸　安　琪　著 | 系统阐述沟通与企业文化的关系，给予企业提升沟通效能的企业文化解决方案 | **企业文化建设超级漫画版**<br>邢　雷　著 | 用漫画形式写成的企业文化建设专业书籍，理论体系和 29 个具体的操作方法 |
| **在组织中绽放自我**<br>朱仁建　著 | 个人与组织之间的关系，文化对组织化形成的影响 | | |
| **流程管理** | | | |
| **营销·研发·供应链业务架构与流程管理**<br>谭勋晖　著 | 对营销、研发、供应链这三大业务流程变革实践经验总结 | **打造集成供应链**<br>王春强　著 | 第一用力在“集成”上，梳理内外部各相关模块及其依赖关系 |
| **人人都要懂流程**<br>金国华　余雅丽　著 | 50 幅流程管理漫画，内部对流程价值理念的高度共识 | **用流程解放管理者**<br>张国祥　著 | 8 个板块构成，共 66 篇文章，14 幅流程管理图 |
| **用流程解放管理者 2**<br>张国祥　著 | 对中小企业规范化流程管理进行系统的阐述 | **跟我们学建流程体系**<br>陈立云　罗均丽　著 | 在《跟我们做流程管理》基础上丰富了标杆实践案例 |
| **16949 质量管理体系落地与全套文件汇编**<br>谭洪华　著 | 对 IATF16949 每个条款讲解采用理解、作用、落地、模板、成功案例四个模块解析 | **ISO9001：2015 制造业文件模板全集**<br>贺红喜　著 | 五篇内容组成的完整的质量管理体系工具文件 |
| **精益质量管理实战工具**<br>贺小林　著 | 四个方面对精益质量管理进行了全方位介绍和解读，并提供大量方法工具 | **五大质量工具详解及运用案例**<br>谭洪华　著 | APQP、FMEA、MSA、SPC、PPAP 这五大质量工具的具体运用 |
| **IATF16949 质量管理体系详解与案例文件汇编**<br>谭洪华　著 | 针对 IATF16949 的标准原文做详细解说，同时提供大量表单案例 | **SA8000：2014 社会责任体系认证实战**<br>吕　林　著 | 将 SA8000 多版本及 10 多年的体系实战经验汇编成书 |
| **ISO9001：2015 新版质量管理体系解读与案例文件汇编**<br>谭洪华　著 | ISO9001：2015 新版标准理解和运用操作进行详细解读 | **ISO14001：2015 新版环境管理体系解读与案例文件汇编**<br>谭洪华　著 | ISO14001：2015 改版后的差别和操作运用进行详细讲解 |
| **精益生产** | | | |
| **一、精益·JIT·IE** | | | |
| **精益思维**<br>刘承元　著 | 作者二十余年企业经营和咨询管理的经验总结 | **比日本工厂更高效**<br>刘承元　著 | 管理提升无极限＋超强经营力＋精益改善里的成功实践 |
| **计划与物流精益改善之道**<br>于晓光　著 | 围绕“计划与物流战略咨询的方法论”进行解析，提供方法论和案例 | **300 张现场图看懂精益 5S**<br>乐　涛　著 | 通过日本丰田、上市企业案例，用 300 张现场图系统讲解 5S 管理 |
| **3A 顾问精益实践 1：IE 与效率提升**<br>党新民　苏迎斌<br>蓝旭日　著 | 系统、全面地介绍 IE 工厂管理技术，提高效率创造价值 | **3A 顾问精益实践 2：JIT 与精益改善**<br>肖智军　党新民　著 | 系统、全面地介绍 JIT 生产方式，并加入实践案例 |
| **高员工流失率下的精益生产**<br>余伟辉　著 | 从三方面论述推行精益管理时如何应对员工流失 | | |

续表

| 书名 | 内容 | 书名 | 内容 |
|---|---|---|---|
| 二、生产管理 | | | |
| 化工企业工艺安全管理实操<br>黄　娜　著 | 围绕化工工艺安全14要素来展开分析 | 手把手教你做专业生产经理<br>黄　娜　著 | 生产经理如何在信息流、物流、资金流三大流中开展工作 |
| 欧博心法：好工厂　靠管理<br>曾　伟　著 | 从管人篇和管事篇帮助读者解决人难管、事难控 | 欧博工厂案例1：生产计划管控对话录<br>曾　伟　曾子豪　著 | 工厂管理生产计划管控模块的8个全景细节大案例 |
| 欧博工厂案例2：品质技术改善对话录<br>曾　伟　曾子豪　著 | 工厂管理品质、技术、效率管理模块的10个全景细节大案例 | 欧博工厂案例3：员工执行力提升对话录<br>曾　伟　曾子豪　著 | 工厂管理人员管控模块的5个全景细节大案例 |
| 工厂管理实战工具<br>曾　伟　著 | 中国传统文化指导下的工厂管理工具 | | |
| 全能型班组：城市能源互联网与电力班组升级<br>国网天津电力公司　著 | 从互联网时期的班组转型升级出发，对新型班组组织模式和运行机制进行设想 | 国网天津电力全能型班组建设实务<br>国网天津电力公司　著 | 聚焦天津电力公司在探索全能型班组转型升级时的优秀实践 |
| 车间人员管理那些事儿<br>岑立聪　著 | 小事入手把基层车间管理者头疼的事务打包解决 | | |
| 咨询·培训师 | | | |
| 培训师事业长青之道<br>廖信琳　著 | 培训师自我管理的“洋葱模型”，十项内容与五个层级 | 管理咨询师的第一本书<br>熊亚柱　著 | 深度剖析初级入行咨询师在工作中会遇到的问题 |
| 资深管理咨询顾问工作心得<br>张国祥　著 | 使用手册讲述咨询师如何操作项目，老板如何选择咨询师，企业如何自主落地 | 手把手教你做顶尖企业内训师<br>熊亚柱　著 | 从开、控、收、编、制、用的角度去践行培训师的职责 |
| TTT培训师精进三部曲上<br>廖信林　著 | 手把手教您“深度改善现场培训效果”的一招一式 | TTT培训师精进三部曲中<br>廖信林　著 | 建构一整套培训课程设计与开发的认知架构和方法体系 |
| TTT培训师精进三部曲下<br>廖信林　著 | 通过“沉淀职业功力的六度模型”，帮助培训师在职业技能上的持续精进 | | |
| 产品·研发 | | | |
| 研发体系改进之道<br>靖　爽　陈年根<br>马鸣明　著 | 取材数十家企业研发改进的咨询实践，提炼一套实操的改进步骤与工具 | 新产品开发管理，就用IPD（升级版）<br>郭富才　著 | 把产品经营的思想凝结在新产品开发管理机制中，升级版更丰富 |
| 产品开发管理：方法·流程·工具<br>任彭枞　著 | 结合超过300家企业的实际研发管理方法，总结问题和方法，大量表格 | 资深项目经理这样做新产品开发管理<br>秦海林　著 | 采用过程管理方法，对新产品开发的四大过程进行分析，主要针对小电器产品 |
| 产品炼金术Ⅰ：如何打造畅销产品<br>史贤龙　著 | 如何打造畅销产品的四个方法 | 产品炼金术Ⅱ：如何用产品驱动企业成长<br>史贤龙　著 | 经营者视角重新认识产品，对产品现状快速诊断 |
| 中东历史与现状二十讲<br>黄民兴　著 | 对中东几千年的历史和动荡的现状进行了一个白描 | 非暴力抵抗的诞生<br>甘　地　著 | 甘地南非21年为印度侨民争取政治权利的艰苦历程 |

续表

| 书名 | 内容 | 书名 | 内容 |
| --- | --- | --- | --- |
| 中国古代政治制度上：皇帝制度与中央政府<br>刘文瑞 著 | 探究中国古代政治制度的规则和机制，论证古代皇帝制度的形成和演变历程 | 中国古代政治制度下：地方体制与官僚制度<br>刘文瑞 著 | 探究中国古代政治制度的规则和机制，论证古代地方政府的发展演变过程 |
| 两晋南北朝十二讲<br>李文才 著 | 分12个专题对两晋南北朝的历史进行阐述 | 每个中国人身上的春秋基因<br>史贤龙 著 | 透过真实的春秋历史，看到人性里的黑暗与光明、卑劣与高尚 |
| 二、哲学 | | | |
| 车过麻城·再晤李贽<br>张再林 著 | 用游记的方式，展示李贽独到的学术眼力和理论建树 | 王阳明万物一体论<br>陈立胜 著 | “万物一体”是王阳明思想的基本精神。大人者，能与天地万物为一体 |
| 自我与世界：以问题为中心的现象学运动研究<br>陈立胜 著 | 对现象学运动之中的“意向性”“自我”“他人”“身体”及“世界”进行深入分析 | 作为身体哲学的中国古代哲学<br>张再林 著 | 对中国古代哲学之性质内容给予一种全新的理论解读 |
| 中西哲学的歧义与汇通<br>张再林 著 | 揭示中西哲学“你中有我，我中有你”之旨 | | |
| 三、传统文化 | | | |
| 与老子一起思考·道篇<br>史贤龙 著 | 一本将《老子》思想本义、思想价值、思想史地位、文明史意义讲透的著作 | 与老子一起思考·德篇<br>史贤龙 著 | 考、释、译、论四个方面的工作对《老子》进行解读 |
| 国富策：读管子知天下财富<br>翟玉忠 著 | 《管子》轻重十六篇为核心的轻重术，深刻阐发并从中汲取有益时代的经验教训 | 说服天下：鬼谷子的中国沟通术<br>翟玉忠 著 | 为纵横家正名，对纵横术进行了系统总结 |
| 中国商道<br>翟玉忠 著 | 对中国先秦和明清时期商业典籍系统整理和诠释 | 梁涛讲孟子之万章篇<br>梁 涛 著 | 对《万章》的讲解通俗、富有新意 |
| 中国思想文化十八讲<br>张茂泽 著 | 中国宗教文化课程10年基础上撰写而成，介绍中国古代宗教思想 | 孔门心法，中道而行：史幼波中庸讲记<br>史幼波 著 | 史幼波讲的《中庸》提炼出中华传统心性之学的精髓 |
| 大学之道，圣学纲目：史幼波大学讲记<br>史幼波 著 | 史幼波讲的《大学》帮助我们在自己身上找到一个精神的皈依处 | 史幼波《周子通书》《太极图说》讲记<br>史幼波 著 | 根据史幼波围绕这两篇儒学经典的系列讲座整理而成 |
| 四、书法·太极·教育·英语 | | | |
| 跟陈忠建学写名家书法Ⅰ<br>陈忠建 著 | 用视频跟陈忠建学名家书法之楷书·行书 | 跟陈忠建学写名家书法Ⅱ<br>陈忠建 著 | 用视频跟陈忠建学名家书法之隶书·楷书·行书 |
| 郑子太极拳理拳法<br>杨竣雄 著 | 作者14岁入郑子太极之门，用故事性的方式讲述教学 | 内功太极拳训练教程<br>王铁仁 著 | 训练方法及练习，用内气演练过程予以详析，有视频 |
| 别让你的执着毁了孩子<br>廖信林 著 | 复盘与孩子互动过程中的关键时刻，有效的亲子教育 | 像美国人一样讲话<br>马方旭 著 | 美国最常用的800句习惯用语搭配场景例句，有视频 |